AMOR ATÉ DEBAIXO D'ÁGUA

Torre DeRoche

AMOR ATÉ DEBAIXO D'ÁGUA

A história real de um casal apaixonado e sua viagem de barco pelos lugares mais exóticos do planeta

Tradução
Walther Castelli Júnior

1ª edição

Rio de Janeiro-RJ / Campinas-SP, 2014

Editora: Raïssa Castro
Coordenadora editorial: Ana Paula Gomes
Copidesque: Katia de Almeida Rossini
Revisão: Renata Coppola Fichtler
Capa: Adaptação da original (© Emily O'Neill / Penguin Group Australia)
Projeto gráfico: André S. Tavares da Silva

Título original: *Love with a Chance of Drowning*

ISBN: 978-85-7686-328-1

Copyright © Torre DeRoche, 2013
Todos os direitos reservados.
Publicado originalmente por Hyperion, Nova York, EUA.

Tradução © Verus Editora, 2014

Direitos reservados em língua portuguesa, no Brasil, por Verus Editora. Nenhuma parte desta obra pode ser reproduzida ou transmitida por qualquer forma e/ou quaisquer meios (eletrônico ou mecânico, incluindo fotocópia e gravação) ou arquivada em qualquer sistema ou banco de dados sem permissão escrita da editora.

Verus Editora Ltda.
Rua Benedicto Aristides Ribeiro, 41, Jd. Santa Genebra II, Campinas/SP, 13084-753
Fone/Fax: (19) 3249-0001 | www.veruseditora.com.br

CIP-BRASIL. CATALOGAÇÃO NA FONTE
SINDICATO NACIONAL DOS EDITORES DE LIVROS, RJ

D472a

DeRoche, Torre
    Amor até debaixo d'água : a história real de um casal apaixonado e sua viagem de barco pelos lugares mais exóticos do planeta / Torre DeRoche ; tradução Walther Castelli Júnior. - 1. ed. - Campinas, SP : Verus, 2014.
    23 cm.

    Tradução de: Love with a Chance of Drowning
    ISBN 978-85-7686-328-1

    1. DeRoche, Torre - Viagem - Oceano Pacífico. 2. Aventura e aventureiros - Biografia. 3. Viagens de barco. 4. Viagens marítimas. 5. Viagens de aventura. 6. Viajantes. I. Título.

14-10835
CDD: 910.9164
CDU: 910.9

Revisado conforme o novo acordo ortográfico

Aos que ousam sonhar
e aos que ousam se apaixonar
por sonhadores

Agora a história é entre mim e *Joshua*, entre mim e o céu;
uma história só para nós; uma grande história de amor,
que já não diz respeito a nenhuma outra pessoa.

— Bernard Moitessier, *La longue route*

Nota da autora

Esta é uma história real. Todos os eventos, incluídos alguns incidentes embaraçosos aqui relatados, são autênticos. Em alguns casos, nomes foram alterados para proteger a identidade de excêntricos personagens encontrados pelo caminho e para poupar o leitor de relatos periféricos e desnecessários ao enredo central. Um personagem secundário foi composto pela fusão de dois outros reais. Com o objetivo de envolver o leitor na experiência contida no livro, boa parte da história é contada por meio de diálogos e, embora de forma não literal, muitas conversas foram reconstruídas com o propósito de retratar discussões que aconteceram ou como forma de evidenciar o nexo entre as ações e as motivações dos diferentes personagens. Algumas sequências de acontecimentos foram alteradas em benefício do ritmo da narrativa, e alguns poucos destinos da viagem foram omitidos, para fazer caber três anos de experiência num livro de leitura breve.

Sumário

Parte 1
FOGO
13

Parte 2
ÁGUA
133

Parte 3
AR
273

Parte 4
TERRA
335

DOIS ANOS DEPOIS
347

Agradecimentos
353

Parte 1

FOGO

O amor é fogo. Mas nunca sabemos se vai aquecer nosso coração ou incendiar nossa casa.

— JOAN CRAWFORD

1

Um raio de sol matinal atinge minhas pálpebras fechadas e me tira das profundezas escuras de uma ressaca. Lembranças da noite anterior passam num lampejo. "Um dirty martíni pra mim!" *Onde eu estava com a cabeça?* A ressaca moral se manifesta como arrependimento e vergonha. E, de repente, é como se o amplificador de um baixo explodisse em minha cabeça, reverberando no cérebro. Mas tenho agora coisas mais sérias do que uma ressaca com que me ocupar. Como o fato de que acabo de despertar e descobrir que estou na cama de um estranho. Nua.

Ouço o som de um chuveiro. Que bom — tenho tempo para descobrir como vim parar aqui. Me vêm cacos de lembranças: olhos verdes arrasadores, cabelos de um loiro intenso. No geral, um tipo limpo e arrumadinho demais para ser hétero. Pensei que era gay. Afinal, estou em San Francisco.

— Então, vai me dizer seu nome? — ele disse.

— Torre.

— Prazer, meu nome é...

Dou um pulo na cama. *Meu Deus, não lembro o nome dele!* Uma informação importante afogada em gim e vermute. Não sou do tipo que esquece o nome do cara com quem vai para casa. Na verdade, não sou do tipo que vai para a casa do cara que acaba de conhecer.

O nome "Ivan" me vem como um zumbido, de um canto esquecido do cérebro, atulhado de poeira e informações inúteis. Procuro freneticamente pelo quarto pistas que possam me ajudar: uma conta de luz, um diploma dependurado na parede, um velho troféu empoeirado, qualquer coisa que me salve do constrangimento certo.

Bingo. Uma carteira no criado-mudo. É errado fazer isso?

Desliga o chuveiro. O fulano vai precisar se enxugar e se vestir, o que me dá no mínimo sessenta segundos para descobrir com quem, exatamente, acabo de saber que dormi. Cutuco a carteira com a ponta do dedo indicador, esperando que se abra "acidentalmente" e eu possa espiar o nome dele na habilitação ou na identidade, mas só consigo fazer com que ela saia do lugar e fique cada vez mais fora de alcance. Meu tempo está se esgotando, então, num movimento rápido, agarro-a, abro e acho o que eu procurava.

Eu tinha me lembrado, é mesmo Ivan. Ivan Alexis Nepomnaschy. Nome esquisito, parece coisa de um gato andando no teclado de um computador. Quando tento pronunciar "Nepomnaschy" em voz alta, parece que estou com a boca cheia de pasta de amendoim. Um metro e oitenta de altura, loiro, olhos verdes, trinta e um anos — sete mais que eu. Está lindo na foto, exatamente como me lembro de tê-lo visto antes de virar num gole aquele maldito martíni, como se fosse uma cerveja gelada num dia quente.

Ouço abrir a porta do box no banheiro e me encolho, nervosa e me sentindo culpada. Trabalho rapidamente para enfiar a habilitação de volta na carteira, desastrada e imaginando o que vou ter de dizer se ele me pegar ali. *Oi, bom dia, Ivan... O quê? Ah, sim, sua carteira? Hahaha, não, claro que eu não ia te afanar! É que eu não conseguia lembrar seu nome, então eu... Não, por favor, não chame os tiras.*

Nem me reconheço neste momento.

A habilitação escorrega para dentro da carteira, e dou sumiço nas pistas. Mas ele não sai do banheiro. Então, pego minhas roupas ao lado da cama e me enfio nelas — uma saia grafite, uma blusa de seda azul-turquesa, um blazer de cetim preto —, sentindo-me totalmente esquisita por estar vestindo roupas de trabalho, que usei ontem, às oito e meia de uma plena manhã de domingo.

Despenco outra vez na cama e tento juntar os cacos de lembranças que passam por minha cabeça latejante.

Tudo começou com um telefonema. Eu estava saindo de uma entrevista de trabalho quando ouvi um irritante toque bem atrás de mim. Antes que pudesse me virar para ver quem era, notei que o toque vinha de dentro de minha bolsa. Aquele toque irritante era o meu!

Era minha companheira de apartamento ao telefone — a única amiga que eu tinha desde que me mudara para San Francisco, havia um mês. Poucas semanas antes, ainda num hotel, dei com o anúncio de um apartamento na região da cidade conhecida como Western Addition. O lugar era um pouco decadente, como vim a descobrir, mas, depois de conhecer três dos meus companheiros inquilinos (mais um quarto, de quatro patas, chamado Disco Dog), decidi ficar. Anna, uma estudante de psicologia da minha idade, me ganhou logo com sua estranha habilidade de combinar compaixão e simpatia com uma franqueza desconcertante.

Atendi o celular, interrompendo o toque irritante.

— Torre, o que você está fazendo? — perguntou Anna.

— Acabo de sair de uma entrevista de emprego — respondi.

— Em pleno sábado? Pensei que você já tinha conseguido um emprego.

— Eu tinha, mas essa era para uma vaga no *The Onion*. Eu não podia deixar de tentar.

— Que máximo! Eu amo esse jornal! Você conseguiu, certo? Aposto que eles adoraram seu sotaque australiano. Americanos curtem essa merda.

— Sim, correu tudo bem, mas no meio da entrevista percebi que não posso passar meus dias fazendo gráficos em preto e branco. Eu vou enlouquecer sem cores.

— Muito bem, moça, você está na cidade certa, então! Agora preste atenção: quero apresentar você a San Francisco. Vamos à Oyster Fest encontrar alguns amigos meus. Eles vão adotar você imediatamente, é só chegar dizendo: "Põe mais um camarão na grelha!", de preferência com o sotaque deles. Sacou?

Ela me deu o endereço e orientações sobre como chegar, e eu desliguei o telefone rindo.

A festa estava boa; o dia, lindo; com exceção das ostras, meu dia estava sendo ótimo. A diversão continuou quando Anna propôs um tour pelos bares e restaurantes da cidade. Então saímos bebendo de tudo, desde café com vodca até sangrias com diferentes tipos de frutas.

Depois dos últimos seis meses me estressando com a dúvida sobre se conseguiria ou não achar um emprego, encontrar uma casa, fazer novas amizades e sobreviver em uma cidade estranha com apenas duas malas e três mil dólares, que eram todas as minhas economias, minha ansiedade começava a aplacar, e eu brindava e ria com novos amigos. A vida estava entrando nos eixos.

Jantamos num restaurante em Haight-Ashbury e, quando chegou a hora de ir embora, parabenizei a mim mesma por ainda estar sóbria depois de um dia inteiro bebendo. Mas a coisa iria mudar.

Enquanto tentávamos pegar um táxi para casa na Haight Street, passamos por um bar ao estilo persa, especializado em coquetéis, cujas luzes iluminavam a calçada, onde hippies esparsos tocavam violão, queimavam incensos e vendiam artesanato por alguns trocados. Eu estava cansada daquele longo dia, mas um impulso me fez entrar no bar.

— Mais um drinque? — perguntei a Anna.

Ela olhou para o relógio e me encarou como quem diz não.

— Só um — eu disse, disparando para dentro do bar antes que Anna ou o namorado dissessem efetivamente "não".

No bar, luzes de velas projetavam formas nas paredes. Arcos em estilo persa conduziam a recantos menos iluminados e propícios à privacidade. Era brega e charmoso ao mesmo tempo.

— O que você vai tomar, Torre? — Anna perguntou, fazendo o pedido ao barman.

— Um dirty martíni — pedi, lembrando *Sex and the City*. Recém-chegada da Austrália, onde quase só se bebe cerveja, os únicos coquetéis que eu conhecia eram aqueles que via Carrie Bradshaw pedir no seriado.

Dei um gole no copo alto, sentindo-me elegante em meu traje lustroso e com um martíni na mão, quando o palito da azeitona perfurou meus lábios. Enquanto pressionava o machucado com a ponta do dedo, notei um rapaz sozinho, do outro lado do bar, inclinando-se sobre seu drinque como se estivesse carregando uma mochila invisível, com o peso de toda a tristeza do mundo nas costas. *Por que ele está tão triste?*

Por um momento, considerei que deveria evitar confusões. Não vim até San Francisco para ficar de paquera. Nos documentos que tive de preencher em minha chegada aos Estados Unidos, eu poderia ter registrado como motivo de viagem: "Para me encontrar", mas eu não apenas deixaria o Departamento de Segurança Nacional perplexo, como teria me sobrecarregado com uma pressão absurda. Então, assumindo uma abordagem menos existencialista, mantive a simplicidade de meu plano inicial: abandonar a zona de conforto, trabalhar em uma cidade estrangeira, aproveitar para me divertir e voltar para casa em um ano. Minha mãe, meu pai e minhas cinco irmãs haviam se despedido com duas solicitações: 1) por favor, não se apaixone por um americano que a leve a não voltar para casa; 2) por favor, volte em um ano.

Ter cinco irmãs é como ter cinco melhores amigas, que também são como madrinhas, uma espécie de mãe substituta, e, quando elas e meus pais se uniram naquele que talvez tenha sido o único pedido feito a mim durante toda minha criação, sempre liberal, eu o acolhi.

"Um ano, nenhum americano", prometi-lhes. E era uma promessa que eu não tinha intenção de quebrar. Mas como poderia me perdoar se ficasse ali parada, apenas olhando aquele homem jovem e bonito que chafurdava miseravelmente na solidão? Além do mais, com aquela jaqueta de couro e a camiseta justa, eu era capaz de jurar que ele era gay.

Já meio alta e com a ousadia típica de tais situações, separei-me de Anna e dos demais amigos, peguei um atalho na direção do triste estranho, sentei-me no banco vazio à sua esquerda e me inclinei em sua direção:

— Por que você está triste? — perguntei sem mais nem menos, antes mesmo de um simples "oi" e tomando um gole de meu martíni, preocupada em me desviar do palito de dente afiado.

Ele levantou os olhos e então o fitei detalhadamente: pele clara, nariz definido, lábios carnudos, mandíbula esculpida, o queixo exagerado como o de um super-herói. Sem dúvida nenhuma, bonito. Os olhos sérios, de um verde devastador, suavizaram-se quando encontraram os meus.

— Eu pareço triste? — ele disse.

— Bom, talvez não agora, mas parecia um segundo atrás. Você estava de olhos fixos no copo, todo sombrio e sério.

— Que estranho. Não me sinto triste.

— Você está — afirmei, fazendo acompanhar a fala de um gesto insistente.

— Tá bom, tudo bem... Hum, vamos ver. Suponho que talvez seja porque eu acabei de terminar com uma pessoa. Me mudei para San Francisco e ainda não conheço ninguém por aqui.

Notei o sotaque de Antonio Banderas, mesclado ao modo de falar do vale californiano.

— Você não é americano! — afirmei. É claro que ele sabia disso, mas seu sotaque me surpreendeu, e senti necessidade de fazer a constatação em voz alta.

— Não, sou argentino.

Excelente, pensei comigo mesma, *ele não é americano. Então, tecnicamente, não estou quebrando nenhuma promessa.*

— Por que você está na Califórnia? — perguntei.

— Imigrei para cá com minha família quando tinha dezessete anos. Você também não é americana. Hum... Vamos ver se adivinho. Cabelos escuros e olhos verde-claros, exótica, mas com a pele muito clara para ser latina. Você me lembra a Monica Bellucci, logo...

— Quem?

— A modelo italiana, que virou atriz.

— Ha! Acho que você deve ter perdido uma lente de contato no seu coquetel.

— Meu palpite é que você é britânica.

— Australiana, na verdade. Mas fico aqui só por um ano — disparei, enumerando os termos e condições impostos por minha família. — Volto pra casa em dezembro.

— Veio a trabalho ou a passeio? — perguntou Ivan.

— Os dois. Estou viajando pelos Estados Unidos desde o fim de dezembro, mas já estou em San Francisco faz quatro semanas, desde o começo de março. Trabalho como designer em uma startup e fico por aqui até o fim do ano.

— Então você é artista?

— De certa forma. Design gráfico e ilustração, o que geralmente implica vender a alma ao diabo.

— Somos dois — ele disse. — Veio sozinha para San Francisco?

Fiz que sim com a cabeça.

— Incrível. Então você é uma artista viajando sozinha e numa nova cidade. Estou impressionado — ele disse, levantando o copo num brinde. — *Salud*.

Ele se virou para ficar de frente para mim, e começamos a conversar sobre os mais diversos assuntos, desde os familiares, passando por preferências musicais, até chegar aos ex-namorados.

Mencionei ter acabado de terminar um longo relacionamento em Melbourne, e logo estávamos falando sobre nossos relacionamentos fracassados. Com a ajuda do álcool, nossa conversa rapidamente ficou íntima e profunda.

— Faltava motivação a minha ex — confessou Ivan. — Ela demonstrou interesse em estudar cinema e eu pensei: *Ótimo! Ambição!* Ela não tinha condições de arcar com os custos da escola, e eu me prontifiquei a pagar a anuidade com o dinheiro do meu primeiro trabalho em TI. Acabei percebendo que o interesse dela não era verdadeiro. Quando me peguei fazendo as lições de casa dela só para que ela pudesse passar de ano, descobri que não é possível forçar as pessoas a ser o que não são. O relacionamento desmoronou, e eu precisava me distanciar.

— Eu sei exatamente o que você quer dizer — falei. — Meu ex queria trabalhar com animação na Disney, e tinha talento suficiente para ser o máximo nisso. Mas, em vez de seguir seu sonho, se aperfeiçoou na arte de evitá-lo, fazendo cursos, arranjando subempregos e contraindo doenças fantasmas. O próprio Walt Disney disse: "Se você pode sonhar, pode fazer". Mas isso não é verdade se não houver coragem. Ele tinha medo do novo e deixou esse medo pautar a vida dele. Uma vez, andei pela casa toda atrás dele com uma colher de sopa de abóbora, porque ele não queria experimentar, nem uma única colher, e aquilo me enfureceu sem que eu soubesse bem por quê. Estava uma delícia! Penso que aquilo me dizia que, se ele não era capaz sequer de experimentar uma sopa que não conhecia, nossa vida juntos ia ser um tédio. Em vez de reconhecer o sinal vermelho, eu o persegui com uma colher, gritando e xingando como uma encarnação demoníaca de Nigella Lawson. "EXPERIMENTA!" Aquele com certeza *não* foi um dos meus melhores momentos.

Ivan deu risada. Mesmo sabendo que eu estava me abrindo demais com o homem do bar, falar sobre o fim de minha relação pela primeira vez me fez bem. E, como o estranho quase anônimo me ouvia e concordava com tudo o que eu falava, respondendo com comentários do tipo "Isso também me incomodaria", continuei falando.

— A sopa foi só o começo — prossegui. — Depois a coisa piorou. Morar junto era um problema. Viajar era um problema. Fazer qualquer coisa que desse na telha era um problema. Eu tinha que batalhar pra dar um simples passo adiante. Depois de cinco anos, desisti. Disse a ele: "Eu não vou ficar com alguém que não corre atrás do que quer". Imediatamente ele se candidatou a um emprego na Disney e conseguiu, mas naquele momento já era tarde demais pra gente. Eu passei anos ignorando o fato de que éramos incompatíveis. Então, quando ele se mudou para Sidney a trabalho, decidi seguir meu caminho. Desde pequena eu queria viver por um ano nos Estados Unidos, porque meus pais são americanos. Então, é isso... aqui estou.

Enquanto isso, no meio daquela falação, eu ia tomando, distraída, goles de martíni a perder de vista. Isso explica o porquê de minhas lembranças acabarem resumidas a uma série de flashes dispersos, depois de tantas confidências sobre casos amorosos e tristezas profundas.

— Seu inglês é perfeito — eu disse.
— *Gracias.*
— Fale espanhol pra mim.
— *Tenés ojos hermosos.*
— Que significa...?
— Você tem olhos lindos.

Ele me pediu que falasse em inglês da Austrália e eu disse:
— *You're a spunk* — explicando logo que em "americano" significava que ele era gostoso.

Ele pôs a mão sobre a minha e senti pequenos choques percorrendo a cabeça, já zonza. Foi aí que voltei a lembrá-lo de meus planos de voltar para a Austrália.

— Eu não estou brincando — disse. — Vou pra casa em dezembro. Não posso me comprometer com ninguém, nem com você.

— Tudo bem — ele disse, imediatamente antes de se inclinar e me beijar.

~

Meu telefone toca e me traz de volta ao presente. Inclino-me para o lado e reviro a bolsa à procura do celular. É Anna.

— Torre! Graças a Deus você está bem. Eu estava preocupadíssima que você tivesse ido para casa com algum maluco ontem à noite, tipo o cara do *Psicopata americano*. Onde você está?

— Acabo de ter minha primeira noite com um homem aqui — sussurro.

— Mentira! Com Patrick Bateman?

— Com um cara chamado Ivan Alexis Alguma-Coisa.

— Você ainda está na casa dele?

— Sim, na cama dele.

— Hum, Torre... Alôôô? Não é assim que se faz. Quando o caso é de uma noite, espera-se que você se mande mais ou menos agora, e não fique enrolando na cama à espera de que ele sirva o café da manhã. Venha para casa. Eu te levo pra comer comida chinesa se você me contar tudo sobre o sr. Alguma-Coisa.

Desligo o telefone e seguro a risada, tapando a boca com o lençol na palma da mão.

Ivan ainda está no banheiro, e eu me sinto ridícula deitada na cama com a roupa amassada de ontem. Então me levanto e ando pelo pequeno apartamento. Uma coisa sobre esse tal Ivan é imediatamente evidente — ele é minimalista ao extremo. Com exceção da cama e duas poltronas brancas voltadas para uma televisão, o apartamento é branco e completamente vazio. Seus toques pessoais na decoração são um globo terrestre, uma maquete de navio sobre a lareira e um grande atlas sem capa. Esse tipo implacável e bizarro de minimalismo só pode significar uma de duas coisas: 1) ou Ivan se mudou para cá ontem; 2) ou acabei de dormir com Patrick Bateman.

A porta do banheiro se abre e Ivan sai, interrompendo minhas conjecturas paranoicas. Chega recendendo a um pós-barba de lavanda divino. Veste jeans, camiseta branca e botas marrons estilosas. Parece ainda mais bonito do que em sua foto na carteira de motorista. Eu quase digo isso a ele, mas me contenho no momento exato em que quase deixo escapar que mexi em sua carteira.

— Bom dia — diz ele. — Posso te preparar uns ovos? Uma vitamina? Eu faço uma vitamina ótima com morangos congelados. Café?

— Não, obrigada — digo, encantada com seu sotaque eclético. As palavras lhe saem de um jeito cantado, algumas com uma sonoridade alongada e tipicamente sul-californiana.

— Então — digo. — Suponho que você tenha acabado de se mudar para este lugar.

— Sim.

Ufa. Ele é normal.

— Bom, na verdade — continua Ivan —, faz uns seis meses.

— Seis... meses?

Ele acena que sim com a cabeça.

Onde raios estão os móveis dele? Eu o encaro, esperando que diga mais coisas, como por que aquele apartamento é tão psicoticamente minimalista. Ele não deslancha e eu também não pergunto. Fico apenas remoendo minha curiosidade. Talvez a ex, raivosa, tenha feito uma limpa no apê. Ele dissera que tinha acabado de terminar um relacionamento...

— Peço mil desculpas, mas tenho que ir — diz ele. — Vou pra Washington e preciso pegar o avião. Tenho uma reunião lá na primeira hora da segunda-feira. Posso te deixar em casa a caminho do aeroporto?

No carro, me ajeito no espelho do quebra-sol. O rabo de cavalo alisado de ontem é agora uma crina escura e ondulada. O colarinho do meu blazer, jogado ao chão no calor da hora, está amassado. Minhas bochechas estão rosadas e meus lábios, de um vermelho avivado pelos muitos beijos, mantêm a expressão satisfeita de quem viveu a aventura impulsiva da noite passada. Uma sobrancelha espetada arqueia maliciosamente para cima; tento baixá-la com o dedo, mas ela se recusa a cooperar. A última vez em que me olhei, eu era uma garota magricela e desanimada de vinte e quatro anos, mas a mulher no espelho parece ousada, sensual e viva. Mal a reconheço.

Oriento Ivan em direção ao condomínio em Western Addition. Ele encosta ao lado de um carro com a janela quebrada, estacionado em frente a um alojamento público vizinho a minha casa. O alarme desse carro me acordou já tarde certa noite, e, da janela de meu quarto, vi dois ladrões roubando os alto-falantes. Quem precisa de televisão quando se tem *CSI: Western Addition* ao vivo, pela janela do próprio quarto?

Ivan salva meu número no telefone dele e me dá um beijo rápido quando saio do carro.

— Eu te ligo — ele grita pela janela enquanto acelera.

Em pé, na rua, toco meus lábios enquanto me rendo ao sorriso malicioso que estive controlando a manhã toda. Meu amante latino talvez nunca me ligue, mas, de qualquer forma, estou entusiasmada comigo mesma. Que mal há em me divertir? Afinal de contas, foi precisamente para isso que vim, para viver um pouco.

~

Quando me pego no trabalho, alguns dias depois, buscando Ivan no Google, não posso mais negar: não consigo tirá-lo da cabeça. Seu pós-barba de lavanda impregnou o colarinho de minha jaqueta e faz dias que ando rindo à toa.

Normalmente me sentiria mal fazendo isso durante o trabalho, mas me contrataram para um projeto que ainda não tinha começado. Num galpão reformado, no centro da cidade, a equipe de designers esperava de braços cruzados que uma antecipação de nossas tarefas nos livrasse do tédio de ficar olhando para as paredes de tijolos à vista, com tubulações expostas. Meus colegas formam um grupo talentoso, mas apenas os gerentes de contas estão ocupados, atrás de clientes. Enquanto isso, para ao menos fazer parecer que mereço o que me pagam, ponho-me diante do Mac — de pernas cruzadas, ereta, sobrancelhas franzidas, teclando — e me ocupo buscando informações sobre o cara com quem dormi no último fim de semana.

Já que não tinha a mínima chance de lembrar o sobrenome dele, decidi que a melhor alternativa era ler sobre a Argentina, esperando que, caso nos encontrássemos de novo, eu pudesse impressioná-lo com tiradas súbitas que demonstrassem meu conhecimento sobre o lugar de onde ele veio, ou, no mínimo, disfarçar o fato de que eu não sabia absolutamente nada sobre sua terra natal.

Descobri que a Argentina é um continente em formato de bife — adequado, já que os argentinos comem a maior quantidade *per capita* de carne do mundo — localizado no extremo sul da América do Sul. A bebida nacional deles é um chá de ervas chamado "mate", bebido por meio de uma espécie de canudo com uma aparência de coisa ilegal. Me pergunto se Ivan bebe mate. Vou perguntar, caso o veja de novo.

Só que hoje já é quarta-feira e desisti da ideia de que possa sequer vir a ter notícias dele. De acordo com o inexistente (porém amplamente referido) *Compêndio completo para encontros*, quarta-feira é o prazo final para receber um telefonema após uma transa de fim de semana. O famoso guia diz ainda que não se deve ficar com homens que se tenha conhecido num bar e que todos os que valem a pena são gays ou comprometidos. Para piorar, as regras dizem que os homens só correm atrás de mulheres que se fazem de difíceis.

Eu violei todas as regras.

Por ter tido apenas um namorado na vida e estando solteira pela primeira vez desde que tinha dezenove anos, minha inexperiência no jogo dos encontros ficou escancarada.

Mando um e-mail enorme para minha mãe contando tudo o que está acontecendo, como tenho feito todos os dias desde que deixei a Austrália, e assim encerro meu "trabalho" do dia, antes de andar até a Market Street para esperar pelo ônibus.

A cidade se agita com o pessoal dos escritórios, turistas sem rumo e consumidores carregados de sacolas. Meus olhos se voltam para a Union Square, onde avisto um enorme fluxo de pessoas que se dirigem à Macy's, onde estão fazendo o lançamento de uma coleção de lingerie rendada. Nunca tive lingeries sensuais, mas sinto vontade de comprar agora.

Minha bolsa começa a tocar.

Tem de ser o Ivan!

Reviro a enorme bolsa. Livro, porta-níquel, guarda-chuva, lenços, brilho labial. Quarto toque... quinto toque... Vou perder a ligação! Caderno de rascunho, caneta, um brinco... Claro, o bolso lateral! É aqui!

Flip.

— Alô?

— Boa. Tarde. Senhora. Como. Está. Hoje. Esta ligação é para informar que a senhora ganhou nosso sorteio e gostaríamos de presenteá-la com um par de...

— Não, obrigada.

Flip.

O telefone toca de novo.

Flip.

— Alô?

— Seu amante latino ainda não ligou, não é? — É Anna.

— Como você sabe?

— Você atendeu, tipo, em um nanossegundo. Deixe tocar um pouco antes de atender, ou vai parecer que está totalmente desesperada.

— Ele não vai ligar. — Suspiro. — É quarta-feira.

— Verdade, já estourou o prazo. Mas não se preocupe, eu sei exatamente como consertar isso. Hoje à noite vou te levar ao Godzilla, o melhor sushi do mundo.

Desligo o telefone e o jogo na bolsa.

Desiste, Torre, digo a mim mesma. *Você se deixou levar por um cara qualquer, num bar qualquer. Sim, ele era interessante, bonito e usava um perfume de enfeitiçar, mas você não quer mesmo começar um relacionamento sério, lembra? A última coisa que você precisa é de um cara complicando a sua vida quando for a hora de voltar para a Austrália, para reencontrar os amigos, as irmãs e sua mãe, a quem você manda e-mails enormes todos os dias, porque já está sentindo muita falta dela. Lembra? Siga seu plano. Um ano em San Francisco, uma experiência de liberdade, de uma vida diferente, e depois voltar para casa. Lembre-se das regras: Não se apaixone e não deixe de voltar para casa. Faço um pacto comigo mesma: se Ivan ligar, vou dispensá-lo.*

Minha bolsa toca de novo.

Remexer, pegar, flip.

— Alô?

— Torre? Oi, é o Ivan. Me desculpe, eu queria ter te ligado antes. Perdi meu voo para Washington depois de te levar embora aquele dia.

— Por minha causa?

— E o que eu ia fazer? Deixar você ir de ônibus para casa? Eu me diverti muito aquela noite, aliás.

Fico vermelha.

— Eu também.

— Então, e quase perdi meu voo hoje, de novo! Eu estava esperando o embarque em Washington e a certa altura tive um momento livre para te ligar, mas, quando coloquei a mão no bolso, percebi que estava sem meu telefone, que devia ter deixado na inspeção de bagagem. Já tinham começado o embarque, mas eu precisava do telefone, porque não podia perder o seu número. Então saí correndo, peguei um trem para atravessar o aeroporto, corri mais um pouco, achei o telefone e corri de volta para o portão de embarque. Cruzei o portão no último segundo, já estavam fechando. Bom, enfim, eu queria ter te ligado antes, mas tive que esperar o pouso em San Francisco.

— Uau! — eu disse, imaginando a história toda, com Ivan no papel de Indiana Jones.

— Posso te levar para jantar amanhã? — ele diz.

— Claro! — Desligo o telefone e sigo meu caminho para a Macy's.

Ouço a campainha. Dou uma geral no espelho pela décima vez: calças sob medida, blusa de malha com decote canoa e minhas botas favoritas. Ajeito o cabelo brilhante em que fiz uma escova, aperto os lábios e despeço-me de meu reflexo num gesto de confiança.

Ivan espera do lado de fora, de barba feita e, mais uma vez, vestido como um gay estiloso.

— Oi — ele diz. — Você está linda.

— Você também. Quer dizer, você está bonito. — Sinto o sangue subir à minha face. Fico sem jeito com os elogios e sem saber bem o que fazer.

Somos amantes ou estranhos? Já dormimos juntos. Logo, devemos nos beijar e dar as mãos, ou devemos agir como se fosse um primeiro encontro desajeitado? Sou ruim nisso.

— Ei — ele diz enquanto caminhamos em direção ao carro. — Você se incomoda se formos à Golden Gate antes do jantar?

— Sem problemas. Fique tranquilo, sou fácil — digo, e logo enrubesço pela infeliz escolha da palavra. A situação é embaraçosa: somos estranhos.

Seguimos por uma montanha-russa de ruas que sobem e descem até chegarmos a uma praia com vista para a ponte. Nunca estive nesta parte da cidade e ainda não tinha visto a Golden Gate tão de perto.

Ivan estaciona o carro, e eu abro a porta a uma lufada de vento. Começamos a andar, e ele logo põe os braços em meus ombros, puxando-me para si. Não falamos, deixamo-nos ficar em confortável silêncio, admirando a ponte vermelha, parcialmente escondida pela neblina. É uma paisagem deslumbrante.

Noto que, de salto, sou apenas um pouco mais baixa que ele, e fico perfeitamente encaixada sob seu braço. Sinto outra vez o cheiro de sua colônia pós-barba, com a sensação de que é ao mesmo tempo estranho e familiar. *Somos amantes*, me dou conta e sorrio.

— Então, por que você se mudou para San Francisco? — ele pergunta, quebrando o silêncio.

— A cidade sempre me atraiu. Está cheia de cultura e criatividade, e é parecida, em vários aspectos, com Melbourne. Eu também amo Melbourne, mas senti que minha vida lá estava ficando um pouco... como dizer... entediante.

— Tenho de lidar com a burocracia da empresa todos os dias. Sei bem o que é entediante — ele diz, manifestando concordância com o que eu tentava exprimir.

— Não sei como não lhe perguntei isso antes, mas o que você faz?

— Gestão de projetos. Coisas de TI. Não vou te chatear com o blá-blá-blá técnico. Trabalho a uma hora daqui, no Vale do Silício. Na verdade, não costumo sair cedo do trabalho, por isso nunca consigo ver a ponte à luz do dia. À hora em que chego em casa, é sempre outro dia que a escuridão já engoliu.

— Isso é triste — eu digo. — Não é estranho que, quando a gente é jovem, fiquem nos dizendo que vivemos em uma bolha, que não participamos da realidade, etcétera e tal, mas depois, quando a gente sai ao encontro da realidade, acaba descobrindo que a bolha é maior, feita de política, despertadores nervosos, trânsito e...

— E um escritório enfadonho sem nenhum ar fresco — ele completa.

— Surpresa! Eis seu grande prêmio por dezesseis anos de estudo.

— Que tal juntar ao prêmio a parcela de uma hipoteca?

Nossa risada é bruscamente interrompida por uma lufada de vento, que arrasta consigo a água azul-metálica sob a ponte e produz uma onda de cristas brancas.

— Essas coisas dão o que pensar, não acha? — eu digo. — Tipo, qual é o sentido da vida? Apesar de que, quando digo isso em voz alta, parece que estou deprimida, não parece?

Ele se vira, fixa os olhos nos meus e sinto como se estivesse falando demais de novo, só que desta vez sem a ajuda do líquido da coragem. Em vez de me calar, como provavelmente deveria fazer, começo a tagarelar, lúcida:

— Talvez eu estivesse me sentindo deprimida em Melbourne, ou apenas cronicamente entediada... Não sei. Não deveria existir algo mais do que trabalhar para viver e viver para trabalhar? Por que tanta gente se conforma com relacionamentos que são uma droga e não é capaz de deixar o lugar onde vive, mesmo odiando esse lugar? Pra mim não é o bastante. Tem um mundo inteiro lá fora. Olha essa ponte! Droga, me desculpe. Não sei por que estou te dizendo tudo isso, é que... Do que estávamos falando mesmo?

— Tédio crônico.

— Certo. De qualquer forma, acho que é por isso que vim pra San Francisco: pra ver se tudo o que posso esperar da vida é trabalhar, dormir, trabalhar, dormir. Desculpe... Por favor, me interrompa se achar que estou dizendo asneiras.

— Na verdade — ele disse —, você está dizendo coisas totalmente sensatas.

Voltamos para o carro e vamos a um restaurante especializado em *tapas*, no distrito de Míssion. Violão flamenco dedilhado e iluminação aconchegante compõem a cena. Abro o cardápio e entro em pânico ao descobrir que está inteiramente em espanhol e não há um único item que eu reconheça.

— Posso fazer o pedido, se você quiser — Ivan diz, percebendo minha dificuldade.

Um líder. Gosto disso.

Ele chama a garçonete com um gesto rápido e fala com ela em um espanhol ágil. Aponta o menu: *uno, dos, tres*. Ele emana um certo tipo de audácia que acho irresistível e, se está tentando me impressionar com seu espanhol, está conseguindo.

A garçonete traz uma jarra de sangria, e Ivan serve dois copos.

— *Salud* — ele diz, brindando comigo. — É assim que dizemos "saúde" na Argentina. — Toma um gole e, ao devolver o copo à mesa, faz com que tilinte alto de encontro ao prato, silenciando o restaurante por um momento. Ele é meio atrapalhado... e adorável.

— Então, aquele chá que vocês bebem na Argentina — eu disse —, como se pronuncia? É *mate*? Como em *G'day, mate*?

Seus olhos brilham.

— *Mate*? Como você sabe sobre o mate?

— Bom... eu já ouvi falar. Então, em espanhol se pronuncia "mah-tay"? É assim?

— Isso mesmo. Você já provou?

— Não, mas gostaria.

— Ah, eu vou fazer um para você.

Sorrio diante da oferta.

— Os americanos normalmente não sabem o que é mate — ele diz. — Uma vez, um policial me parou às nove da manhã. Eu estava com meu mate no porta-copos, o policial olhou pra aquilo e disse: "O senhor poderia sair do carro, por favor?" Tive que fazer todos os testes para provar que estava sóbrio. "Por favor, ande em linha reta, senhor. Por favor, toque na ponta do nariz, senhor", toda aquela baboseira às nove da manhã, só porque eu estava bebendo chá verde num recipiente estranho.

Estou rindo quando a garçonete chega com nosso primeiro prato.

— Isso se chama *ceviche* — Ivan diz. — Peixe cru marinado em limão com cebola e coentro. Ah, esqueci de perguntar se você gosta de peixe cru.

— Amo — respondo.

— Maravilha. E gosta de velejar?

Fico muda, confusa diante da conexão inesperada. Velejar? Por que ele me pergunta isso? Velejar para mim é tão atraente quanto sapatear sobre um monte fresco de cocô de vaca com sapatos de grife novinhos em folha.

— Não. Não gosto muito de velejar — confesso.

— Ah, então você já tentou? — ele pergunta.

— Uma vez, quando era adolescente. Não me fez a cabeça. Eu fico enjoada e o mar me apavora, com seus tubarões e coisas do tipo, sabe?

— Você tem medo de tubarões? Por quê?

— Hum... já viu os dentes deles?

Ele me devolve um olhar perplexo.

— Não sei por que tenho medo do mar — continuo —, mas a verdade é que não há nada no mundo que me apavore tanto. É tão escuro e assustador! Tudo que vive no mar é horrível: garras, ouriços, ferrões afiados, dardos envenenados, dentes, tentáculos, ventosas, lulas gigantes, águas-vivas, aquelas criaturas do fundo do mar com presas e umas coisinhas que parecem lâmpadas na cabeça... — estaco, arrepiada — ... tentáculos, ventosas, uns trecos molhados horripilantes e rastejantes. Tenho certeza que, se fosse possível virar o mar de cabeça pra baixo e chacoalhar, eu teria pavor de tudo que cairia dele. É por isso que mal vou à praia e, quando vou, não entro na água além do nível do joelho. — Ponho um pedaço de peixe cru na boca e mastigo. — Mas o sabor é delicioso.

— Nossa... é muito medo mesmo, hein?!

— Jeito ótimo de começar um encontro, não é? "Oi, eu sou a Torre, sou extremamente neurótica. Vou fazer um resumo de todos os meus medos."

— Bom, todos temos medo de alguma coisa — ele diz, rindo.

— Então, de que é que você tem medo, Ivan?

Enquanto pensa, seus olhos parecem estar longe.

— Zonas residenciais e shopping centers. Hum... parques temáticos, lugares lotados — ele diz com um movimento assertivo de cabeça. — Ah! E ditaduras.

— Nossa, você também é bem neurótico — provoco.

Ele ri.

— Mas eu amo velejar. Pra falar a verdade, tenho um barco a vela em L.A. Sempre que posso, vou vê-la.

Vê-la? Ele possui um barco e fala *dela*, no feminino, numa clara demonstração de afeto?

A garçonete nos interrompe para servir os demais pratos, o que me dá um tempo para pensar em como está sendo nosso encontro até agora. A aparência elegante, o passeio romântico, o espanhol sedutor — algo tem de estar errado. Um dono de iate com essa idade? Conheço o tipo. Aos fins de semana, usa sapatos de velejador, camiseta com estampa de âncora, calças brancas e suéter em tom pastel amarrado em volta do pescoço. Passa o tempo livre na marina, falando no jargão dos marinheiros a qualquer um que lhe dê ouvidos, mas nunca deixa a doca para que seu amorzinho não se arranhe. Um mauricinho chato, que trabalha com TI e é casado com um barco chique. Não faz meu tipo.

A garçonete sai, e Ivan me explica as *tapas*.

— *Albóndigas a la española y pulpo a la plancha*. Almôndegas ao molho de tomate e polvo grelhado.

Pauso meu julgamento crítico para ouvir seu espanhol, que me envolve como um laço sedoso, tecido do cecear e das letras mudas que compõem sua fala. Seus lábios inteiros se movem de forma diferente quando pronunciam a língua nativa.

— Meu barco se chama *Amazing Grace*. Bom, este era o nome que ela tinha quando a comprei, mas gosto de chamá-la de *Gracie*.

— *Gracie?* — Pois é, "ela" é com certeza sua queridinha. Dou um gole maior de sangria e uma olhada disfarçada no relógio, perguntando-me por quanto tempo esse cara vai continuar falando em iatismo.

— Eu pensei em levar *Gracie* para San Francisco, mas o clima em L.A. é quente e, na maior parte do tempo, calmo; logo, melhor pra velejar. Além disso, meus pais moram perto de onde fica o barco, então posso visitá-los também quando desço para lá. Às vezes, vou de barco até Catalina.

— Parece divertido — minto.

— Você devia vir comigo um dia desses. Vai amar.

— Não sei, talvez — digo, me sentindo ligeiramente irritada. — Como eu disse, não sou muito fã do mar.

— Eu te levo à ilha de Catalina — ele diz, ignorando o meu "talvez". — Fica a seis horas de L.A., e o lugar é incrivelmente bonito. Se formos durante a semana, quando não tem muita gente, é como chegar a um paraíso oculto. — Ele toma um gole de seu drinque e repõe o copo na mesa, ruidosa e entusiasticamente. — Na verdade, estou planejando velejar com a *Gracie* ao redor do mundo no ano que vem.

Fico paralisada, com uma almôndega espetada no garfo à frente da boca.

— Me desculpe... o que você disse?

— Vou dar a volta ao mundo velejando. Meu barco está praticamente pronto para partir. Preciso finalizar um projeto que estou gerenciando, e então já posso começar a aprontar o barco para uma circum-navegação que pretendo fazer sozinho.

— Espera um pouco — digo, abaixando o garfo e me inclinando para perto dele. — Uma circum-navegação? Você está planejando velejar ao redor do mundo? E *sozinho*?

— Ārrã. O que eu quero mesmo é navegar pelas ilhas do Pacífico Sul. Dizem que são maravilhosas. Vou ter que fazer todo o caminho ao redor delas antes de voltar para casa. — Ele ri, reduzindo dois terços do planeta a um trajeto cotidiano.

— Então, você vai velejar ao redor do mundo?

— Sim, vou. Eu quero viajar. E um barco a vela é uma ótima condução para quem quer ver o mundo. Parto no começo do ano que vem, quando o clima é melhor.

Policio-me para não repetir a pergunta. Está difícil digerir a informação. Fico com a boca aberta num "ah" deslumbrado, enquanto Ivan explica os detalhes de seu plano.

Ele me diz que há sete anos, quando ainda era um estudante vivendo em L.A., notou os barcos a vela na praia de Santa Monica enquanto andava de skate. Depois, olhou para o horizonte e começou a imaginar os lugares aonde poderia ir num deles. Marcou aulas de navegação a vela e, não muito tempo depois, comprou seu primeiro barco. Já faz cinco anos que está economizando, planejando, pesquisando, estudando, mapeando rotas, e agora seu sonho está maduro e pronto para ser realizado. Há três anos, ele atravessou o oceano Atlântico, compondo a tripulação com duas outras pessoas, ao fazer a entrega de um iate vindo da Espanha para a Flórida, com o objetivo de adquirir experiência e verificar se de fato gostava de velejar no oceano.

— Como foi? — pergunto, fascinada.

— Eu esqueci de levar o saco de dormir e tive que dormir sob sacos de lixo a viagem toda. Congelei até o traseiro e acabei pegando uma gripe, mas a viagem foi incrível. Quando avistamos terra pela primeira vez em vinte e quatro dias, eu não queria mais voltar.

Nesse momento, é como se uma fenda no chão se abrisse entre nós, evidenciando nossas diferenças, e tudo o que eu posso fazer é fitá-lo com olhos arregalados. Vinte e quatro dias em alto-mar, cobrindo-se com sacos de lixo, e ele chama isso de "incrível"? Eu fiz mau juízo dele. Ele não é um yuppie chato. É um homem com ambições selvagens. Eu nunca tinha conhecido um aventureiro de verdade; vira alguns em noticiários, não raro vitimados por catástrofes.

— Então isso explica por que seu apartamento está vazio! — digo.

Ele deixa escapar uma risada envergonhada.

— Pois é. Quando me mudei de L.A. para cá, seis meses atrás, dei tudo que tinha para o meu irmão. Considerei que não precisaria de nada daquilo no mar. Minha mãe chegou a querer comprar uns sofás de couro italiano para mim. Agradeci e disse que não precisava.

— Você recusou sofás de graça pra viver em um apartamento vazio?

Ele dá de ombros.

— Acho que ela estava tentando me impedir de sair velejando. Acho que pensou que seria mais difícil eu partir se tivesse móveis italianos de qualidade. Ela me deixa maluco. É judia.

— Ah, sua família é judia?

— Não, não, nós somos ateus.

Paro para pensar outra vez, confusa.

— Então, sua mãe "judia" queria te comprar os sofás como uma espécie de âncora, para te impedir de velejar mundo afora?

— Sim, exatamente, como uma âncora. Minha família não conversa muito sobre a minha viagem, mas, quando se oferecem para comprar móveis grandes em vez de coisas que possam ser úteis em um barco, entendo que eles não apoiam o que estou fazendo.

— Talvez estejam apenas temerosos por você. É muito perigoso. Eu ficaria assustada, se fosse sua mãe.

— É, então, isso me irrita. Mas não vamos mais falar dos meus dramas familiares. Que tal irmos pra minha casa tomar um chá?

Eu realmente gosto desse cara, penso comigo mesma. Ele é tão interessante — um marinheiro, um sonhador, um líder, um visionário, uma alma única. E a melhor parte é que, já que está partindo, pode ser um caso sem compromisso. Podemos sair juntos, nos divertir, e depois, no fim do ano, cada um segue seu caminho.

— Nós podemos tomar mate na sua casa? — pergunto.

— Claro! Se é isso que você quer.

De volta ao apartamento de Ivan, em vez do chá, achamos coisas bem mais interessantes para fazer.

2

Sinto o aroma de lavanda da colônia pós-barba dele. Meus olhos se abrem e vejo, rente ao meu, o rosto de Ivan, cujos contornos a luz da manhã começa a tornar visíveis. Nos últimos dois meses, tenho acordado mais em seu apartamento do que no meu. Anna frequentemente me manda mensagens de texto querendo saber por onde ando, e eu, mais uma vez, respondo que estou com O-Cara-do-Bar.

— Convide-o pra vir aqui — ela sempre insiste. — A gente faz um jantar, e então cumprimos o papel que todo bom amigo deve cumprir: vamos medi-lo de alto a baixo pra ver se é mesmo gente boa.

Mas estou tentando manter uma boa distância entre meus amigos e Ivan. Não quero complicar a situação levando-o a festas, porque, como já disse a todos, O-Cara-do-Bar não passa de um relacionamento casual, sem compromisso. Mas Ivan está dificultando meus planos...

— Bom dia, baby. — Ele me enche o rosto de beijinhos estalados. Parece um pica-pau afetuoso.

No criado-mudo, o primeiro sinal de que as coisas entre nós estão começando a ficar sérias: vejo um presente de Ivan pelo meu aniversário de vinte e cinco anos, que foi na semana passada. Ele disse que me levaria aonde eu quisesse, então escolhi visitar os artistas de Sausalito, que trabalham em ateliês abertos ao público, onde pudemos observar ceramistas e pintores em plena atividade. Lá, Ivan comprou para mim a escultura de uma sereia, feita por um artista muito talentoso. Esse presente é um claro indício de que, se ainda estivermos nos vendo daqui a sete meses, que é quando Ivan pretende embarcar — e exatamente quando devo deixar San

Francisco e voltar para casa —, nosso romance não vai acabar com um abraço rápido e um *adiós*. A sereia encantada de Ivan parece estar me seduzindo na direção de uma praia agitada com escarpas rochosas.

— Tive uma ideia! — ele diz, enquanto continua me enchendo de beijos.

Puxo as cobertas sobre a cabeça e, debaixo de lençóis e cobertores, digo com a voz abafada:

— Uma ideia? Agora? É muito cedo. Vamos dormir mais um pouco.

— Eu estava pensando... Se você quiser, a gente pode ligar para o trabalho, dizer que não estamos passando bem e fazer uma viagem de carro para L.A., passar o fim de semana. Adoraria te mostrar meu barco.

— Você não acha que é um pouco cedo para me apresentar a sua outra mulher?

Ele ri.

— Não fique nervosa. Ela vai adorar você.

Olho o relógio: são seis da manhã. Ainda tenho uma hora antes de precisar estar pronta para sair e pegar o ônibus para o centro. À hora em que acordo, normalmente Ivan já se levantou, tomou banho, se vestiu e saiu. Ele tem de fazer, todos os dias, uma viagem de oitenta minutos, no horário de pico, até o Vale do Silício, a capital mundial da TI. Lá, ele bota os subordinados na linha, sacudindo o dedo mandão e ameaçando a macacada de cara enfiada no teclado com horas extras, enquanto marcha pelos corredores chicoteando os mais preguiçosos com cabos obsoletos. "Isso era para ser C, dois-pontos, espaço, espaço! E não C, espaço, espaço, dois-pontos!" Pelo menos esta é a imagem que faço dele, quando começa a falar sobre gestão de projetos, implementação de softwares, telecomunicações e outros jargões que atravessam minha cabeça de vento de artista.

— *Macacos* — resmungo, atordoada em meus pensamentos sonolentos.

— O quê?

— Eu disse "tudo bem".

Trato de tossir quando telefono para meu chefe, depois tomo um banho, ponho um vestido de algodão, adequado para o clima quente, e arrumo a mala para o fim de semana. Jogo a mala no bagageiro do carro de Ivan e abro a porta do lado do passageiro, em cujo banco encontro um travesseiro de viagem e um cobertor felpudo, cuidadosamente dobrado.

— É uma viagem de sete horas — diz Ivan. — E eu quero que você fique confortável. Temos sanduíches, bebidas e salgadinhos. Tem um cappuccino para você no porta-copos.

— Obrigada. — Sinto que meu coração se acelera.

Ele salta para dentro do carro carregando o equipamento para o mate. Antes de dar partida, enche, com a água quente de uma garrafa térmica, um artefato que parece um copo entalhado em madeira cheio até a metade de folhas de um chá verde. Passamos todo esse tempo juntos e até agora não provei o mate.

— Posso experimentar? — pergunto.

Ele me passa a cuia e eu o imito, sugando a bomba. Recuo, primeiro por causa da água quente que me queima a boca, depois por causa do gosto amargo. É muito ruim.

— E aí? — pergunta Ivan. — O que achou?

— Posso ser honesta?

— Claro.

— Tem gosto de cinzeiro. — Dou outro gole, pequeno, para ter certeza. — É, cinzeiro misturado com terra. Desculpa.

— Tudo bem. Com o tempo você se acostuma.

Deixamos a cidade para trás, enquanto aceleramos pela 101 South. San Francisco vai desaparecendo entre suaves e verdes colinas, e logo estamos atravessando uma paisagem de fazendas e planícies. Puxo o cobertor por cima dos ombros e me aconchego no travesseiro, sentindo-me invadida pela felicidade de ter sido sequestrada assim, sem aviso prévio.

Acordo sentindo certa umidade na bochecha. Droga, eu babei no travesseiro de viagem. Limpo o rosto e me volto para ver se Ivan reparou.

— Bem-vinda — diz ele, olhando nos meus olhos. — Você está dormindo desde Santa Barbara. É tão bonitinha quando dorme.

Fico vermelha. Não sei exatamente o que ele viu, mas aposto que deve ter me flagrado esticando as pernas com a boca aberta, produzindo barulhos estranhos e salivando mais que o habitual. Quem se parece com a Monica Bellucci agora, hein?

Noto que estamos chegando quando pegamos a saída da Santa Monica Freeway. Los Angeles é tudo o que eu imaginava: prédios cinzentos, tráfego congestionado e longas palmeiras que avançam para o alto como que buscando respirar ar limpo, acima da nuvem de poluição que recobre a cidade.

Chegamos a uma estrada que beira o mar, e a claustrofobia produzida pela paisagem de concreto diminui. Mastros indicam que chegamos à marina.

Ao longo das docas, vejo todo tipo de embarcação, desde pequenos botes e veleiros cheios de água até megaiates que enchem os olhos das piranhas do lugar. Marina del Rey é o lugar em que os iates das celebridades classe A são obrigados a se misturar com as embarcações das pessoas comuns: não há nenhuma Bel Air que separe os podres-de-ricos dos pobres flutuantes.

Meus olhos se agitam de um lado para o outro, excitados e nervosos como se eu estivesse na iminência de encontrar pela primeira vez um membro da família de Ivan. Ele tinha me contado tudo sobre o barco: como o procurara por um ano inteiro antes de encontrar, em San Francisco, seu par perfeito; como velejara, descendo a costa na direção do México, mesmo com a meteorologia prevendo um vendaval e aconselhando todas as pequenas embarcações a permanecerem no cais. Perguntei-lhe como foi velejar com tempo ruim, e ele respondeu que se sentira vivo e feliz, apesar da sensação de enjoo.

— Lá está ela — ele diz. — *Gracie*.

Amazing Grace tem vinte e seis anos de idade, apenas um ano mais velha que eu, mas muito mais velha se se considerar a longevidade de um barco. Com seu casco cinzento, a madeira seca e gasta, o verniz manchado, deixa ver que já atravessou muitos verões quentes e secos. Apesar dos anos, parece forte e capaz. Algo em seu formato de canoa me lembra um majestoso barco viking. Não parece propriamente velha. Parece, antes, sábia. E, se falasse, estou certa de que teria muitas histórias para contar.

— Venha aqui em cima — Ivan me chama, entrando no barco num salto ágil. Agarro as grades e me impulsiono, fazendo um tremendo esforço para subir a bordo, sem tirar os olhos da água verde-escura abaixo de mim, que parece querer me engolir.

Sou convidada para o grand tour pelo barco, ao longo do qual Ivan vai discursando num jargão que me escapa inteiramente: *roldana para içar a vela, rizes de linha dupla que conduzem de volta à cabine de comando, lazy jacks, cata-vento*. Digo que estou muito impressionada, mas não tenho ideia do que ele está falando.

— Basicamente, ela está toda equipada para uma viagem solo — ele diz. — Eu posso arrumar as velas sem ter que sair da cabine de comando. A maioria dos barcos precisa de duas ou mais pessoas para fazer as mudanças na vela, *Gracie* só precisa de uma.

Ele me conduz escada abaixo, para dentro do ninho aconchegante da cabine, que cheira a diesel, querosene e livros velhos. O design típico do final dos anos 70 se evidencia na decoração em que predominam o marrom, o castanho e o laranja. Nas paredes internas, lambris de madeira envelhecida produzem uma luminosidade semelhante à da luz vista através de uma taça de vinho tinto. O interior do barco é um ventre quente e acolhedor.

A cozinha é minúscula e básica. Ao lado dela, um compartimento utilizado para traçar mapas, com um painel de controle e toda aquela geringonça de um barco. Um quadro elétrico cheio de disjuntores devidamente etiquetados, com a especificação das funções de cada um: "bomba do porão", "luz traseira", "motor", "bomba d'água". Ao fundo, avistam-se pontas de fios que dão a impressão de que atulharam o lugar com equipamentos eletrônicos e forçaram a porta do compartimento.

A parte intermediária do barco é uma área de lazer. De frente um para o outro, nas paredes do compartimento, dois sofás, cobertos por um revestimento de vinil num incrível tom de laranja que parece implorar pelo acompanhamento decorativo de uma lâmpada de lava.

Mais adiante, caminhando na direção da frente do barco, Ivan chama a atenção para uma lareira, que me causa uma impressão ao mesmo tempo agradável e aterradora.

— Para regiões mais frias — diz ele. — Este barco é forte o bastante para nos levar à Antártida.

Passo os olhos pelos livros de Ivan na pequena biblioteca. *Velejando sozinho ao redor do mundo*, de Joshua Slocum; *O longo caminho*, de Bernard Moitessier; *Conquistando o mundo*, de Ellen MacArthur; *A incrível viagem*, de Tristan Jones; nem sequer um romance entre os títulos de não ficção, todos sobre navegação.

— Nossa, andamos um pouco bitolados, não? — provoco.

— Pode-se dizer que sim. Não li nada além de livros de navegação nos últimos cinco anos. Eu já li alguns desses livros mais de uma vez. Essas pessoas todas fizeram o que eu quero fazer.

— São seus heróis? — pergunto, enquanto pego um livro para dar uma folheada.

— Mais ou menos. Mas não costumo ter heróis. Acho melhor realizar minhas próprias conquistas, em vez de viajar nas dos outros sentado numa poltrona. Posso dizer que são, para mim, uma espécie de inspiração.

— Certo. Você deve gostar desse tal de Moitessier, tem quatro livros dele.

— Sim, já li os livros dele tantas vezes que é como se o conhecesse pessoalmente, como se fosse... — Ivan solta uma risada envergonhada. — Isso pode soar estranho, mas às vezes eu sinto como se ele fosse meu melhor amigo. É minha maior inspiração. Já ouviu falar dele?

Meneio a cabeça, negando.

— Ele teria sido o primeiro homem a velejar por todo o mundo, sem parar, sozinho, em 1969, mas abandonou a corrida no último trecho. Após ter praticamente feito a circum-navegação do planeta, tudo o que tinha a fazer para conseguir o recorde e o prêmio em dinheiro era voltar ao ponto de partida e fechar o ciclo. Ele chegou perto, mas decidiu não voltar a terra. Não conseguiria aguentar o choque de voltar à civilização. A mulher e os filhos estavam esperando por ele e tudo o mais, mas ele virou o barco rumo ao oceano e simplesmente continuou navegando. Acabou fazendo outra meia circum-navegação, até chegar ao Taiti. Enquanto isso, um outro cara conseguiu o recorde mundial e o prêmio de cinco mil libras.

Sinto um arrepio só de pensar na mulher do velejador, na beira da praia, perscrutando o horizonte vazio em busca de um barco que nunca viria.

— Ele simplesmente abandonou a família no cais? Por quê?

Ivan dá de ombros.

— Moitessier era assim. Ele tinha velejado ao redor do mundo com a mulher antes, na lua de mel deles. Mas ela tinha filhos de um outro casamento e, quando os deixou num colégio interno para velejar, sentiu falta deles o tempo todo. Queria voltar para casa, mas Moitessier queria continuar viajando. Quando voltou ao mar, resolveu que o faria sozinho. E nunca mais voltou para ela.

— Ele não a amava mais?

— Eu acho que ele a adorava, mas percebeu que não poderia manter dois amores. Certa vez, ele disse: "É frequente termos de sacrificar uma coisa por outra. Se for preciso escolher entre sua vida e uma mulher, a escolha deve ser sua própria vida, não é?" O mar era mais importante para ele. Ele queria ser livre.

— Livre de quê?

— Da instabilidade terrestre, provavelmente. Ele cresceu na Indochina, que sofreu uma brutal invasão japonesa depois que a França perdeu a guerra. Imagino que tenha feito do mar seu último refúgio. Ele se referiu ao oceano como "uma nação cujas leis são severas, porém simples, uma nação que nunca trapaceia, que é imensa e sem fronteiras, onde a vida é vivida sempre no presente".

— Triste — digo. — Eu também gosto de solidão, mas viver uma vida em total isolamento porque você não confia mais na terra? Isso é realmente trágico.

Ivan, novamente, dá de ombros.

— Mas a terra é trágica também. Guerras, roubos, corrupção, genocídio, crianças sendo levadas de seus pais. Acontece o tempo todo. Moitessier tem razão em uma coisa: as leis do oceano são severas, porém justas.

Sinto calafrios me percorrerem a espinha ao pensar na solidão que Moitessier se impôs. Cresci em uma casa agitada, com muitas irmãs, animais de estimação e pessoas excêntricas. O isolamento era impossível, mesmo quando eu ansiava por ele. O tempo todo era um caos. Meus pais emigraram da Califórnia quando ainda eram jovens e despreocupados e levaram seu liberalismo do fim dos anos 60 com eles. Construíram uma vida na

Austrália com valores tão ecléticos quanto a casa que fizeram, com cedro, ardósia e vitrais nas janelas. Debaixo daquele teto, nós, crianças, não éramos julgadas e avaliadas por nossas habilidades acadêmicas, mas pelo humor, espontaneidade e caráter.

— Mamãe, papai, tirei um C em matemática. Mas vejam a minha escultura. Tem uma cabeça de peixe e pernas de mulher em vez de cauda. Eu sei que é muito feia, mas ela é assim porque é uma sereia ao contrário. Ela mede quatro metros, por isso precisei de ajuda para arrastar ela da escola até em casa.

— Ah, querida, é fantástica! Vai ficar linda na sala de estar, ao lado do quadro que a sua irmã fez, de um homem com o coração partido, jorrando sangue pelas artérias.

Durante o dia, minha mãe era uma dona de casa ocupada, e meu pai, um roteirista de sucesso. Mas, à noite, ambos eram músicos e boêmios indisciplinados. Amigos apareciam de todos os lados, abriam-se cervejas, os instrumentos eram postos a trabalhar e ouvia-se música até tarde da noite. Era comum, para mim, saindo de meu quarto pela manhã, encontrar um estranho dormindo no sofá, recuperando-se de uma noitada daquelas. Eu tinha o hábito de me aproximar deles andando na ponta dos pés, cuidando para não provocar aquele momento de pânico inevitável em que um adulto acorda com a luz do sol no meio da manhã e dá de cara com um pentelho de dez anos que diz: "Hum... Oi. Foi você que vomitou no nosso banheiro?"

Buscando refúgio do barulho da festa e daquela fauna que frequentava a nossa casa, encontrei, na solidão de meu quarto, meu cantinho feliz. As horas voavam enquanto eu desenhava, pintava e escrevia, explorando o espaço sem fim do meu mundo interior. As artes me deram uma noção de controle que eu não poderia encontrar no meio daquele punhado de irmãs e estranhos.

Minhas irmãs mais velhas se juntavam às festas, mas eu preferia ficar sozinha com minha imaginação. "Ela devia relaxar e aproveitar um pouco mais a vida", era o que minha família dizia, geralmente pelas minhas costas, quando achavam que eu não podia ouvi-los. "Eles deviam aprender a ser adultos", eu reclamava para meus amigos na escola. Invejava seus pais austeros, que impunham regras e toques de recolher e viviam em casas de tijolos, silenciosas; que não baforavam nuvens de fumaça noite adentro, até o amanhecer.

Quando me mudei, com vinte anos de idade, depois de conseguir meu primeiro trabalho em Melbourne, encontrei a solidão que sempre tinha desejado, morando com duas pessoas que nunca estavam em casa. Não tinha barulho de pratos e talheres, brigas entre irmãs, duelo de banjos, amigo da família na mesa da cozinha chorando as pitangas depois de quatro uísques, telefone tocando não se sabe onde, gato andando em cima do piano, música pop dos anos 80 irrompendo dos quartos, o barulhinho repetido de cervejas sendo abertas, o pai arrancando um riff do baixo, a mãe dedilhando músicas country melancólicas na guitarra Martin, que era o seu xodó.

Meu paraíso era extasiantemente quieto! Depois, ficou profundamente silencioso. E, em seguida, completamente depressivo. A estridência da minha família bizarra se incorporara fundo em mim, fazia parte de minha corrente sanguínea.

E mesmo eu, que, como Moitessier, tenho de fugir das multidões para me refazer de tempos em tempos, não consigo imaginar um trauma que me desligaria do calor das relações humanas para sempre. Uma pessoa teria de se sentir profundamente traída pela humanidade para sentir conforto no abraço gelado do mar aberto.

Ponho o livro de volta no lugar, esfregando os braços para espantar o arrepio.

Ivan continua andando pelo barco, levando-me para a estreita extremidade dianteira, a proa.

— Aqui é o banheiro — ele continua, abrindo a porta sanfonada de um cubículo do tamanho de um armário de vassouras, onde se veem, amontoados, uma privada, uma pia, um pequeno espelho e um chuveiro. Chegamos a um compartimento triangular construído na quina do barco. — Aqui está a cama principal, o leito em V — ele diz. — Temos tanques de água potável embaixo dela, por isso é tão alta.

A pequena cama em V começa a cerca de um metro do chão e acaba a não muito mais que meio metro do teto, de forma que não deve ser legal a experiência de se erguer de repente, assustado, depois de um sonho ruim.

Enquanto fazemos o percurso inverso pelo barco, Ivan levanta tampas de madeira e abre portas, mostrando-me todos os cantos e armários para estocagem de suprimentos e outras tralhas necessárias. É um verdadeiro abrigo flutuante, com espaço para as necessidades de um ano inteiro.

— Se me permite a pergunta — digo, deslizando as mãos pela madeira da embarcação —, quanto custa um barco como este?

— Normalmente, um barco de mar aberto 1979, como este, custaria de noventa a cem mil dólares, mas eu comprei *Gracie* pela metade do preço. Os designers da Valiant, que a projetaram, experimentaram, em 1979, uma fibra de vidro capaz de resistir ao fogo e que torna o barco seguro, mas que acabou se revelando suscetível à formação de bolhas. *Gracie* já tem algumas bolhas, como pode ver, e muitas outras vão aparecer quando alcançar os trópicos, mas isso não vai afetar a integridade do barco. Conselhos profissionais confirmaram o que eu já tinha visto em minhas pesquisas sobre esses barcos: é apenas um problema estético. Este é um dos melhores barcos de mar aberto que existem.

— Uma boa compra — eu digo.

Ele sorri e continua:

— Gastei cada centavo que tinha para pagar por ela um ano atrás. Desde então, todas as minhas economias foram para um fundo de navegação, incluindo o dinheiro da venda do meu primeiro barco, o *Mahalo*. Muita gente preferiria poupar esse dinheiro para investir numa casa, mas eu prefiro uma experiência como esta a possuir um terço de um apartamento em San Francisco ou em L.A.

— Bom, isso é o mesmo que possuir um apartamento, com a diferença de que este flutua.

— E pode te levar a qualquer lugar do mundo — ele acrescenta. — Então, gostou dela?

— Amei.

Ele abre um sorriso largo.

— Verdade? Você fala sério?

— Claro! — confirmo, surpreendendo a mim mesma. — Amei, de verdade!

Não preciso fingir entusiasmo. A embarcação é realmente bonita, sem ostentações como refrigeradores brancos de fibra de vidro e televisores de plasma de quarenta polegadas em cada quarto, mas rústica e calorosamente aconchegante, como a casa em que cresci. O interior é convidativo e acolhedor, com um quê de uma habitação em terra.

— Estou muito feliz que você tenha gostado — ele diz. — Não é uma embarcação luxuosa, mas o que eu queria era exatamente isso, um barco simples e resistente, como os que Moitessier sempre teve. Ser simples significa que ela exige menos manutenção e também que pode funcionar a partir de uns poucos painéis solares. Se os eletrônicos fossem menos caros, eu seria também menos autossuficiente. Com *Gracie*, posso viajar a lugares remotos e permanecer por um longo período. Além do mais, se fosse maior, eu teria que economizar por muito mais tempo. Sendo como é, posso partir já no ano que vem.

— Você está muito empenhado em cair fora, não é mesmo? — pergunto.

Ele não responde; em vez disso, abre uma garrafa de vinho e me convida para irmos à cabine de comando. Com algumas almofadas, improvisa um sofá nos assentos de fibra de vidro, acende algumas velas e as coloca em volta da cabine, formado um semicírculo. Vemos o céu se iluminar de um amarelo flamejante; ao redor tudo é silêncio, exceto pelo som delicado da água batendo no barco.

— Este é o único lugar desta cidade que eu gosto — diz Ivan. — Quando morava em L.A., eu vinha para cá todos os fins de semana, tomava meu mate, lia meus livros sobre navegação e fugia do trânsito e da multidão. Era o único lugar em que eu queria estar.

— É um sossego incrível — digo.

Tomamos nosso vinho em silêncio e observamos o céu, que aos poucos vai se tingindo de violeta.

— Você já esteve na França? — pergunta Ivan, de olho na garrafa de vinho francês.

— Não — respondo. — Mas está na minha lista de lugares que gostaria de conhecer. Um dia desses, quero sair pela Europa numa aventura gastronômica. E vou ter que fazer esse passeio de bicicleta, para compensar a ingestão diária de carboidratos.

Ele dá risada.

— Parece um ótimo plano.

— Por que você perguntou se já estive na França?

— Eu estava só pensando em... Gostaria de te levar lá um dia.

— Você quer me levar para a Europa?

— É claro! Eu quero conhecer o mundo todo com você.

Sinto milhares de impulsos elétricos me percorrerem a pele. Ele toma minha mão e, sem dizer uma palavra, me leva para dentro do barco. Subimos na pequena cama, enroscando braços e pernas até nos ajeitarmos naquele espaço. A intimidade é uma condição de sobrevivência nesta pequena embarcação.

Seu sussurro quente próximo aos meus ouvidos deixa minha pele arrepiada.

— Muito obrigado por estar aqui comigo. *Te quiero.*

Minha pele se amacia sob seus lábios, enquanto ele me despe. Vejo a lua pela escotilha acima da cama. É uma delicada lua crescente, como uma curva, uma cintura, um quadril, uma mão em concha, um seio, um sorriso satisfeito. Nada é comum quando estou com Ivan.

Saciados, nos deitamos com os dedos dos pés tocando a parte mais estreita do barco, e eu divago enquanto me abandono ao balanço de *Amazing Grace*, ao ritmo do vento, ouvindo a percussão suave das ferragens, o gemido das cordas e os beijos da água no casco.

Pela manhã, andamos pelos arredores da marina e tomamos nosso café no lugar preferido de Ivan, onde escolhemos uma mesa ao ar livre, sob o sol quente de Los Angeles. O café é frequentado por casais chiques, que usam enormes óculos de sol enquanto consomem lattes, cappuccinos e macchiatos.

— Me diga, quando você se mudou da Argentina para L.A., sentiu o choque da diferença entre as culturas? — perguntei.

— Sim. Comecei a estudar inglês aos doze anos, cinco antes de chegar aqui, mas quando cheguei pensava comigo: *Que diabos essas pessoas estão falando?* Tive que assistir programas infantis na TV nos primeiros meses; era a única coisa que eu conseguia entender. Foi difícil, com certeza. No começo, meus pais, meu irmão e eu nos amontoávamos em um apartamento de dois dormitórios. Tínhamos mais de um emprego ao mesmo tempo e juntávamos cada centavo para pagar as contas. Conseguimos ganhar, juntos, apenas dezoito mil dólares no primeiro ano. Depois, foram vinte e cinco mil no segundo e trinta e seis mil no terceiro.

Balanço a cabeça, tentando imaginar como seria viver um ano inteiro com apenas quatro mil e quinhentos dólares por pessoa, numa cidade onde Hummers, Aston Martins e limusines enormes congestionam as estradas.

— Deve ter sido difícil.

— Foi — ele diz. — Mas nós conseguimos. Quando estava na faculdade, fui morar sozinho. Trabalhava em período integral na Starbucks e, com setecentos dólares por mês, pagava as despesas de casa, mensalidades escolares e ainda consegui economizar para comprar meu primeiro barco. Levava uma lata de creme de milho com uma colher para a escola; era meu almoço.

O café da manhã chega: uma travessa de antepasto com uma truta defumada inteira, queijos, molhos, frios e pão crocante. Comida chique para um cara que sobrevivia de milho enlatado.

— Por que vocês deixaram a Argentina? — pergunto, enquanto avanço com o garfo na truta defumada.

— Bom... — Ivan olha para o prato, e é como se uma sombra descesse sobre ele. — A Argentina era instável. Quando nasci, o país vivia sob um regime ditatorial muito opressor. Acabou quando eu tinha nove anos e, mesmo havendo uma democracia depois de 1983, ocorreu uma série de atentados e de golpes para derrubar o governo. Eu ficava o tempo todo apreensivo com a possibilidade de que tudo acontecesse de novo e de que voltássemos a viver sob o domínio do medo. Eu queria ser livre. Também queria fazer algo por mim, e não havia oportunidades lá. Então, aos dezessete anos, disse aos meus pais que queria deixar a Argentina, e eles decidiram sair de lá também. O tempo todo a gente ouve falar do "sonho americano". E eu acho que ele existe. Meu barco, o dinheiro que guardei para velejar, tudo isso eu nunca conseguiria na Argentina. E não tenho que ficar olhando o tempo todo pra trás, com medo de estar sendo seguido, como tinha que fazer lá, sabe?

Não sei. Não tenho ideia do que ele teve que passar. A infância de Ivan no Terceiro Mundo é muito distante da minha formação nos subúrbios da Austrália, onde tudo era seguro e andava nos eixos. A única instabilidade política pela qual a Austrália passou foi quando, acidentalmente, perdemos, em 1967, o nosso primeiro-ministro, Harold Holt, que desapareceu depois de ter sido visto entrando no mar para um banho.

— Voltando a sua pergunta, sim, eu senti o choque da diferença entre culturas, mas a vida aqui é muito melhor — Ivan continua. — Meus pais estão se dando muito bem em L.A. Possuem várias propriedades e têm bons empregos. Minha mãe ensina ioga para um grupo da terceira idade, e meu pai trabalha em um estacionamento. Meu irmão, Eric, é quiroprático e também está se dando muito bem no que faz. Não teríamos nada disso se tivéssemos ficado na Argentina.

Fui mesmo estúpida julgando que Ivan era um típico dono de iate, rico, quando nos conhecemos. O barco, o plano de velejar mundo afora são, de fato, um sonho maior e mais ambicioso do que uma mera fantasia de menino rico e mimado.

— Ivan — digo —, meus amigos vão oferecer um jantar no próximo fim de semana, e eu estava pensando se você não gostaria de se juntar a nós.

Ele sorri.

— Claro que sim.

~

Somos quinze, sentados ao redor da mesa e mergulhando pedaços de um delicioso pão crocante em tigelas de *boeuf bourguignon* caseiro, preparado do começo ao fim por Anna, que anda de caso com um francês.

Aproveito a primeira brecha para falar de Ivan, sem disfarçar o orgulho por tê-lo a meu lado:

— Então, o Ivan está planejando partir numa viagem ao redor do mundo, num veleiro, em abril do ano que vem — digo e, recebendo de volta caras e bocas como reação à proeza que Ivan está em vias de realizar, sinto-me ousada e corajosa pelo simples fato de estar namorando o cara.

Imediatamente, começam a pipocar perguntas de todos os lados, como se, de uma hora para outra, Ivan tivesse se tornado uma celebridade.

— Que tipo de barco você tem?

— Um Valiant — ele responde.

— Qual o tamanho?

— Trinta e dois pés.

— Você tem medo de tempestades?

— Não, já peguei um temporal no mar uma vez. Foi uma oportunidade de testar minha embarcação, e ela se comportou lindamente.

— Você vai sozinho? — Anna pergunta, olhando para ele com um olhar de quem já sabe e, ao mesmo tempo, teme a resposta.

— Não. A Torre vai comigo.

A sala fica em silêncio. Ouve-se alguém tossir e uma colher cai num prato ruidosamente; é a minha. Todos me olham, em silêncio e num clima de suspense, enquanto esperam que eu diga algo.

Anna me lança um olhar de acusação, como quem diz: *Você não me disse!*

Encolho os ombros em resposta, como quem insinua: *Não há nada para contar!*

Volto-me para Ivan, com ar de espanto: *Quer falar sério?*

Ele me olha impassível: está falando sério.

Fico séria também. Sinto o rosto queimar e um misto de vergonha e raiva. Qual é a desse cara? Ele decide, sem me consultar, que vou me enfiar com ele num barquinho minúsculo e enfrentar a imensidão tenebrosa do Pacífico? Será que ele não estava me ouvindo quando eu lhe disse, com todas as letras, que tenho pavor do mar?

Olho bem dentro dos olhos dele.

— Ivan. Isso. *Nunca*. Vai. Acontecer.

No carro, a caminho de casa, estou pálida.

— Você pode dizer às pessoas o que quiser, Ivan, mas nada vai me levar a fazer essa viagem com você. — Que atrevimento do cara, afirmando que vou com ele como quem constata um fato: a Terra é redonda; pássaros botam ovos; Torre vai comigo para o mar.

Atravessamos a Golden Gate, fazendo o caminho de volta para a cidade. Olho para baixo, para a massa negra de água embaixo da ponte, e aquilo parece que atiça o meu fogo.

— Por que você disse aquilo?

— Eu não sei, a ideia me veio e...

— Me deixa adivinhar: você ia sozinho pra alto-mar e, de repente, achou melhor levar o primeiro par de coxas que apareceu pra te fazer companhia, é isso?

— Você não está sendo justa. Eu tenho planejado fazer essa viagem sozinho há muito tempo. Não esqueça que foi você que me abordou no bar e...

— Eu não estava brincando sobre ter medo do mar, Ivan. Ele me *aterroriza*! E eu já te disse que vou voltar pra casa em dezembro. Não posso fazer isso com você.

— Eu compreendo, mas... Talvez algum dia, não muito distante, você me deixe te levar a Catalina. É um lugar incrível, e eu prometo que você vai estar segura.

— Ivan, eu mal entro no mar quando vou à praia! Nós falamos sobre isso em nosso segundo encontro! Eu nunca te enganei quanto a isso.

— Sim — diz ele, pondo a palma da mão quente em meu joelho. — Eu só... eu só quero te levar pra lugares bonitos, é isso. Me desculpe, eu não quis te constranger na frente dos seus amigos, nem te pressionar ou qualquer coisa do tipo, tá bom? Eu gosto de você de verdade, Torre. Não sei o que me deu na cabeça. Me desculpe. Por favor, me perdoe.

Seus pedidos de desculpa diminuem minha irritação, mas não têm o menor efeito sobre o pânico que sinto quando penso no rumo que nossa relação está tomando. Não sei o que fazer, mas sinto que ficar com ele é uma imprudência. O que era para ser um caso sem compromisso está virando algo muito maior. Sinto que estou perdendo o controle da situação.

— O que queremos com isso? — pergunto.

— Isso o quê?

— Continuar nos vendo.

Posso ver seu rosto empalidecer, apesar da escuridão dentro do carro.

— Eu não estou entendendo — diz ele.

— Você vai partir em pouco tempo. Por que estamos fazendo isso?

— Por quê? Você está brincando comigo? E daí que vou partir? Não tome decisões assim, Torre. Você não sabe nada do futuro!

— Eu *sei* o que vai acontecer. Você vai pro mar e eu vou pra minha casa, na Austrália. Vamos encarar a realidade. É perigoso continuarmos com isso.

Ele não consegue esconder uma certa ironia.

— Perigoso? Por que perigoso?

— Pense um pouco. Quanto mais tempo passamos juntos, mais difícil fica. Vamos... facilitar as coisas? Vamos só...

— Por que a gente não pode viver o agora? — ele interrompe. — Eu comprei meu barco pretendendo fazer uma viagem sozinho, porque já tinha me acostumado com a ideia. Achava que no Pacífico Sul não ficaria mais só do que tenho estado aqui, e ainda teria a vantagem de a paisagem ser mais bonita, certo? Acontece que, de repente, me aparece uma garota que se senta ao meu lado num bar e me pergunta por que estou triste. Olho para ela, começamos a conversar e eu percebo que é uma mulher maravilhosa: inteligente, corajosa, independente, engraçada, carinhosa, ambiciosa, envolvente. Talentosa o suficiente para se manter fazendo arte. E eu fico totalmente enfeitiçado. Me vejo ali, no bar, sentado ao seu lado e pensando: *Deus do céu! Isso não teria me acontecido se eu não tivesse tido o impulso de sair pra tomar uns drinques esta noite.*

— Quem era ela? — brinco, enxugando lágrimas que começam a surgir no canto dos olhos. — Ela tem um belo traseiro?

— O mais belo que eu já vi em toda minha vida.

Rimos e relaxamos.

— Você é incrível, Torre. E eu não posso te dizer o que vai acontecer em dezembro, nem para onde esse relacionamento vai nos levar, mas essas coisas pertencem a um futuro de, no mínimo, sete meses. Por favor, não vamos acabar com nosso relacionamento pensando como pessoas práticas. As melhores coisas na vida não são práticas. Enquanto estivermos nos divertindo... é isso o que importa, você não acha?

A promessa que fiz para minha família parece estar correndo sério risco, e me sinto terrivelmente culpada. Sinto um nó na garganta enquanto me lembro de minha festa de despedida. Abracei a todos — minhas irmãs, meus pais, meus oito sobrinhos e sobrinhas — com emoção; mas meu sobrinho mais próximo, Harper, de sete anos, me agarrou firme e não me soltava. As lágrimas dele me encharcaram o ombro, enquanto me pedia que não partisse.

— Ivan — digo, engolindo o choro. — Eu preciso voltar pra casa no fim do ano. Eu prometi.

— Faça o que tiver de fazer, Torre. Só não se esqueça de viver o agora. A vida e a possibilidade de ser feliz acontecem sempre num *agora*.

Descruzo os braços e olho pela janela, silenciada pelo que acabo de ouvir. Ele tem razão. Em casa, eu não estava me fazendo feliz. Eu me consumia tentando fazer outras pessoas felizes. E isso era exaustivo. Só há uma coisa que sei com certeza: quando estou com Ivan, me sinto, no mais fundo de mim e ao mesmo tempo, aterrorizada e viva, viva como jamais me senti.

— Então — ele diz, quebrando o silêncio —, te deixo em casa? Ou... ou você vai pra minha casa comigo?

É agora, Torre. Seja sensata. Planeje o futuro. Acabe com isso já. Durma em sua própria cama. Torne as coisas mais fáceis para todos.

— Vamos pra sua casa — ouço-me dizendo.

3

"O apartamento de Ivan" agora é também a minha casa. Conhecemo-nos há seis meses e estamos morando oficialmente juntos há três. E enquanto meu anjo da guarda conservador me acusa de um comportamento irresponsável, o diabinho que me acompanha sopra o tempo todo em meu ouvido esquerdo: *Viva o momento!* E esse poderoso conselho me mantém surda à voz da razão.

É por isso que, neste exato momento, estou tremendo de medo na pequena cabine de comando de *Amazing Grace*. Acabei concordando que Ivan me trouxesse numa viagem de seis horas à ilha de Catalina. É uma viagem tranquila, Ivan me assegura, mas a faixa do Pacífico que nos separa de nosso destino é profunda e, sem dúvida alguma, infestada de tubarões. Só de pensar me dá vertigem.

Ivan sente meu nervosismo e senta a meu lado.

— Vai dar tudo certo — diz. — É uma viagem muito tranquila. O tempo é de calmaria. Eu prometo, vai ser muito bom.

Tento com um sorriso mostrar que estou bem, mas não consigo deixar de franzir a testa num claro sinal de preocupação. Já estamos quase em outubro, o que significa que tenho apenas dois meses e meio antes de ter de voltar para casa. E justamente agora me sinto tão envolvida nesse "caso" que voltar parece a coisa mais complicada do mundo.

— Vamos ver golfinhos — diz Ivan, tentando me animar. — Eu te garanto.

De certo modo, a fala dele me acalma. Deve ser porque ouvi em algum lugar que, onde há golfinhos, não há tubarões.

— Você comeu bem? — ele pergunta. — Comer ajuda a prevenir enjoos.

— Sim, acho que sim.

— Bom, se ficar com fome, me avise. Fiz alguns sanduíches. Temos também maçãs, laranjas e um punhado de salgadinhos. Tomou o remédio para enjoo?

— Sim. E pus esses trecos aqui — digo, balançando os braços para mostrar minhas pulseiras de acupressão, que parecem simples enfeites cinza e felpudos, mas possuem contas que pressionam os ligamentos de meus pulsos. É possível que não produzam mais que um efeito placebo, mas eu seria capaz de me meter em uma fantasia de gorila se alguém me dissesse que isso pode ajudar a evitar o enjoo causado pelo mar.

Ivan liga o motor, e uma enorme nuvem de fumaça cinza é expelida pela traseira do barco. O cheiro de diesel se espalha no ar e meu estômago vira cambalhotas.

Depois de algumas manobras pela marina, passamos pela região de arrebentação das ondas, recoberta de pássaros, e avistamos o Pacífico. O que se vê é um azul profundo e perfeitamente calmo. A superfície parece um espelho, mas o mar não parece plano. As ondas se agitam sob o barco, impulsionando-nos para cima antes de nos empurrar resolutamente em direção a terras tão distantes quanto minha querida Austrália. Há uma potência monumental no volume íngreme de água que se move a nosso redor e que parece totalmente indiferente a nossa presença.

— Não vamos conseguir velejar — diz Ivan. — Não tem vento.

Mesmo sem vento, estamos sobre uma paisagem marítima composta de colinas cristalinas que se movem. Tento imaginar como seriam essas colinas *com* o vento e, só de pensar, sinto uma lufada de pânico. Engulo em seco.

Ivan manipula alguns instrumentos de navegação, regulando o barco para que mantenha o curso por conta própria.

— Venha para a proa comigo — diz ele, tomando minha mão. — Não há nada bloqueando a visão e nenhuma fumaça.

Pego em sua mão e o sigo pela lateral do barco, pisando com cuidado sobre cordas que se enrolam como serpentes, apoiando-me em corrimãos de madeira e outras geringonças de metal, imaginando como é possível fazer isso com o mar agitado. Para manter o equilíbrio no balanço do mar, solto a mão de Ivan e me agarro com a mão direita às cordas de segurança, e, com a esquerda, ao corrimão de madeira de teca. Avanço devagar, esforçando-me para ignorar a imensidão azul que invade minha visão periférica. Um erro à toa, um descuido, um movimento desajeitado, e pode ser o mergulho definitivo, sem volta.

Ivan espalha alguns travesseiros e me sento na proa com as costas apoiadas em uma mochila, fitando o oceano silencioso. Ele me abraça, e então começo a relaxar.

O silêncio é atravessado pelo som de aviões que passam sobre nós levando e trazendo multidões de San Francisco. Olho para trás, na direção da cidade, e vejo-a aos poucos sumindo numa esfera amarelada de fuligem. Aqui, é como se tivéssemos nos desligado de tudo, como uma ilha de privacidade, distante, muito distante das multidões e do trânsito.

— Está vendo aquela ilha? — diz Ivan, apontando para uma porção de terra que mal se avista no horizonte. — Está vendo a cavidade entre duas elevações? Aquilo é um istmo. É pra lá que estamos indo.

Faço sinal afirmativo com a cabeça e fixo o olhar em nosso destino, que parece inatingível na velocidade em que estamos. Sopra uma leve brisa, e a superfície do oceano se transforma em um caleidoscópio de fragmentos azuis dançantes. O som da água me embala e causa uma espécie de torpor.

※

O relógio me diz que já estamos viajando há quatro horas. Estou conseguindo contemplar as águas com certa alegria, sentindo-me cativada por elas como pelas chamas dançantes de uma fogueira. Nesse ínterim, o istmo a nossa frente cresceu consideravelmente.

— Faltam só duas horas para chegarmos e nada de golfinhos, Ivan — provoco. — Você tem apenas duas horas pra me mostrar o que prometeu.

— Não se preocupe — ele diz calmamente. — Eles vão aparecer.

Ivan tem me pedido que o ensine a cantar, desde que soube que cresci num ambiente musical. Depois de anos exposta por meus pais a sessões improvisadas de bluegrass noites adentro, aprendi alguma coisa de música.

Ivan afirma que não tem ouvido nem ritmo.

Ao que parece, é verdade.

— Dóóóó — solfejo, sustentando meu melhor dó médio. — Sua vez.

— Dd-Óó-óÓ — faz ele, soando como um adolescente mudando de voz e começando a tomar aulas de canto coral.

— Tudo bem, tenta de novo. Só que mais assim: dóóóó.

— Ddd... Ei, olha! — ele diz, apontando.

Ao longe, um bando de golfinhos ziguezagueia em nossa direção, saltando como pedras atiradas por crianças à superfície da água. Juntam-se ao barco e nadam à frente de *Amazing Grace*. Inclino-me sobre o corrimão e observo seus corpos cintilantes. Eles se movem coreograficamente, revezando-se na subida à superfície para nos espiar com olhos curiosos e sorrisos amigáveis. Não posso evitar a retribuição de um sorriso.

— Acho que eles gostaram da sua cantoria — digo.

— Vai ver pensaram que tinha alguém morrendo e vieram ajudar.

Não contenho uma gargalhada. Adoro esse seu jeito de quem não se leva a sério, mesmo sendo um valente explorador, com seu barco e uma especial habilidade de atrair os golfinhos.

Sento-me na proa e deixo as pernas dependuradas, buscando me aproximar. Mexo os dedos dos pés o mais próximo da superfície da água que a altura do barco permite, na esperança de que um deles pule e me acaricie. De repente, me dou conta de que não estou com medo.

— Obrigada — digo, beijando Ivan no rosto por me mostrar isso.

Com o passar do tempo, a visão de terra firme vai se firmando a nossos olhos, e agora chegamos a uma ilha inteira só para nós. O lugar se assemelha a um filho do interior da Austrália com a ensolarada Califórnia: colinas áridas, eucaliptos e fileiras de palmeiras finas roçam o céu azul. Num recanto protegido da encosta, encontramos um abrigo aconchegante. Longas cabeleiras de algas marinhas crescem no chão arenoso. É tão bonito e tão selvagem que chego a esquecer que, na verdade, estamos muito próximos do continente.

Ivan enrola cordas soltas e cobre as velas para voltar a fazer do veleiro uma casa. Liga o rádio e a música se espalha por todo o barco. Como está escurecendo, acende velas e as dispõe ao redor da cabine de comando. Embora o barco possua iluminação elétrica, Ivan diz que não devemos utilizá-la por muito tempo, para que não consuma bateria. De qualquer forma, prefiro as velas.

Deito-me em uma almofada na cabine de comando e puxo um cobertor. Assisto à lenta transformação de montanhas e palmeiras em silhuetas de sombra recortadas contra um céu anil. Ouço o ruído de portas de armário que sobe da cozinha e logo avisto Ivan, que aparece com duas taças de vinho.

— À sua primeira viagem de barco! — brindamos.

Das montanhas, desce uma névoa fina, trazendo consigo um ar frio que sinto no rosto. Ivan se ajoelha a meu lado e aproxima o rosto do meu. Sinto sua respiração quente contra a minha pele.

— Parabéns, baby — ele diz, beijando-me a testa.

— Obrigada.

— Você conseguiu — ele sussurra, enquanto me dá outro beijo, leve, no nariz gelado.

— Consegui.

— Você velejou pelo Pacífico. — Um beijo em cada face.

— Velejei.

Um beijo suave em meus lábios.

— Não foi difícil, foi?

— Ainda não tenho certeza — digo, enquanto o arrasto para debaixo do cobertor.

Preparar panquecas para o café da manhã, no barco, requer conciliar um pequeno espaço disponível com uma enorme falta de jeito na cozinha. Temos um fogão de duas bocas e um espaço vazio, sob o qual poderia caber um forno, de que na verdade não dispomos. Algumas gavetas de madeira e um pequeno armário proveem espaço para os utensílios de cozinha. Uma porta de correr atrás do fogão guarda os condimentos. Um pequeno refrigerador é ativado quando o barco, estando na doca, recarrega a bateria;

distante da terra, é só um compartimento resfriado em que se vai acumulando gelo derretido.

Acabo de virar uma panqueca na frigideira e logo subo o primeiro degrau da escada, de modo que minhas pernas fiquem na cozinha do barco e minha cabeça, do lado de fora, para que possa ver Ivan na cabine de comando.

Ele está deitado, sem camisa, de olhos fechados, deixando-se acariciar pelo sol da manhã.

— Ivan, e piratas? — pergunto. — Tem piratas lá?

Ele abre os olhos.

— Sim, talvez. Mas só vou precisar me preocupar com eles depois de passar o Pacífico Sul, em direção à Indonésia.

— Você vai para a Indonésia?

— Não tenho certeza. Por enquanto, estou concentrado no Pacífico Sul. Não vejo a hora de chegar lá. É quente, calmo, e de ilha em ilha posso ir até a Austrália.

Enfio a cabeça no barco para checar as panquecas e acabo batendo a cabeça na escotilha. Mesmo sendo cuidadosa, estou cheia de calombos e hematomas, colecionados ao longo da viagem, por conta da falta de familiaridade entre o pequeno espaço — cheio de degraus, de diferentes níveis e de equipamentos — e meus braços e pernas desajeitados.

— Quanto tempo leva até a Austrália?

— Não se vai de um lugar a outro de uma só vez. Temos de ir de ilha em ilha, de país a país. A primeira parte é a mais difícil. Da costa dos Estados Unidos até a Polinésia Francesa leva de vinte a trinta dias.

— Um mês sem ver terra?

— Sim. Mas, depois de uns dez dias no mar, alcançamos os ventos alísios. São ventos que oferecem condições perfeitas para velejar. Eles sopram de leste para oeste, que é para onde eu vou; são quentes e previsíveis. Quando estão presentes, as chances de grandes tempestades são poucas, principalmente no período entre março e no máximo início de maio.

Abaixo-me outra vez para cuidar das panquecas.

— Então, chegando à Polinésia Francesa, quantos dias mais pra atingir o arquipélago?

— Depende do lugar a que se queira ir, mas normalmente alguns dias, uma semana no máximo.

Não é tão ruim, penso. Para chegar a Catalina, foram seis horas e foi fácil. Alguns dias não devem ser tão mais difíceis.

— Então, pra onde você vai primeiro?

— Hiva Oa, nas ilhas Marquesas. Dizem que é de uma beleza incrível. Depois, o arquipélago de Tuamotu, formado por anéis de corais em cujo interior se formam lagoas azuis. É um lugar muito remoto, eu posso ter um atol só pra mim lá... Depois, o Taiti e as ilhas ao redor, como Bora Bora, Huahine, Raiatea, Moorea. Depois as ilhas Cook, Tonga ou Samoa, Nova Zelândia... Posso escolher. Essa é a beleza de velejar.

— Nossa, deve ser incrível! Nunca estive em nenhum desses lugares. — Acabo traindo um entusiasmo que, na verdade, gostaria de esconder.

— Abaixo do equador, a navegação é tranquila. A região é tropical, e o clima é estável.

— Então, você só precisa passar por esse primeiro pedaço? Os vinte ou trinta dias?

— É, essa é a parte mais difícil.

Na cozinha, espremo laranjas para fazer suco e, por um momento, me distraio imaginando como devem ser o Taiti e Moorea. Águas cristalinas, palmeiras verdes, céu sempre azul. Lugares como estes só vi no protetor de tela do computador, quando fico algum tempo sem acionar o mouse, o que vem acontecendo com frequência no trabalho, em San Francisco.

— E dinheiro? — pergunto da cozinha. — Você se preocupa que acabe?

— Não, eu me seguro por um tempo. O barco já está pago, logo despesas de aluguel e moradia não existem mais. Tenho economias suficientes para alguns anos vivendo desse jeito. E para nós dois — ele acrescenta. — Isso se... você sabe... se você decidir vir comigo, claro.

A oferta faz minhas pernas fraquejarem. Primeiro, fascinada diante da possibilidade e, depois, com medo.

— O que acontece se você pegar uma tempestade?

— Em uma tempestade, a gente tem de manobrar o barco fazendo com que aponte contra o vento. É o que se chama de "pôr ao través". Nessa posição, as ondas não conseguem fazê-lo tombar para os lados nem virá-lo. Depois, é só esperar passar. Ir para baixo, assistir a um filme, ler um livro, algo assim.

Ele consegue falar de uma tempestade no mar como se estivesse falando de um domingo chuvoso que a gente passa no sofá, com um romance à mão. Ivan não me permite encontrar nele o menor sinal de apreensão, que não desisto de procurar e que poderia me ajudar a provar que essa aventura é uma má ideia.

Deixo que fale, enquanto penso em uma pergunta que o desafie. Ele se mostra muito confiante, mas certamente deve existir algo que o deixe nervoso. Entro com artilharia pesada.

— E se um dia você estiver velejando sozinho e de repente bater... sei lá, em uma árvore boiando ou algo do tipo, que faça um buraco no barco e você comece a afundar?

— Eu acionaria o aparelho de emergência, chamado EPIRB. Ele manda um pedido de socorro via satélite para a guarda costeira, indicando a posição de meu barco por GPS. Entraria no bote salva-vidas e esperaria pelo resgate, que normalmente é feito por alguma embarcação que esteja nas imediações.

Incrível, ele é inabalável. Nada o assusta.

— Então, vai ser um mês velejando pra depois ir só pulando de ilha em ilha? Lugares como Catalina?

— Exatamente. Com a diferença de que vai ser muito melhor. Na verdade, vai ser extraordinariamente incrível.

Após terminar de comer suas panquecas, Ivan se levanta, vestindo só calção de banho e pronto para pular na água.

— Vamos entrar? — ele convida. — Posso espantar todos os tubarões a pontapés pra você.

Vasculho a superfície da água, procurando por qualquer coisa que indique a presença de um tubarão: uma barbatana, uma forma escura e oblonga sob a água, ou a música tema do filme, que sempre antecipa a aparição de um.

— Não, vou ficar só te olhando. — Estendo-me na cabine de comando com um livro, tomando meu café da manhã e curtindo o sol.

Ivan pula na água, e chego a pensar em me levantar e dar um salto espetacular para provar que não sou totalmente covarde. Mas sou tão absolutamente covarde que jamais conseguiria passar por isso.

Tento retomar a leitura, mas não consigo me concentrar. Remexo minhas memórias, tentando lembrar por que estar no mar a uma profundidade maior que a de minha cintura me produz arrepios. Tem sido assim há muito tempo. Mas por quê?

Esforço-me para encontrar pistas e me vêm lampejos de visões horripilantes: vejo-me nadando no mar, totalmente sozinha e inconsciente do fato de que, abaixo de mim, nas profundezas escuras, um tubarão do tamanho de um barco, com uma bocarra cheia de dentes afiados como lâminas, se move rápido e certeiro na... minha direção? Não. Não aconteceu comigo. Essas são imagens do cartaz do filme *Tubarão*.

Eu devia ter quatro anos quando vi o filme pela primeira vez. Meu pai é roteirista de filmes de terror. Por isso, filmes sanguinolentos fizeram parte de minha infância do mesmo modo que Barbies e desenhos da Warner Bros. Meu pai gostava de nos usar, a mim e a minhas cinco irmãs, como cobaias, estudando a intensidade de nossas reações ao horror: quanto mais alto gritávamos, mais seus olhos brilhavam, cheios de alegria paterna. Nós adorávamos aquilo. Ficar mortificada de medo era tão excitante quanto ganhar uma nova bicicleta.

E, como os limites de idade dos filmes não eram levados em conta em casa, na locadora eu ia direto para as capas que exibiam mais sangue por milímetro quadrado. Mas sempre pagava por isso mais tarde, quando as luzes se apagavam.

Aquilo não vai acontecer comigo, eu dizia, ao mesmo tempo aterrorizada e fascinada com aquele banho de sangue. *Nunca vou deixar que isso aconteça comigo*. Desenvolvi uma lista de habilidades de sobrevivência, prometendo a mim mesma que nunca seria como aqueles songamongas que acabavam mortos nos filmes de terror. Meu manual era simples: tranque as portas, esconda-se, fique quieta, finja-se de morta, não ande pela floresta à noite; na verdade, não faça nada à noite e — acima de tudo — *não entre na água. Nunca.*

Enquanto fito a água na lateral do barco, cheia de medo de saltar, me dou conta de um fato lamentável: tenho fobia de águas profundas por causa de um famigerado tubarão robô.

— Agora! — grita Ivan, instruindo-me a que solte as amarras do ancoradouro para voltarmos ao mar. O barco bate na superfície, esparramando água, e logo flutuamos, livres.

Catalina vai ficando para trás, cada vez menor e menos visível, e já começo a sentir saudade de nosso refúgio ali. Ando até a proa, já sem a menor sombra da apreensão que senti na primeira vez em que deixamos a terra, e planto-me no "V" próximo à âncora para contemplar a água e pensar em nossa viagem. Lembro-me das pessoas sentadas em seus carros, presas no trânsito, a caminho de seus aborrecidos empregos, e logo minha atenção para a paisagem ao redor se intensifica e alarga: imagine viver essa vida por um ano inteiro... Sem despertadores. Sem ônibus lotados em horários de pico. Cercada apenas dos sons tranquilos do mar e dispondo de todo o tempo do mundo.

Enquanto o amarelado orbe da civilização se avulta no horizonte, surpreendo-me com um pensamento: *Não quero voltar para a Austrália ainda.*

— Torre, você está maluca? — diz Anna, batendo o copo na mesa e fazendo espirrar a espuma de seu cappuccino. Tendo formação em psicologia, quando Anna usa a palavra "maluca", a coisa pega. — Vocês se conhecem há apenas... o quê, sete meses? E agora, de uma hora pra outra, você me diz que pensa em sair velejando mundo afora com o cara?

— Sete meses e meio — digo, quase gritando pra me fazer ouvir no alvoroço da cafeteria. — E não, eu não vou com ele. Só estou dizendo que talvez eu devesse, sei lá, considerar. Além disso, não é o mundo todo, é só o Pacífico.

— *Só* o oceano Pacífico? Cara, este é só o maior oceano do planeta! O que há de errado com você? Será que se entupiu com essa droga do amor que está exalando de você neste exato momento? — ela diz, enquanto junta e aperta os cabelos castanho-claros num rabo de cavalo, como costuma fazer sempre que está tensa.

— Eu sei. É loucura. E é por isso que, muito provavelmente, eu não vou com ele. — Misturo pedaços de tomate, mozzarella de búfala, rúcula e manjericão numa poça de azeite e aceto balsâmico, antes de pôr meu garfo a trabalhar. — Só que é como se essa oportunidade fantástica tivesse caído de paraquedas no meu colo. Os trópicos, a chance de ir pra qualquer lugar do mundo, a aventura de uma vida com um homem que...

— Pode te estrangular até a morte! Lembra do Billy Zane em *Terror a bordo*?

— Até onde sei, o Ivan não é fã de assassinato. — Engulo minha salada, e um pouco de aceto balsâmico me escorre pelos lábios. Enxugo-o rapidamente com o guardanapo, manchando-o de marrom-avermelhado.

— *Até onde você sabe*. Exatamente. No meio do nada vai ser o lugar ideal pra descobrir que seu amante latino tem uma quedinha por facas de cozinha... e não porque goste de cozinhar, se é que você me entende.

— Você é perturbada — digo. — E devia saber que eliminei definitivamente a hipótese de que ele possa ser um psicopata quando capturou uma barata no apartamento e a soltou no quintal. Mas, de qualquer forma, obrigada pela preocupação.

Anna empurra com o garfo os últimos bocados de seu queijo de cabra com torta de cebola caramelizada, protelando por um momento uma nova investida.

— Vocês vão estar presos num barco dia e noite — diz. — Com certeza, vão ser acometidos de claustrofobia. É o que acontece quando pessoas são trancafiadas em lugares pequenos e limitados. Ficam malucas e acabam apunhalando umas às outras.

— Eu amo espaços pequenos e aconchegantes. Ter todo o tempo pra ler, desenhar e sonhar acordada, pra mim, é o céu. E tendo o Ivan comigo, não vou me sentir solitária.

Anna empurra o prato para longe, claramente consternada.

— Ai, Torre! Me escuta. Eu sei que estou agindo como se fosse sua mãe. Mas você contou pros seus pais que está com essas ideias na cabeça?

— Sim. Meu pai já está espalhando a história de que é possível que eu volte pra casa velejando. Ele não cabe em si de entusiasmo com a ideia. Sempre soube que ele ficaria muito orgulhoso se eu fizesse algo assim.

— Eu tenho certeza que ele já está superorgulhoso de você, Pequena Senhorita Intrépida.

Dou de ombros.

— Acho que ele realmente esperava que eu fizesse algo impressionante com a minha vida. Queria que eu fosse como a Scully do *Arquivo X*, sabe, uma agente do FBI cujo trabalho é sair por aí chutando traseiros paranormais. É meio difícil chutar traseiros sendo designer gráfica.

— Não é verdade! — rebate Anna. — Alguém precisa salvar o mundo das fontes ruins e do mau uso das cores. Você chuta o traseiro do mau gosto todos os dias. E jamais deve subestimar isso.

— Bom, é verdade, obrigada — digo com um sorriso. — Mas você tem que entender, meu pai escreve pra cinema e televisão. Ele convive com estrelas. Já almoçou com o Tarantino. É impossível não me sentir pequena à sombra dele.

Anna me lança um olhar compassivo.

— E a sua mãe? O que ela diz? Com certeza está do meu lado.

— Minha mãe está nervosa, mas me apoia. Sinto que ela não quer que eu vá, mas, no último e-mail, ela disse: "É uma grande oportunidade e, se decidir ir, vou sentir sua falta, mas, como sabe, eu sempre preferi lhe dar asas a cortá-las".

— Ah, uau, fantástico. *É completamente insano!* Que diabos tem de errado com seus pais?

— Eles são hippies. Eu fui criada de um jeito livre.

— Claro! Se você fosse *minha* patinha, eu não teria o menor escrúpulo de cortar suas asinhas felizes e prestes a voar agora mesmo. — Com as mãos imitando uma tesoura, Anna corta o ar, enfatizando seu argumento. — Nenhuma criança sob meus cuidados vai cruzar o oceano com estranhos.

Arqueio uma sobrancelha, olhando para ela.

— Você considera o Ivan um estranho?

— Não — ela diz, suavizando o tom. — É que... você passa todo o tempo com ele, e nunca saímos juntas. Mas, ciúmes à parte, o Ivan é adorável e com certeza arrasta um caminhão por você. Qualquer idiota pode ver isso.

— Eu também o adoro — digo, e meu sorriso se alarga, irradiando uma felicidade abobalhada.

— Mas, Torre, isso não significa que vocês não vão acabar se estrangulando! — Anna junta outra vez o cabelo, apertando ainda mais o rabo de cavalo. — Eu amo meu namorado? Sim. Sonho acordada em fugir com ele numa grande aventura? Sim, sonho. Seria superdivertido ficarmos quentes e molhadinhos num cruzeiro luxuoso? Com certeza! Eu tentaria cruzar com ele quilômetros e quilômetros de mar agitado, com relâmpagos e trovoadas, num caixote flutuante de trinta e dois pés? De jeito nenhum! — Ela toma um gole do cappuccino, bate o copo na mesa e desvia o olhar.

— Anna — digo gentilmente —, você lembra que vou embora daqui a um mês, de um jeito ou de outro, certo?

Ela assente com a cabeça, sem esconder um ar triste.

— Você não pode ficar mais um ano comigo? Parece que mal acabou de chegar.

— De fato, eu *sinto* como se tivesse acabado de chegar.

Ela suspira.

— Torre, eu não quero te perder, mas já posso dizer, pelo seu ar abobalhado, que você vai acabar indo de veleiro pra casa. E, pra ser sincera, estou preocupada. É uma ideia fantástica, mas você precisa admitir que tem um grãozinho de insanidade nisso. E, já que não tem mais ninguém aqui para te aconselhar, sinto que é minha obrigação te dizer. — Ela olha bem dentro dos meus olhos, com seu intenso olhar de psicóloga. — Torre, não faça isso.

Um colorido guia do Pacífico Sul apareceu na mesa de centro do apartamento de Ivan, onde foi muito provavelmente plantado, como parte de uma estratégia dele para me conquistar com uma imagem pitoresca por vez. Não vou cair nessa, não vou me render a artimanhas tão óbvias. Pelo menos, não enquanto ele estiver olhando.

De volta a casa, depois do trabalho, uma hora antes de Ivan chegar, sento-me com uma xícara de chá fervendo e folheio o livro devagar, contemplando as imagens com os olhos arregalados.

Ainda não discutimos o que vai acontecer com nosso relacionamento caso eu decida não ir com ele. Raramente falamos sobre a iminente viagem de Ivan. É um assunto difícil e, por isso, tratamos de contorná-lo sempre que surge. Ele não tentou me persuadir com palavras uma vez sequer, mas já faz meses que vem espalhando por toda a casa livros sobre navegação, com fotos de lugares de uma beleza incrível.

Mergulhando nas páginas desses livros, estudo mapas e distâncias, tentando adquirir uma noção de tempo. Conforme leio sobre medidas práticas, tais como o que levar na mala e quantas latas de comida são necessárias, a ideia vai ganhando corpo, passando de quixotesca a factível. Eu me dou conta de que outras pessoas fazem isso. Logo, é possível.

Deixo-me absorver profundamente pelas descrições de marujos experientes: "A experiência de navegar vai levá-lo a destinos onde você não estará sozinho. Baleias e golfinhos vão lhe fazer companhia. Você vai descobrir o paraíso das frutas tropicais e dos peixes abundantes. Imagine as histórias que vai poder contar aos seus netos..."

Fecho o livro num movimento súbito e o afasto para longe, como se fosse infeccioso. Em seguida, imagino uma conversa com meus sobrinhos já crescidos. "A tia Torre era designer gráfica quando jovem", eu lhes diria, "e costumava fazer folhetos, websites e logomarcas para empresas. E sabem o que mais? A tia Torre *quase* fez uma viagem ao paraíso, com um argentino lindo, num barco a vela. Quase..." A essa altura da história, sem sombra de dúvida meus olhos se abismariam num dos "transes da louca da tia Torre", do qual eu não regressaria até tarde da noite.

Malditos sobrinhos. Maldito livro inspirador. Maldito Ivan com suas pequenas armadilhas espalhadas por toda a casa. Todos eles estão me pondo num terrível mau humor.

Numa de suas viagens a trabalho, quando se ausentou por alguns dias, constato a presença de um novo livro, de memórias, na mesa de centro. Depois de ler uma página, não consigo largar o volume. O livro, *A viagem*, é sobre uma garota de dezoito anos chamada Tania Aebi que partiu em uma circum-navegação pelo mundo. Saiu de Nova York num veleiro precário, sem GPS e sem quase nenhuma tecnologia moderna. Usou técnicas de navegação antigas, calculando distâncias e rotas apenas com bússolas e astrolábios, orientando-se pelos astros. Durante o caminho, sofreu todo tipo de provação. E, apesar de a sorte não estar a seu lado, conseguiu voltar a Nova York, completando sozinha uma circum-navegação de quarenta e três mil quilômetros. Sinto uma transbordante felicidade vicária quando leio o trecho em que ela relata a chegada a Nova York e ouve de seu pai: "Você conseguiu! Você realmente conseguiu! Estou muito orgulhoso".

Imagino meu próprio pai dizendo essas palavras, e esse pensamento me traz lágrimas aos olhos.

Ivan chega vestindo terno. Coloca a mochila de viagem no chão e me dá um abraço. Cheira a estofamento de avião. Nos últimos meses, enquanto finaliza um complicado projeto de TI, trabalhar até tarde da noite se tornou normal. Algumas vezes ele fica acordado até as três da manhã, resolvendo problemas pelo telefone. Apesar de estar sempre ligado quando estamos juntos, não consegue esconder a exaustão. Tem os olhos afundados em círculos escuros, a pele pálida e oleosa. E, às vezes, fica minutos seguidos num estado de torpor.

— Como foi a viagem? — pergunto.

— Trabalho — diz ele, encolhendo os ombros, desanimado. — Como você está?

— A quilha do seu barco é completa? — pergunto.

— Hum... O quê?

— Eu li que uma quilha completa é melhor para as condições do oceano. Sua embarcação tem uma?

— Ela tem uma quilha de três quartos, o que significa que é um pouco mais leve, mas ainda assim forte e... Espera um pouco... Como...

— Você tem um sextante? Pra navegar pelos astros, caso o GPS falhe?

— Não, eu sempre tenho mais de um GPS. Mas posso comprar um sextante. Por que você...

— E cata-vento? O seu barco tem um? E o motor? Qual a potência dele?

— Tá bom, espera um pouco, onde você aprendeu todas essas coisas? Paro um pouco meu questionamento frenético.

— Eu li o livro de Tania Aebi.

— Já leu o livro inteiro?

Assinto.

— Uau! Então você gostou do livro?

— Amei. Foi muito inspirador. Não consigo acreditar que ela fez aquilo naquele barquinho porcaria, com um motor que vivia quebrando. E sem ter sequer um GPS.

— Eu sei — ele diz, com um largo sorriso. — Eu sei, eu sei. — Sua expressão cansada dá lugar à euforia.

— E, quando ela chegou à ilha depois de tantos dias no mar... Eu amei aquela parte. E também aquela que fala de todas as baleias, golfinhos e outras formas de vida marinha que ela encontrou ao longo do caminho.

— Exatamente. Agora você sabe por que eu vou fazer essa viagem.

— Eu entendo. Entendo completamente. E... me fez pensar — digo.

Ivan congela e espera que eu continue.

— Se Tania, com dezoito anos, conseguiu, talvez... — Pauso, sem saber aonde estou indo com este meu pensamento. — Eu não sei... Não estou dizendo... É só que, bem, Tania Aebi não sabia exatamente como velejar em um barco. Ela não sabia como navegar. Estava com medo e sentia enjoos. E mesmo assim ela foi. Era apenas uma garota comum, como eu, e cruzou o mundo todo num veleiro, sozinha. Mesmo tendo sido muito difícil, ela adorou o que fez.

— Exatamente.

— As experiências dela parecem tão incríveis... A chegada a novos países, a amizade com outros marinheiros, o caso de amor com o barco e com o oceano. Eu nem sequer suspeitava da existência de uma vida como esta, a vida de um cruzador, um nômade do mar, um andarilho das ilhas. Seria transformador.

— Sim. Sim!

— Estaríamos próximos da natureza, produzindo nossa própria energia. É ecologicamente correto. Gosto disso. Eu chegaria à Austrália um ano depois do planejado, o que não é tão mau. Enfim, acabei considerando que talvez eu esteja sendo apenas uma chorona covarde e que, na verdade, se me esforçar para sair da minha zona de conforto, talvez... veja bem, *talvez*... eu possa ir com você.

— Baby — ele diz, enquanto me abraça —, isso é realmente incrível. *Te quiero*. Eu te amo muito.

— Mas espera — digo, me afastando. — Eu tenho que aprender a velejar primeiro, pra ver se gosto. Quero aprender o máximo possível: teoria, mecânica, segurança, todos os pormenores sobre barcos a vela. Quero me sentir preparada.

— É claro. Tem uma escola de navegação na marina. Podemos inscrever você lá. Eles têm barcos a vela, pequenos e básicos, que são perfeitos para aprender.

— Tudo bem. Então, eu posso ir e passar um tempo no barco com você, ajudando-o a se preparar e, se não funcionar, então...

— Sem problemas — ele diz, enroscando os dedos nos meus.

— Um ano no mar?

— Bom, está mais pra oito meses no mar. Vamos preparar o barco no começo do ano que vem e começamos a viagem por volta do início de abril, chegando à Austrália em outubro ou novembro.

— Você vai se mudar para a Austrália comigo?

— É claro. — Ele me puxa para si e me dá um beijo sonoro. Quero me abandonar e ceder, mas tenho a cabeça cheia de pensamentos e de ansiedade. Talvez estejamos precipitando as coisas. Talvez Anna esteja certa. Uma garota que se deixa levar por um latino romântico para uma ilha tropical abençoada por Deus? Não é assim que as coisas se passam na vida real. Afasto-me dele e fico séria.

— Ivan? E se o barco afundar?

— Eu já disse, apertamos o botão que ativa nossa localização por GPS, entramos no bote salva-vidas e...

— Mas... e se algo acontecer e nós... morrermos?

Ele me olha firme nos olhos e diz, sem hesitar:

— Algumas pessoas morrem de velhice sem nunca ter vivido seus sonhos. Algumas pessoas morrem sem nunca ter amado. Isso é trágico. Nós dois vamos morrer um dia, isso é garantido. Se acontecer alguma coisa enquanto estivermos no mar, vamos morrer como duas pessoas apaixonadas numa aventura extraordinária. É um bom jeito de morrer.

Diante disso me calo, concordo e me rendo.

―

Fecho a porta do apartamento, e nos detemos numa despedida silenciosa da cidade de San Francisco, meu querido e incrível lar nos últimos onze meses.

Depois de deixar nossos trabalhos e vender todos os móveis, nosso vínculo agora é com nossa nova casa, sem código postal: uma embarcação flutuante em Marina del Rey. Pelos próximos três meses, vamos morar no barco em Los Angeles, enquanto nos preparamos para a grande jornada que se aproxima. Se tudo correr de acordo com o planejado, desatamos as cordas do veleiro e saímos um mês antes de meu aniversário de vinte e seis anos, em maio.

O carro está abarrotado com toda nossa tralha, e o espaço que sobra é só o de um café no porta-copos. Mesmo com o banco do passageiro colocado para frente no limite, a ponto de meus joelhos estarem espremidos contra o porta-luvas, o espaço do carro é pequeno para acomodar tudo. Carrego até a esquina duas caixas cheias de coisas e paro por um momento, olhando para elas e pensando que as roupas e os sapatos abandonados vão ser uma boa surpresa para a próxima transeunte com uma queda por moda boho-chic vintage. *De qualquer modo, não vou precisar de todas essas coisas nas ilhas*, penso.

Minha vida de amigos, carreira, jantares, compras, cafés, cabeleireiros e um regime de cuidados com a pele duas vezes ao dia foi abandonada, para que eu acompanhe um homem que conheci num bar nove meses atrás rumo a um mundo de água salgada, tempestades, enjoos marítimos e queimaduras de sol. Abandonar meu emprego foi fácil, já que o trabalho ali nunca deslanchou de verdade, e ser paga para pesquisar no Google assuntos aleatórios, praticamente o tempo todo, tinha deixado de fazer sentido. Mas me despedir de Anna foi, além de inevitável, difícil. Ela ainda pensa que sou completamente maluca. E talvez tenha razão.

Para acalmar minhas preocupações, lembro uma conversa com minha avó.

Pouco antes de conhecer Ivan, fiz-lhe uma visita, ela já com oitenta e três anos, em sua casa em Oceanside, Califórnia. Sentamo-nos à mesa de jantar e me abri, falando sobre as decepções da vida.

— Isso é a vida, vó? — perguntei. — Estou focada em minha carreira desde que tenho dezesseis anos. Colegial, faculdade, emprego após emprego. Não tem nada mais além disso?

— Ouça, querida — disse ela. — Tenho algo a lhe sugerir. — Ela baixou o tom de voz e ficou séria, como se estivesse prestes a me revelar o segredo da vida. Inclinei-me para perto dela, toda ouvidos. — Querida, você devia ficar com um latino, pelo menos uma vez.

Recuei violentamente, como sob o efeito de um choque.

— Eles são amantes incríveis, Torre — ela disse, balançando a cabeça como se concordando consigo mesma. — São muito apaixonados, não só no sexo, mas na vida também.

É isso, vó? Este é o seu grande conselho?

Não sei por que fiquei tão surpresa de ouvir isso dela. Minha avó sempre teve uma queda por mexicanos. Desde que éramos pequenas, ela enviava, para mim e para minhas irmãs, cartões de aniversário sempre pontuais com fotos de mexicanos nus em praias tropicais. "Feliz aniversário de oito anos, minha querida neta. Aí vai a foto de um moreno bigodudo e seu belo traseiro!" Mesmo sabendo o que esperar, eu ficava surpresa e chocada toda vez que abria o envelope e pegava um dos cartões. E o mais engraçado é que eram sempre artesanais, o que significa que ela gastava tempo recortando cuidadosamente fotos de revistas antes de montá-las sobre cartões brancos.

Sua fixação tinha começado mais de trinta anos antes, quando, de férias em Mazatlán, ela teve um caso caliente com um mexicano vinte anos mais jovem. Manteve o caso por nove anos, voando entre San Diego e Mazatlán para encontrar seu amante latino. A certa altura, ela resolveu seguir o coração e deu um salto no escuro, mudando-se para o sul da fronteira, a fim de ter um romance em tempo integral, deixando para trás seu país, sua cultura e seus quatro filhos adultos.

Depois de mais cinco anos de bons tempos ao sul da fronteira, o relacionamento acabou, mas vovó não voltou para os Estados Unidos; permaneceu em Mazatlán por outros vinte anos, durante os quais manteve relacionamentos, até os setenta anos de idade, com homens que tinham menos de metade de sua idade. Seu último amante tinha trinta e cinco anos e era "Muito atraente!", ela faz questão de enfatizar.

Todos esses anos depois, já de volta aos Estados Unidos, às vezes flagro vovó flertando com seu jovem jardineiro mexicano, piscando e elogiando o rapaz em espanhol fluente. O engraçado é que ele engole tudo sem o menor sinal de contrariedade. Oitenta e três anos, e ela ainda leva jeito.

E é preciso lembrar que uma de suas filhas, por acaso minha mãe, também viveu algo semelhante. Ela voou para o outro lado do Pacífico, com dezoito anos, seguindo seu coração rumo a um novo mundo. Meus pais se conheceram quando tocaram juntos em uma banda na Califórnia. E, aos vinte anos, meu pai sonhava com um lugar distante, onde pudesse começar sua carreira de escritor, um lugar com vastos espaços ao ar livre, bom surfe, cerveja e — o mais importante — uma larga faixa de oceano entre ele e sua mãe controladora. Quarenta anos e seis filhas depois, ele e minha mãe ainda tocam juntos na Austrália.

Por tudo isso é que, provavelmente, meus pais deram todo o apoio quando eu lhes contei meus planos de velejar pelo Pacífico com um homem que eles nem conhecem. Eles sabem tudo sobre as aventuras impulsivas do amor. Afinal, a coisa corre no sangue da família. Para eles, a vida se resume às histórias que somos capazes de viver.

Assim que entramos no carro, começa a garoar. Enquanto saímos da cidade, ligo o rádio, e o movimento do limpador de para-brisa se sincroniza com a voz sensual de Norah Jones cantando "Come Away with Me".

É, penso, enquanto San Francisco vai ficando para trás. *É isso que eu tenho de fazer.*

4

— Mas que diabo, Ivan — digo. — Não podemos entrar num acordo? — Fecho o laminado da escada do barco, que tem sido nossa porta da frente nas últimas duas semanas. Quero poupar as focas e gaivotas de Marina del Rey de nossa discussão doméstica.

— Olha — diz ele. — Você está sendo irracional. Eu não quero brigar, mas *não* vamos afundar no meio do nada e acabar no bote salva-vidas; logo, que tal esquecer esse assunto?

O sofá de vinil range quando me sento e gruda desconfortavelmente em minha pele suada. Ivan se senta à minha frente, os braços cruzados sobre o peito. Encaro-o e começo a arrancar as unhas com os dentes. Não posso acreditar que esteja descobrindo *agora*, a apenas dois meses de nossa partida planejada para o começo de abril, que para Ivan o conceito de "garantia de segurança" ao longo de um ano no oceano Pacífico compreenda apenas comida, água, um porão cheio de cerveja e trezentas e sessenta e cinco camisinhas.

— Ivan, eu não entendo por que você não consegue trabalhar com a hipótese de afundarmos. Por que não providenciar um kit de sobrevivência para o caso de isso realmente acontecer?

Dou um tempo para minhas unhas enquanto reviro uma pilha de livros técnicos de consulta e impressos espalhados sobre uma mesa dobrável. Pego um livro — um guia para navegação em veleiros — e começo a virar as páginas, procurando por informações que possam validar meu argumento.

Antes de começarmos a preparar *Amazing Grace* para sua grande viagem, eu pensava que preparar o barco era uma questão de estocar suprimentos e quebrar uma garrafa de champanhe comemorativa sobre a proa. Isso foi antes de — para enorme desgosto de Ivan — eu começar a reunir toda informação possível sobre segurança no oceano que caísse em minhas mãos pegajosas.

Seguro o livro aberto na frente dele e finco o dedo indicador numa das páginas.

— Veja. Diz aqui que, se o barco afundar, vamos precisar de um kit para o bote salva-vidas, com água, comida, um aparelho localizador sobressalente, o tal EPIRB, um destilador de água, um rádio portátil com baterias, roupas secas, artigos para pesca, sinalizadores e medicamentos. Sabe, coisas que nos ajudem a *sobreviver* caso venha a acontecer alguma coisa e acabemos no bote salva-vidas.

Espero que ele facilite e diga: "Ah, claro, parece razoável". Em vez disso, ele examina o livro por um microssegundo e me olha como se eu tivesse acabado de pedir que levássemos conosco um elefante de estimação.

É possível que *eu* esteja sendo irracional? Tenho pesquisado muito desde que nos mudamos para o barco. Encontro instruções e recomendações técnicas de diferentes formas e proveniências; não há escassez de material sobre o assunto. O desafio é encontrar a voz da razão, o equilíbrio entre os destemidos kamikazes e aqueles que se borram de medo de deixar o porto. Opiniões muitas vezes opostas me fazem permanecer horas, agoniada, tentando decidir o que é realmente essencial providenciar e o que não passa de medida de segurança supérflua, tal como, digamos, usar joelheiras e capacete quando se está utilizando transporte público.

— Temos um bote salva-vidas, certo? — pergunto. — Mas de que adianta ter um bote salva-vidas se não tivermos um kit de sobrevivência enquanto esperamos pelo resgate? Dá uma olhada nesse livro. — Remexo minha pilha de livros. — Esse cara afundou o barco dele e passou *setenta e seis dias* num bote salva-vidas antes de ser resgatado. Ele tinha um kit de sobrevivência completo com...

— Mas pense nas probabilidades — interrompe Ivan. — Não vamos acabar no bote. E, se acontecer, nós temos o EPIRB. Basta acionar o botão de emergência e ele manda um sinal por GPS para a guarda costeira, que indica nossa posição.

— Mas e se não conseguirem nos resgatar de imediato? Veja esse livro, *Resgate no Pacífico*. Um comboio de barcos ficou preso num furacão de força 12, entre a Nova Zelândia e as ilhas Fiji, e o resgate não conseguiu socorrer a todos, porque os recursos limitados significavam...

— Eu conheço a história. Você achou esse livro na *minha* biblioteca, lembra? Você não acha que está lendo livros demais sobre tragédias no oceano?

Provavelmente, penso. Mas sinto que estou muito na defensiva para concordar.

— Não. Ler sobre tragédias é útil. Estou aprendendo o que fazer caso as coisas deem errado.

— Mas nada vai dar errado.

Engato uma terceira, irritada com a dificuldade que ele tem de reconhecer que coisas ruins às vezes acontecem, gostemos ou não.

— Ivan, existem muitas coisas que podem dar errado. Podemos bater em algo. Podemos ter entrada de água por conta de uma válvula quebrada. Orcas podem atacar o barco e...

— Orcas! — Ele joga os braços para cima, sacudindo a cabeça em direção ao teto.

— O quê? Aconteceu com aquela família que foi atacada no Pacífico. Baleias afundaram o barco e eles passaram trinta e oito dias no bote salva-vidas. Eu li nesse livro. — Começo a virar as páginas rapidamente, tentando achar a evidência para mostrar que não estou sendo irracional.

— Aquela foi uma ocorrência anormal — ele diz. — Não vai acontecer com a gente.

Estico uma quarta e me dirijo a ele, fuzilando-o com os olhos.

— Ivan, pessoas que acabam em botes salva-vidas, de fato, não têm isso como meta. Elas não decidem: "Ei, ótima ideia: vamos afundar. Isso vai nos dar uma chance de testar nosso novo bote salva-vidas". Afundam sem querer e depois sobrevivem porque, e apenas porque, estão preparadas para o pior. Ninguém *planeja* afundar o barco. Mas sabe o que acontece? Alguns afundam! — Cruzo os braços e encerro a argumentação, orgulhosa de minha lógica perfeita. Ela tem de convencer o júri.

— Sim, mas nós não vamos afundar.

— Ah, Ivan! Este é seu único argumento? Você não tem mais nada a acrescentar? Apenas uma premonição psíquica?

— Nós não vamos afundar. Eu te garanto.

— Garante? Ah, não, você não disse isso. Você não pode garantir.

— Não vamos afundar: garantido.

Desenvolvo velocidade máxima agora, pisando fundo.

— Bom, e se a gente afundar, hein? Aí você vai ficar todo "Puxa, você estava certa, devíamos ter trazido roupas quentes e um rádio e comida para sobrevivência", mas aí, sabe o que vai acontecer? Vai ser tarde demais, porque nós vamos estar naufragados, congelando, passando fome e depois *mortinhos da silva*!

— Pare de surtar. Eu não quero brigar, tá bom? Você está convencida de que nosso barco vai afundar. Mas *Gracie* é forte, e vou conduzi-la de modo seguro. Nós vamos ficar bem. Todas essas pessoas sobre as quais você está lendo não tinham o equipamento moderno que nós temos. O cara em *À deriva*, por exemplo, o EPIRB dele era inferior ao nosso. Nosso EPIRB manda sinal para a guarda costeira, os antigos mandavam sinal apenas para aviões que por acaso estivessem passando no céu, ou para navios próximos à área do naufrágio. Por isso um kit de sobrevivência era necessário naquela época.

— Eu sei, é só que... — Respiro fundo e me acalmo. — Eu quero me preparar para o pior, sabe? Garantia.

— Mas isso de garantia passa pela seguinte consideração: quando parar? Podemos arrumar um segundo bote salva-vidas e roupas de mergulho, caso o bote falhe. Podemos pintar o convés de laranja fluorescente para ajudar no resgate aéreo, gastar mil dólares em outro EPIRB, vinte mil em um motor novinho, enfim, fazer o diabo a quatro... E, já que estamos nessa, por que não gastar quinhentos mil em um barco de aço? Só que, pensando assim, não vamos partir nunca.

— Então como saber o que devemos ter?

— Fazendo a gestão dos riscos. Pesando prós e contras e tomando decisões com base nisso. Podemos levar quinze anos preparando o barco, gastando mais e mais dinheiro. Mas eu não quero esperar até a idade de me aposentar. As chances de que aconteçam coisas com a gente, um acidente de carro, um câncer, o fim do mundo, tanto faz, e que elas nos impeçam de partir, *essas* probabilidades me assustam. É por isso que poucas pessoas fazem uma viagem como essa. A maioria adia a partida sob o pretexto de ter barcos mais seguros, melhores, mais novos, e isso lhes consome a melhor parte da vida. Você está certa, *pode* dar merda, sim, mas existem muitas chances de que nada de ruim aconteça. E, não importa o que façamos, não podemos fazer com que uma viagem desse tipo seja totalmente livre de riscos.

— Eu sei — digo. — Só estou...

— Eu entendo, você está com medo. Mas não precisa. Temos um bote salva-vidas, um EPIRB, um rádio SSB e três GPSs. Tenho dois conjuntos de mapas, um digital e outro de papel. Temos um barco construído pra aguentar todos os tipos de oceano. Melhor do que nos prepararmos para afundar é nos prepararmos para flutuar. Podemos usar o dinheiro para outras coisas, como aprender a mergulhar, ou alugar carros para passear nas ilhas, ou ir a restaurantes, ou estocar materiais pra você pintar. Se continuarmos esperando nos sentir seguros, não vamos partir nunca. Tudo que temos a fazer é ir.

— Eu sei, mas esse livro diz que um kit de sobrevivência é "essencial", o que me faz pensar que...

— Você não devia se preocupar. Nós não vamos afundar. Isso não vai acontecer.

— Por que você fica dizendo isso o tempo todo? Você não pode ter certeza.

— Eu só digo que não vamos.

— Mas como você sabe?

— *Não vamos.*

— Você não sabe!

Depois de um longo impasse, Ivan solta um suspiro cansado.

— Tá bom. Vamos arranjar um kit de sobrevivência, se isso te faz se sentir melhor.

Ele se aproxima, senta ao meu lado e me puxa num abraço de reconciliação. Sorrio sem entusiasmo e devolvo o abraço, enquanto fixo os olhos na longa lista de coisas a fazer, sobre a mesa a minha frente. De repente, as dez semanas que temos antes da partida — para aprender a velejar, nos preparar para uma longa viagem marítima e passar a limpo nossas diferenças — parecem irremediavelmente insuficientes.

Meu instrutor se apresenta como Gavin. Digo a Gavin que estou partindo em oito semanas para uma travessia no Pacífico e que não apenas não possuo nenhuma experiência em navegação, mas ainda, se alguém me perguntar de onde o vento está vindo, vou lamber o dedo e levantá-lo no ar, para em seguida declarar que não faço a mínima ideia.

— Vamos ver o que podemos fazer a respeito — Gavin diz, enquanto fecha o cinto de um colete salva-vidas demasiado pequeno em torno de seu diafragma dilatado. Uma dobra de barriga escapa debaixo de sua camisa polo salmão, numa saudação peluda a quem interessar possa. Ele ajeita na cabeça um chapéu que lhe recobre os últimos tufos de cabelo. Depois, revira os bolsos da bermuda, de onde retira um gordo bastão de protetor solar com o qual emplastra o nariz, os lábios e as bochechas recobertas de pelos. Na verdade, seu rosto já está protegido do sol pelo impressionante toldo das sobrancelhas avantajadas.

Ele estende o protetor na minha direção e pergunta se quero um pouco. Declino. O sotaque de Gavin é britânico, mas me soa falso. L.A., afinal, é um lugar onde todo mundo, além de seus cachorros, é uma estrela ensaiando para um papel, ainda que apenas no palco da própria mente e da fantasia. Gavin relata que, quando não está ensinando, tem como passatempo atuar e escrever roteiros, apesar de ainda não ter tido sua grande chance.

Flutuando em nosso pequeno barco a vela, na segurança da marina, observo que as condições hoje são ideais para aprender: céu azul, brisa leve e muito pouco trânsito de barcos para este dia da semana. Estou entusiasmada, vai ser bom. Depois de três dias de lições com Gavin, devo acumular um verdadeiro arsenal de conhecimentos náuticos capazes de me preparar para a travessia de oceanos.

— Muito bem. Está pronta? — pergunta Gavin.

— Pronta pra quê? — respondo, mas já não há tempo para a resposta. Ele solta uma corda, tensiona outra e, em seguida, puxa um bastão de madeira. As velas balançam antes de pegar a brisa, e nós arrancamos pela marina.

— Muito bem, sua vez, Torre — diz ele. — Vá em frente, pegue o timão.

— Desculpa, o que você quer que eu faça? — digo.

— O timão. Pegue o timão.

— Hum... O que é um timão?

— O timão, Torre! A coisa que move o leme!

— Leme? — Mal sei diferenciar o cotovelo da bunda do barco.

— Torre... — Gavin esfrega as linhas da testa franzida. Apenas dois minutos, e ele já está à beira de um ataque de nervos.

A respiração frustrada revela seu segredo: Gavin preferiria estar em Hollywood, fazendo o discurso de agradecimento pelo Oscar ao lado de Meryl Streep. Mas, totalmente sem sorte, está preso num pequeno barco a vela, ensinando uma iniciante a velejar. Isso vai ser desafiador, por razões outras além das que eu previra.

— O timão, Torre, é o volante que controla o leme. O leme é uma nadadeira que controla a direção do barco. Portanto, o timão conduz o barco, muito parecido com o volante em um carro. Presumo que você o use para ajudá-la a dirigir sem bater. Ou você também não sabe usar o volante do carro, Torre? — Ele solta uma gargalhada pelas narinas, orgulhoso da piada.

— Sei — respondo, mal-humorada. Acabo de localizar a bunda do barco.

— Certinho. Agora, segure o timão e não solte, Torre. Regra número um: nunca solte o timão quando estiver dirigindo um barco. Qual é a regra número um, Torre?

— Nunca solte o timão quando está dirigindo o barco.

Ele aplaude.

— Excelente, Torre. Bravo. Boa garota. Agora, está pronta pra pegar o timão?

Estou sim. Estou pronta para pegá-lo e enfiá-lo na bunda do barco. Engulo minha frustração, agarro o timão e, educadamente, espero por mais instruções.

— Agora, Torre, dirija em direção àquela boia ali, com a gaivota.

Torço o timão em direção à boia como se fosse um volante, mas o barco vira para o lado contrário.

— Torre, o que você está fazendo? Para onde está indo? Eu disse *na direção da boia*, sua maluca! Pra onde está nos levando? Para as pedras? Torre, você quer que a gente bata nas pedras?

A gente não. Você. Eu quero que você bata nas pedras. Aperto os lábios. Sem ajuda nenhuma de Gavin, compreendo que o timão funciona num movimento contraintuitivo, oposto ao do volante do carro. Corrijo meu erro e retomo nosso curso.

Acabou a crise, Gavin.

— Muito bom, é isso aí — diz ele. — Torre, é hora de recolher a bujarrona e prender na trava.

Qual parte do "Eu não sei nada sobre velejar" você não entendeu, seu miserável, derrotado... Mordo os lábios. Em vez de ficar respondendo às provocações, retorno àquilo em que sou boa: sentir vergonha de mim mesma.

— Desculpa, eu não... não sei mesmo do que você está falando. Eu literalmente não sei nada sobre barcos.

Ele fica em silêncio por um longo tempo, depois reencontra seu lado zen e se recompõe.

— A bujarrona é a vela que fica na frente do barco. O guincho é essa coisa de metal aqui. Você o usa para ajudar a enrolar as cordas amarrando a corda em volta dele no sentido horário, duas vezes, e usando essa manivela aqui, a manivela do guincho, para torcer o guincho e puxar a corda. A trava está aqui. Ela prende a corda, uma vez que você tenha terminado de apertá-la. Você entende isso, Torre?

Sim, agora que você está realmente me ensinando, eu entendo. Aperto a mandíbula e aceno.

— Certo, ótimo, excelente, então está pronta?

— Sim.

Ele faz uma concha com a mão sobre a orelha peluda.

— Eu perguntei: você está pronta, Torre? Com um pouco de entusiasmo, por favor!

— SIM.

— Excelente. Bravo, Torre. Agora, vire para estibordo e traga o barco a barlavento. Quando as velas içarem, arrume os panos para alcançarem a viga. E não se esqueça de comunicar sua intenção de cambar. Entendeu?

~

Segundo dia. Gavin faz com que eu me sente em uma sala de aula, para uma lição teórica. Coloca uma fita de videocassete num antiquíssimo televisor.

— *Bonjour*, Torre — diz ele, atacando hoje de francês. — Vamos assistir a essa fita sobre como lidar com um homem ao mar. É *très important*, especialmente se você está realmente planejando velejar para o Pacífico Sul, como você diz que está. Talvez seja, inclusive, a coisa mais importante que você precisa saber sobre velejar, então... *attention, s'il vous plaît!*

Ele aperta o play.

Apesar de estar no centro mundial da indústria cinematográfica, a escola de navegação não atualiza suas fitas instrucionais desde 1972. O vídeo tem atores e atrizes que, ao que parece, saíram do set de um filme pornô, onde trabalhavam antes de filmar *Homem ao mar: técnicas básicas de resgate*. Bigodes densos e bermudas felpudas estão *à la mode* nesta produção. Do jeito que vai, espero a hora em que comece o jogo de esconder a salsicha no estilo Pamela e Tommy.

Quando o filme termina, me dou conta, em pânico, de que não fixei nenhum dos passos de um resgate. Espero nunca ter de explicar as razões de minha ignorância no assunto a um Ivan se afogando. Acontece que a coisa não fez sentido para mim: um grupo grande de amigos sai para velejar certo dia e um deles cai no mar em condições perfeitas de clima. A voz do narrador, em off, sugere que uma pessoa observe o cara na água, outro solte as velas, outro ligue o motor e o quinto passageiro conduza o barco em direção à vítima. Então, todo o grupo de musculosos age como um time para içar o sujeito encharcado (não menos musculoso que os outros, com a diferença do bigode molhado e da bermuda felpuda suja) de volta a bordo.

E a gente?, penso. *Como isso funcionaria com apenas duas pessoas?*

— Então, gostou do vídeo, Torre? — pergunta Gavin, afastando-me de meus pensamentos. — Alguma pergunta? Não? Certo. Por favor, abra seu livro na página...

— Espera, eu tenho uma dúvida — digo. — O que acontece se tiver apenas duas pessoas no barco e uma delas cair no mar?

— *Je ne comprends pas*. Como assim? Você aplica os passos de um a oito, como demonstrado! Você não estava assistindo, Torre?

— Mas... o vídeo mostrou cinco pessoas a bordo, cada uma com um importante papel no resgate. Eu estou indo velejar só com mais uma pessoa, e se ele ou eu cairmos... Bem, nenhuma dessas recomendações se aplica à gente. Além do mais, o vídeo foi filmado em um dia calmo, mas é mais provável que alguém caia no mar com um clima ruim e...

— Pra te dizer a verdade — diz Gavin, baixando a voz e com um sotaque americano normal —, se alguém cair no mar, as chances são de que aconteça à noite ou em meio a uma tempestade. E, nesse caso, só tem realmente uma coisa a fazer... Acenar um adeus. — Ele olha em volta para checar novamente se estamos sozinhos. — Vou ser sincero com você, Torre. Tudo isso nesse velho vídeo é besteira. Só vale se você estiver com um grupo grande de marujos experientes num dia sem vento... E num maldito lago.

No terceiro dia, me sinto sob a forte pressão de ter de assimilar tudo o que ainda não aprendi, a fim de me sentir segura na travessia do maior oceano do mundo. O que equivale a praticamente tudo.

— Certo, Torre, vamos começar — diz Gavin, outra vez com sotaque britânico. — Dirija-se à marina, vamos cambar um pouco. Você *sabe* o que é cambar, não sabe?

— Sim — minto, buscando evitar uma de suas alterações de humor.

— Excelente, Torre, excelente. Então, mãos à obra!

Gavin direciona o barco para fora da rampa, passando pela fileira de docas, rumo ao espaço aberto do canal principal. Irrompe, de repente em tom amigável:

— Quem diria você, marina afora, aprendendo a velejar! Devo dizer que estou impressionado. E também muito honrado por estar te ensinando. Não é comum um velho como eu ter a oportunidade de ensinar uma jovem bonita como você.

— Ah, obrigada — digo. Eu poderia jurar que ele me desprezava.

— Você é uma fêmea atraente, alguém já te disse isso? E é muito esperta também, o que, como você sabe, é uma combinação rara.

Ele olha para mim e traciona os lábios. Seria isso... um sorriso?

Gavin começa a ficar estranho. Dou uma olhada a nossa volta, procurando o lugar mais próximo em que possa me jogar na água, caso precise chegar a esse ponto. Noto um iate de luxo uns trinta metros a nossa frente, à beira de uma doca.

— Estou acostumado a ensinar homens — continua Gavin. — Não é sempre que tenho a oportunidade de ensinar uma fêmea como você. Uma bela, atraente e jovem fêmea como você, Torre. Esta é uma ocasião muito especial para mim. Muito especial mesmo.

Tento imaginar quão gelada está a água. Será que dá para pular e fugir a nado? Sei que Gavin não tem os recursos necessários para içar uma *fêmea* do mar.

— Não são muitas as fêmeas que aprendem a velejar, sabe, Torre? Raramente encontro fêmeas por aqui.

Noto que o iate a nossa frente vai, aos poucos, se tornando uma parede de fibra de vidro. Estamos indo diretamente em sua direção. Gavin não nota, porque tem os olhos fixos lascivamente em minhas pernas.

— Hum, ei, Gavin? — digo, apontando para a parede à frente.

— Sabe, Torre, a maioria das fêmeas não está interessada em velejar.

— Ei, Gavin?

— Mas você, Torre, você é dife...

— EI, GAV! — grito, estalando os dedos na cara dele. — Nós estamos quase batendo!

— Ah, Deus — ele diz, agarrando o timão, que se achava parado em sua mão, numa clara afronta à regra número um. — Meu Deus.

Encolho-me, aguardando a colisão com o enorme iate. Gavin faz rápidas manobras com as cordas, e desviamos no último segundo, passando a uma distância pequena do iate.

— Essa foi por pouco... — diz Gavin, rindo nervosamente.

— Por pouco mesmo, Gav — digo. — Acho melhor você me tirar daqui.

Volto para a marina de olhos baixos, fixos no ancoradouro de madeira. O tempo que temos para nos preparar para essa viagem parece escoar por entre os vãos das tábuas. Já estamos em meados de fevereiro, e Ivan planeja partir no começo de abril.

Subo no barco e encontro Ivan na cabine de comando, tomando mate e beliscando um prato de salame e biscoitos. Sento numa almofada e relato o fiasco que foi meu dia.

— Esqueça a escola de navegação — diz ele. — Eu te ensino.

Levanto-me rapidamente.

— Agora?

— Claro, se você quiser.

Nossa casa flutuante começa a ficar pronta para sua outra função, a de velejar. Trabalhando em silêncio, puxamos coberturas de lona, preparamos cordas e nos vestimos. Ponho minhas luvas de couro sem dedos, calço meus docksides, tudo como manda o figurino. E amarro o cabelo num rabo de cavalo, enquanto Ivan tira o barco da rampa.

— Certo, a primeira coisa que temos de fazer é subir a vela principal — ele diz. — Uma vez que cheguemos na arrebentação, a lona vai inflar com o vento e fica difícil manuseá-la, por isso é melhor içar agora, enquanto estamos na marina. Agora, pegue esta corda aqui, enrole no guincho em sentido horário e depois a prenda.

Pego a corda e começo a enrolar. O guincho, ao menos, eu sei o que é.

— Tá bom, ótimo. Agora gire a manivela do guincho. Isso vai fazer a vela principal começar a subir.

Ajo como ele manda, fazendo grandes círculos com a manivela e encontrando forte resistência. A vela lentamente começa a se movimentar, erguendo-se da pilha em que se amontoa, e então acelero o giro. Encontro um ritmo e trato de ignorar a dor que cresce em meu ombro.

Depois de cinco minutos, estou derretendo de calor. Estico o pescoço e vejo que a vela principal está a apenas um metro do ponto inicial. O topo do mastro está ainda a incomensuráveis quinze metros de altura. Abaixo a cabeça e volto ao trabalho.

Trinta minutos depois, quando a vela se aproxima do topo, estou absolutamente necessitada de um cochilo. Se estivesse de olhos vendados, poderia afirmar que acabo de içar um cavalo a quinze metros do chão. Sinto-me prematuramente vitoriosa.

— Consegui!

— Ainda não — diz Ivan. — Está quase lá. O final é mais difícil.

Exausta, descanso por um momento e em seguida agarro a manivela com ambas as mãos. Posiciono os pés e jogo todo o peso do corpo para girá-la. Cada giro, agora, parece não produzir nenhuma diferença na posição da vela.

Jogo todo o peso do corpo contra a manivela. Agora estou grunhindo. Gritando. Forço músculos que eu nem sequer sabia que existiam. Empurro. Pressiono. Uso meu corpo como uma marreta. Dou tudo o que tenho, porque eu posso fazer isso. Eu *vou* levantar essa vela. Eu *vou* pôr esse barco velho para velejar. Eu *consigo* cruzar oceanos, porque sou forte e corajosa e...

— Está emperrada — digo, jogando os braços para cima e anunciando minha derrota.

— Tudo bem, sem problemas. Eu termino de içar.

Ivan posiciona as pernas abertas, arqueia as costas e trava os braços, e começa a trabalhar na manivela como se estivesse remando um barco atolado na lama. Bombeia freneticamente, usando o corpo inteiro para fazê-la girar. Seus músculos saltam, desde a panturrilha até a testa. Na academia, Ivan é capaz de levantar o dobro, ou o triplo, do peso que levanto, mas, mesmo com seus músculos fortes, a subida da vela até o topo do mastro é lenta e penosa.

— Feito — diz ele, limpando as mãos como se nosso esforço tivesse sido o de uma caminhada no parque. — Agora é a vez da bujarrona — diz ele, batendo palmas.

Fico em êxtase quando vejo que a vela dianteira do barco, a bujarrona, se desenrola como um tapete. Com as duas velas içadas, a brisa nos põe em movimento e deslizamos sem esforço ao longo da calma extensão da marina, levados pelas condições climáticas. Mas a tranquilidade não dura. Quando o barco se aproxima da arrebentação, o vento aumenta e nos põe numa posição de acentuada inclinação. Ondas empurram nosso pequeno barco de fibra de vidro, retendo-nos e balançando-nos sobre a crista das ondas, antes de nos expulsar para fora da arrebentação. O barco cambaleia antes de se aprumar. Sinto um desconforto que não passa. Náusea? Não, ainda é muito cedo para ser. Estou nervosa, só isso.

— Certo — diz Ivan, levantando a voz acima do ruído produzido pelo vento. — Vamos dizer que a gente queira ir naquela direção. O vento está soprando do noroeste. Isso significa...

— Espera. Eu já me perdi. Noroeste?

— Está vendo o anemômetro no topo do mastro? Está vendo para onde a seta está apontando? Agora olhe a bússola aqui. Viu? Noroeste.

— Entendi.

— Tá certo. Então, se quisermos ir para o sul, é melhor ajustarmos as velas para um *maior alcance*, que é... — Ivan para e examina meu rosto. — Tudo bem? Você ficou cinza.

— Não sei, não.

— Não está fácil aqui hoje, desculpe. Nossa velocidade é de apenas dezessete nós, mas as ondas estão maiores do que pensei. Devem estar vindo de alguma tempestade, porque as depressões são longas e os picos estão bem altos, então...

— Shhh. Não fale sobre picos. Ou depressões. Não posso pensar em... Preciso... parar de pensar em... — Fecho os olhos para fazer cessar a tontura.

— Olhe para o horizonte — diz ele. — Você vai se sentir melhor.

Meus olhos tentam se fixar no horizonte, mas os solavancos do barco não cessam.

— Talvez se eu me deitar... — Desço com dificuldade rumo à parte inferior do barco, buscando o sofá para relaxar, mas o tom de laranja berrante do sofá de vinil me faz começar a transpirar. Sinto a boca encher de saliva, e a náusea percorre meu corpo inteiro, ecoando picos e solavancos, *levanta, cai, levanta...*

Abro a porta do banheiro com tudo e levanto a tampa da privada a tempo. Ivan bate na porta.

— Tudo bem aí? Vou virar o barco para voltarmos.

— Enjoo — é tudo que consigo dizer por entre engasgos.

Sinto as ondas mudando de direção abaixo de nós enquanto Ivan manobra de volta para a marina, ainda a menos de um quilômetro de distância.

Cruzamos de novo a arrebentação, e o mar volta a ficar plano. Ouço o ruído das gaivotas e o bater dos barcos nas rampas. Minha náusea se acalma e me sinto tomada de uma profunda afeição pela terra firme.

Enxugo as lágrimas, lavo a boca e engulo o ardor da garganta, sentindo-me, de certo modo, menos entusiasmada do que uma hora atrás com a ideia de velejar.

Na cabine de comando, Ivan manobra o barco de volta para a rampa.

— Desculpe — diz ele. — Tentamos de novo um outro dia.

"Um outro dia" ainda não chegou, embora já estejamos em março.

Estamos vivendo na marina já há dez semanas, trabalhando dez horas por dia, sete dias por semana, para deixar tudo pronto. Acordamos cedo. Perfuramos, martelamos, lixamos, polimos, envernizamos, limpamos e estocamos. Andamos por L.A. em busca de equipamentos náuticos, enchendo caixas deles, desde os essenciais para nossa sobrevivência aos que precisamos ter como reserva. O trabalho nunca acaba, porque o barco é uma velha senhora que precisa de uma revisão geral antes de se tornar capaz de enfrentar a maratona do Pacífico.

Quando o céu fica escuro e a luz já não nos permite trabalhar, vamos para a academia para um treino de musculação. Puxo ferro para construir músculos e para que, quando chegarmos ao mar aberto, eu possa ter melhores chances de levantar o peso de um cavalo morto. Tomamos banho, andamos até em casa e caímos na cama, cansados e doloridos.

Às vezes, reunimos forças para fazer amor em nossa cama-caixa, o que, no minúsculo espaço de que dispomos, é como mandar ver debaixo da mesa de um café. Produzimos muitas falas apaixonadas, do tipo "Ai!", ou "Pode tirar seu cotovelo daí?", ou ainda "Você está prendendo meu cabelo". Depois caímos numa espécie de letargia comatosa, que sucede um dia de intenso trabalho braçal. Na manhã seguinte, acordamos cedo e fazemos tudo de novo.

Amo tudo isso.

Depois de levar uma vida sedentária clicando um mouse de computador o dia todo, a atividade física me faz sentir bem. Com o passar do tempo, vou descobrindo que tenho talento para trabalhos manuais. Se algo precisa ser perfurado, martelado, fixado com argamassa ou envernizado, é comigo mesma. Já Ivan, a meu ver, não deve ficar sozinho com uma caixa de ferramentas. Se ele tiver um martelo à mão, equipamento que estava em boas condições antes acaba sendo mutilado irreparavelmente. É um homem inteligente, mas não é habilidoso. E é por isso que contratamos profissionais, como Graham.

Graham está há quarenta minutos enfiado no casco de *Amazing Grace*. Afivelou uma lanterna na cabeça, abriu um compartimento da cabine de comando, enfiou-se ali e desapareceu. Eu não sabia que um homem grande caberia inteiro naquele espaço.

— Por que ele entrou lá? — perguntei a Ivan. — Nosso motor fica dentro do barco, não? Embaixo das escadas?

Ivan confirma, parecendo estranhar o fato tanto quanto eu.

Estamos do lado de fora, olhando para o compartimento e esperando que Graham ressurja, quando vejo um movimento dentro do barco. Graham, de alguma forma, conseguiu se esgueirar por um porão baixo dentro do barco e, agora, está sendo expelido da casa de máquinas como um bicho nascendo, lambuzado de graxa preta da cabeça aos pés.

Impulsiona-se para fora e cai em pé.

— Então, o que querem ouvir primeiro: a boa ou a má notícia?

Noto no bolso de seu macacão o logotipo, numa fonte retrô, onde se lê "Mecânica para Barcos do Graham". Ele se assemelha mais a um cientista maluco do que a um mecânico. O cabelo grisalho e espetado faz parecer que enfiou o dedo numa tomada.

— As boas primeiro — pede Ivan.

O mecânico olha para uma lista que traz na mão e franze a testa.

— Opa, erro meu, não tenho boas notícias. Esta é a lista de problemas com seu motor. — Ele percorre com o dedo seu diagnóstico, ponto a ponto, deixando em cada item sua digital. — Vocês vão ter de gastar aproximadamente, hummm, uns oito mil dólares se quiserem deixar esse motor em forma pra qualquer tipo de longa travessia do oceano. Vocês deviam colocar sensores de esgoto, de monóxido de carbono, de superaquecimento, e trocar todos os medidores por novos. A mangueira do exaustor está horrível. Lá fora, no oceano, se o motor superaquecer, vocês sabem o que acontece? Falha e vocês morrem.

Esfrego os olhos, surpresa. Ele acaba de dizer... *morrem*?

— Todo ano vou com minha família, de veleiro, para o México — diz Graham. — Sempre faço uma revisão geral no motor antes de partirmos. Não faria diferente de jeito algum. Por que arriscar a vida da minha família?

Olho para Ivan e engulo em seco.

— Francamente — continua Graham, se aproximando —, na minha opinião, esse seu motor não é capaz de enfrentar o oceano. Quando vocês disseram que partem?

— Em mais ou menos três semanas — digo.

Ele joga a cabeça para trás e começa a rir.

— Eu sou um marinheiro e, se estivesse planejando uma viagem pelo Pacífico, bem... vamos dizer o seguinte: Eu sairia com o motor nessas condições? Não, senhor! Eu definitivamente não iria. Se vocês saírem com *esse* motor, ele na certa vai falhar e vocês na certa vão morrer.

Lanço um olhar suplicante para Ivan: *Pelo amor de tudo o que é mais sagrado, por favor, dê dinheiro para este homem agora!*

— Hum, com licença — diz Ivan para Graham. Ele me leva até a proa, para uma pausa na conversa. — Isso é um absurdo — ele me diz.

— Eu sei! Nosso barco está ferrado!

— Não, o que ele está dizendo é um absurdo. Eu vou trocar o tubo do exaustor, que está rachado, mas gastar oito mil dólares em melhorias? Besteira. Ele está usando uma tática de intimidação pra fazer com que a gente gaste mais. Mesmo que o motor falhe, e daí? Estamos num barco a vela, não em um avião. Uma falha no motor não significa morte instantânea. Temos velas! Por que morreríamos?

— É verdade, por que morreríamos? — reitero.

— As pessoas velejam ao redor do mundo sem motor o tempo todo. Ele é um vigarista.

— Acho que sim. Mas será que não devíamos fazer algumas dessas coisas, só para prevenir?

— Não podemos ficar interminavelmente fazendo reparos no barco. Em algum momento, temos que partir.

Ivan paga ao homem pelo trabalho, agradece e o dispensa, com sua longa lista de reparos se arrastando em suas costas.

— Por que morreríamos? — murmuro para ninguém em particular, embora a ameaça tenha se fincado em meu cérebro como uma farpa.

~

— Não. De jeito nenhum. — A doutora desativa a caneta com um clique e a coloca ao lado da lista de medicamentos que pedimos para a viagem.

O pânico me invade quando me dou conta do que está acontecendo aqui. Vamos partir em menos de duas semanas, e minha médica se recusa a cooperar. Olho para minha lista, enquanto penso se estou sendo irracional: prednisona, adrenalina, Augmentin, Vicodin, Fenergan, lidocaína...

— Você quer que eu lhe dê hormônios esteroides, anestésicos locais e hipodérmicos? — diz ela, embasbacada, como se eu tivesse entrado aqui pedindo um pouco de morfina para me divertir.

Faço o que posso para parecer confiável, mas minha voz sai estridente, como se eu fosse uma viciada.

— Por favor. *Precisamos* dessas drogas. Nós vamos ficar sozinhos no meio do oceano.

— Bom, essa é uma escolha sua. Viajar, ficando fora do alcance de qualquer assistência médica, é um risco que você está assumindo voluntariamente. Você não precisa correr esse risco.

Essa médica não é a única a pensar assim; parece que todos acham que somos loucos. O velho encrenqueiro que costuma estacionar o barco ao lado do nosso recentemente parou por um bom tempo de lustrar seu inútil iate de um milhão de dólares para dizer a Ivan que ele não faz a menor ideia do que está em vias de fazer.

— Você vai acabar tendo problemas lá fora, rapaz — e apontou o dedo ossudo no nariz de Ivan. — Está colocando você e sua namorada em perigo.

A doutora limpa a garganta.

— Mais alguma coisa pra hoje? — Ajusta os óculos e me olha, por detrás das lentes, sem expressão.

— Não acho que você esteja entendendo — começa Ivan, e me preparo para o sermão que está por vir. Sendo um líder nato com grande poder persuasivo, Ivan consegue o que quer, quando quer, senão... Eu o vi fazendo seu trabalho antes, gerenciando pessoas, negociando. Só o tom de sua voz é capaz de fazer com que bebês chorem e cachorros rolem e se mijem. Ele mastiga um "não" e o cospe como se estivesse mascando tabaco.

— Eu sei que o pedido não é comum — ele continua. — Mas a Torre e eu estamos planejando uma viagem totalmente não convencional, que vai nos levar a lugares remotos. É *vital* termos certa autossuficiência em caso de emergência. Acabamos de completar um curso de oitenta horas de primeiros socorros na selva na UCLA. Todos os medicamentos que estamos pedindo aparecem em livros de referência escritos por marujos experientes e por profissionais de medicina tropical. — Ele puxa um livro com marcador para mostrar a ela.

— Olha — diz ela, parecendo entediada —, como já expliquei, não me sinto bem prescrevendo esses medicamentos. É preciso treino para administrar as drogas que vocês estão pedindo, e algumas delas podem ser muito perigosas, como essa aqui, por exemplo. — Ela aponta para um item em nossa lista: "dose de 1 x 0,3 cc de adrenalina 1:1000". — Eu nunca prescreveria isso para alguém, a não ser que essa pessoa sofresse de alergias severas. Por acaso você ou a Torre têm histórico de alergia a nozes, picada de abelha, produtos lácteos, marisco, qualquer uma dessas coisas?

— Não — diz Ivan.

— Certo. Então, como eu já disse mais de uma vez, não me sinto bem prescrevendo drogas perigosas de que vocês não precisam.

— Adrenalina, ou epinefrina, é usada para tratar choque anafilático — diz Ivan, repetindo informações colhidas em nosso curso. — Choque anafilático pode ser provocado por asma, comida, medicação ou pelo veneno de uma mordida ou picada. Uma reação severa pode levar ao inchaço das vias respiratórias e, rapidamente, à asfixia. Uma aplicação de 0,3 mililitro na coxa é suficiente para a reabertura das vias respiratórias. Estou certo?

— Sim, mas...

— Agora, eu nunca fui queimado por uma água-viva, ou mordido por nenhuma outra criatura do mar, então não sei que tipo de reação eu teria. E você, Torre? Você já foi queimada por uma água-viva?

— Não, nunca — digo, com o coração batendo forte, sob o efeito de minha própria provisão metabólica de adrenalina.

— Então, não podemos dizer com certeza se teremos ou não alguma reação a esses fatores alergênicos. E estar em um lugar remoto, sem nenhuma ajuda nem medicamentos disponíveis, *não é* a ocasião ideal para descobrir, você concorda?

Pode-se ver um pequeno sinal de apreensão nos olhos da médica.

— Tá bom, eu posso prescrever a epinefrina, mas... eu... ainda não me sinto bem prescrevendo todas essas outras coisas que vocês pedem.

— Bem, eis uma outra situação *desconfortável* — diz Ivan. — Estamos sozinhos no meio do oceano. A Torre se machuca. Estamos longe de um resgate por helicóptero. Helicópteros chegam a, no máximo, trezentos e vinte quilômetros da costa. Imagine que estejamos em um ponto qualquer, nos quatro mil quilômetros que percorreremos, fora desse alcance, entre aqui, de onde vamos partir, e nosso primeiro destino. Se pusermos um aviso de "socorro" e contatarmos um navio que esteja na área, talvez demore de um dia a uma semana para que chegue ajuda. Até lá, eu sou a única assistência médica. Vamos supor que ela quebre um osso, ou tenha uma hemorragia interna provocada por uma queda. Ou imagine que ela tenha desenvolvido uma apendicite. — Ele olha para mim. — Você já tirou seu apêndice, Torre?

— Hum, não — digo, ficando de repente nervosa.

— Então — continua Ivan —, vamos dizer que eu consiga contatar um médico, por telefone via satélite, e receba instruções sobre como ajudar a Torre mantendo-a estável. Pode não ser o ideal, mas é melhor do que nada, não é mesmo? Temos então dois cenários: a) um com medicação e sem dor, ou b) outro sem medicação e com dor intensa. Se ela vai sofrer ou não, a escolha é sua.

Engulo em seco.

A médica não responde. Move-se na cadeira e pega os óculos outra vez.

— Tá bom — diz, acionando a esferográfica. Enquanto escreve nossa pilha de prescrições, esfrego ansiosamente a parte baixa à esquerda do abdômen.

— Acho que meu apêndice está doendo — sussurro para Ivan.

— É do outro lado — ele me adverte.

Ivan bate à porta da frente do apartamento dos pais. O cheiro de churrasco faz meu estômago roncar.

— Este provavelmente vai ser nosso último jantar com meus pais — diz ele.

Os pais de Ivan moram a apenas quinze minutos da marina, em Brentwood, por isso passamos por lá três vezes por semana, sempre para uma comida caseira tipicamente argentina preparada pelo pai de Ivan, um homem que cozinha com a precisão de quem desarma uma bomba.

A porta se abre. A mãe de Ivan, Monica, toma cada um de nós num abraço violentamente carinhoso.

— *Hola*, Ivan! *Hola*, Torre — ela enrola os "rrrrrrs" do meu nome, em uma alongada vibração. — Agora, crianças — diz Monica, conduzindo-nos apartamento adentro enquanto os cabelos castanhos e lisos balançam com sua excitação —, para o jantar, o Jorge fez para vocês bife e salada. Está bom? Estão com fome, *niños*?

— Sim, muita — digo.

— Booooooom! — diz ela cantando, alcançando o registro de uma soprano com seu entusiasmo. — Muito booooooom.

Parece que nada é capaz de fazer os pais de Ivan mais felizes do que devorarmos carne juntos. Sentada à mesa de jantar da família, provei de tudo, de glândula de boi até chouriços feitos com sangue. Forcei goela abaixo um bocado de língua de vaca marinada, afetando aprovação e disfarçando o engasgo só de imaginar a textura da língua de outro animal arranhando a minha. Que coisas a gente faz para impressionar!

— *Hola, chicos* — diz Jorge, em pé ao lado da grelha fumegante, manipulando as carnes com grandes pinças. — *¿Cómo están?* Como vão vocês?

Monica entra na cozinha, e Jorge interrompe o que está fazendo para, esticando um pano de prato, fazê-lo estalar nas costas dela, manipulando-o como um elástico. Ela reage com um grito estridente:

— Jor!

Ivan puxou ao pai em diversos aspectos. O carinho constante de Jorge com Monica me faz lembrar Ivan. Também na aparência há semelhanças entre pai e filho. Jorge se assemelha muito a um ator, com seus cabelos grossos, meio escuros e meio grisalhos, e o corpo moreno. Tem um olhar intenso como o de Ivan. Jorge não fala muito, mas ouve com atenção e se manifesta quando o que tem a dizer é importante. Fala como cozinha, escolhendo vagarosamente as palavras, para formar sentenças precisas. Seu inglês cauteloso é limitado, por isso, na maioria das vezes, prefere falar espanhol, que Ivan traduz para mim. Mas não faz o mesmo com a mãe. Monica fala o tempo todo e mete, aqui e ali, uma ou outra palavra ou expressão em espanhol. Ivan não a perdoa uma só vez e sempre a critica quando incorre em espanholismos.

— Mãe. Não é *berenjena*, é berinjela — esbraveja. — Fale em inglês, se não a Torre não consegue entender.

Ela joga as mãos para o alto e diz, defendendo-se:

— Tá bom, tá bom, Ivan, não precisa arrancar minha cabeça.

Há um tom de agressão brincalhona entre Ivan e sua mãe. Implicam um com o outro em relação a quase tudo, discutindo continuamente.

Quando nos sentamos à mesa, Jorge serve bifes que ocupam quase todo o prato, a ponto de não merecerem ser chamados de bifes, e sim de grandes pedaços de boi.

— Sirva-se de salada — diz Monica, apontando para a vasilha de alface, tomate e cebola, ridiculamente pequena perto dos bifes. — Então — continua —, como vão as coisas, meninos?

— Boas — diz Ivan, curto e grosso, como costuma ser com a mãe.

— Como está o barco?

— Bem.

— E o que vocês têm feito?

— Estamos aprontando o barco para a viagem. Na verdade, estamos muito perto de partir.

Monica respira fundo.

— Meu Deus, meninos, como é que vou dormir à noite? Meu filho e minha adorada Torre por aí, mar adentro. Meu Deus! Meu coração está acelerado desde já — sua voz fica grave de angústia.

Jorge se prepara para falar e intervém. Seu espanhol soa austero, a expressão é séria e o olhar, intenso. Ouço-o mencionar meu nome. Do que ele está falando?

Fuzilo Ivan com os olhos. *Traduza! Traduza!*

Ivan encara o pai, com a mandíbula se contraindo e distendendo a intervalos quase regulares. Eu nunca o tinha visto bravo com o pai antes.

— Ivan — diz Jorge —, *no tenés experiencia*.

Não tem experiência? Escutei meu nome e, depois, "não tem experiência". Merda, estão falando de mim. É verdade: não tenho experiência nenhuma. Ainda não sei como dirigir o barco. Os pais de Ivan devem estar confrontando-o por causa disso. Corto um pedaço de carne maior do que o conveniente para mastigar; a ansiedade me come viva enquanto espero para entender o que está acontecendo.

Ivan começa a esbravejar num espanhol acelerado.

— *¿Por qué me decís eso ahora? ¿Por qué decís eso a mí adelante de Torre?*

Encolho-me na cadeira, humilhada por estar sendo assunto de uma discussão que não consigo entender, mortificada com a hipótese de que os pais de Ivan me julguem incapaz de velejar. Queria que soubessem quanto estou trabalhando duro no barco. Tenho o ímpeto de levantar as mãos para que vejam as bolhas, as unhas quebradas e os calos. *Pelo amor de Deus,* tenho vontade de gritar. Troquei meu guarda-roupa inteiro por roupas feitas de tecidos especiais, capazes de absorver umidade, e de Gore-Tex. Será que isso não é sinal de comprometimento? Monica se junta à conversa, e os três aceleram o ritmo, falando em altíssima velocidade. Observo o ir e vir dos argumentos como se estivesse acompanhando uma partida de pingue-pongue chinesa.

— *¿Qué quiere decir que no tengo experiencia? Estoy preparándome hace siete años.* — Ivan cospe as palavras. Nunca o tinha visto bravo assim antes.

Continuo encolhida, vermelha, olhos baixos enfiados no prato, sentindo-me tão importante quanto o pedaço de carne morta diante de mim.

Depois de trinta minutos de tensão, Ivan se cala, dando claros sinais de indignação, e afasta de si o prato.

— Nós temos de ir. Obrigado pelo jantar.

A caminho de casa, ele está de cabeça quente. É outra pessoa quando está irritado: tem olhos fundos, lábios tensos e um ar de hostilidade tal que parece capaz de fazer as plantas murcharem.

— Vocês pareciam bravos uns com os outros — digo. — Sobre o que falavam?

— Nada — ele continua olhando fixamente pelo para-brisa, com a mandíbula contraída.

— Por favor, me diga. Era sobre mim? Eles acham que eu não tenho experiência suficiente, não acham? É verdade, mas eu aprendo rápido e...

— Não era disso que eles estavam falando. Meus pais te adoram. É comigo que eles implicam. Eles pensam... — Ele silencia por um bom tempo, e eu espero até que resolva se abrir. — Eles estão inseguros com a nossa viagem. Acham que *eu* não tenho experiência suficiente.

Engulo o que tenho a dizer, enquanto conto nos dedos as pessoas que nos advertiram sobre o perigo em cuja direção estamos indo.

Ivan se cala por um tempo, sem conseguir ocultar a agitação mental, e logo explode:

— Bobagem. Sete anos de experiência velejando, cinco anos de planejamento, viagens sozinho para Catalina, lendo, estudando rotas e oceanos, uma travessia do Atlântico e todo esse tempo gasto na marina, preparando o barco. Estamos a alguns dias da partida, e *agora* meus pais ficam tentando me convencer de que não tenho experiência suficiente? Deixamos nossos empregos, nos mudamos para o barco e gastamos milhares de dólares em equipamentos. Temos cinco mil dólares em alimentos no veleiro, e agora me vêm eles: *No tenés experiencia, Ivan.*

— Não se preocupe — digo, tentando apaziguar a situação. — Eles só devem estar assustados. Quer dizer, que pais não ficariam assustados? Você está se arriscando bastante, logo...

— Mas por que eles tinham que falar disso na sua frente? Droga, você já está preocupada o bastante. Tanta gente já disse merda sobre essa viagem que, exatamente por isso, mantenho o assunto em segredo já faz cinco anos. Sabia que eu não dividi meus planos com ninguém, nem amigos, nem colegas de trabalho, ninguém, porque sabia que era muito possível esse tipo de reação? Eu não queria ouvir "Você vai morrer", ou "Não é seguro", ou "Você está correndo um risco desnecessário", ou "Você não tem experiência suficiente".

Trato de desviar um pouco a atenção para fora enquanto Ivan esfria a cabeça. Luzes da cidade riscam a noite, letreiros de neon piscam de todos os lados, um mundo de luzes artificiais ofusca a lua e as estrelas.

— As únicas pessoas a quem eu contei foram meus pais e meu irmão — ele continua. — Esse tempo todo, eles não disseram nada. Mas justo agora, bem antes de partirmos e bem na sua frente, despejam esse monte de dúvidas e apreensões em relação à viagem. E você sabe o que isso me faz perceber? Eles não achavam que eu realmente faria isso. Eles têm sido tolerantes com a história e tratado o assunto como se eu fosse criança, como se eu tivesse dito que queria criar asas e voar para a lua. "Ah, isso é maravilhoso, filho, voar para a lua com suas próprias asas, maravilhoso!" Mas agora tudo está pronto para a partida, e eles estão se dando conta de que eu falava sério. E agora resolveram surtar. Se essa era a opinião deles, por que não me disseram quando eu estava sozinho? Você faz ideia de quanto aquilo foi humilhante? Ouvir meus pais dizendo que eu não tenho experiência suficiente, com você sentada ali?

Pouso a mão em seu joelho, numa tentativa de acalmá-lo.

— Ivan, tenho certeza de que eles só...

— "Por que você não contrata uma equipe que acompanhe vocês?", minha mãe disse. "Alguém com mais experiência." Você acredita nisso?

— Bom, não é uma sugestão irracional. Uma equipe poderia ajudar com...

— Não! Eu não quero uma equipe no meu barco! Nossa viagem seria totalmente outra com estranhos a bordo. Imagine: não poderíamos conversar, comer, beijar, fazer amor sem que alguém mais soubesse. De jeito nenhum. Não temos sequer um quarto com porta.

— Tá bom, tá bom — digo, sentindo que, sem querer, tropecei e caí no trajeto do rolo compressor de Ivan. — Mas ela tem uma certa razão; quanto mais pessoas a bordo, mais seguro.

— Não, isso não é verdade! Vou te contar a história repugnante de um cara chamado Bison Dele, que jogou no Chicago Bulls. Ele e a namorada velejavam pela Polinésia Francesa, acompanhados de Miles Dabord, irmão de Dele, mais um capitão. Nenhuma das pessoas a bordo jamais foi vista de novo, com exceção de Dabord. Policiais encontraram o barco com o nome recoberto de tinta e com buracos de bala remendados. O cara provavelmente tinha ciúme do irmão famoso, sabe? Queria um pedaço pra ele. Saíram mar adentro e o cara deve ter tido um surto psicótico, matando todos e jogando os corpos no mar, depois remendou os buracos de bala e passou tinta sobre o nome do barco, como quem passa uma borracha no assunto, pensando que pudesse se safar. Mas a polícia o pegou.

Não respondo, limitando-me a ouvir o ruído dos pneus sobre o asfalto, ao longo de alguns minutos de silêncio.

— Eu adorava o Bison Dele — diz Ivan, dando sinais de que sua irritação começa a diminuir.

Continuo em silêncio, sem entender aonde ele pretende chegar.

— Acompanhava a carreira dele. Me identificava muito com ele, sabe? Quando ele morreu, senti como se um conhecido, um amigo, tivesse sido assassinado. O fato me atingiu como se fosse alguém muito próximo. Não parecia uma história qualquer, que a gente lê nos jornais; era muito real para mim. Lembro de ter pensado: *Que jeito mais idiota de morrer*. Se o mar me matar, é jogo justo. Agora, se um imbecil, que não vale nada, me matar... Bom, pretendo nunca saber, porque não tenho a menor intenção de pôr uma tripulação de estranhos no meu barco.

— Tudo bem, então diga isso a seus pais.

— Eu disse. Um *bilhão* de vezes. E é isso que me irrita tanto. Eles não ouvem. Sabe o que mais minha mãe me disse? "Você não pode ir, porque não tem experiência de navegação numa tempestade." Quer dizer o quê? Perguntei se ela queria que eu caçasse o próximo furacão e apontasse meu barco pra ele. É como dizer a alguém que não deve fazer uma viagem de carro até que tenha alguma experiência com batidas. *Ah, sim, bati o carro numa parede de tijolos em velocidade máxima, agora tenho uma certificação em batidas.* Você já ouviu algo mais insano?

— Não, nunca — digo, desistindo de minha intenção de manter a paz.

— A gente se prepara lendo, estudando técnicas, adquirindo equipamentos, arrumando um barco forte. Faz o possível para estar seguro e evitar tempestades. Nunca leva o barco ao caos só pra saber o que fazer na próxima vez em que tiver de enfrentar o caos. A gente nunca vai se sentir cem por cento preparado. Mas chega uma hora em que a gente tem de partir.

Espero até que Ivan tenha despejado tudo o que tinha a dizer. Ouço o *tap tap* da seta do carro enquanto aguardamos para dobrar a esquina que nos levará ao estacionamento da marina.

— Seus pais te amam, só isso — digo. — E estão com medo.

Ivan não responde. Estaciona o carro e apaga as luzes.

Andamos entre as fileiras de barcos, e noto que a água além da doca está turbulenta e há peixes se movimentando para todos os lados. Subimos a estibordo de *Amazing Grace*. Ivan, ainda na escada, destranca o cadeado, abre a porta da escotilha e remove três tábuas que se organizam como um quebra-cabeça e cuja função é evitar a entrada do vento, da água e do sol. Descemos as escadas escuridão abaixo, naquele espaço em que agora me movo à vontade e sem nenhuma necessidade de luz.

Ivan tira a roupa, sobe em nossa pequena cama e logo o sigo, pondo-me a seu lado e puxando o cobertor sobre nós. Abro a escotilha quadrada acima da cama e uma brisa nos faz companhia. Deitamos lado a lado, em silêncio.

É incômoda essa briga de Ivan com seus pais, justamente agora, às vésperas de partirmos. Por que eles não se seguram e evitam o confronto, falando, se quiserem, mas pelas costas, como minha família costuma fazer? Pode não ser o ideal, mas é muito mais fácil.

A voz de Ivan quebra o silêncio.

— Você não está... como dizer... desanimada com a viagem, está? Pelo que todos andam dizendo? Pelo que meus pais disseram?

— Não mais do que tenho estado normalmente — digo em tom de zombaria, tentando provocar uma risada.

Não ouço risada alguma, apenas sua voz baixa, rodeada de silêncio.

— É que... eu esperava isso de todos, menos dos meus pais. Queria que eles apoiassem essa viagem.

Abraço-o por inteiro, envolvendo-o como uma concha, e corro os dedos ao longo de seu braço até ouvir sua respiração pesada.

Vendo que está dormindo, deixo-o e entro em meu reino de pesadelos.

O nariz de *Gracie* mergulha repetidamente em uma cordilheira líquida e turbulenta até que um rochedo cheio de dentes afiados surge do nada, rasgando o casco de nosso barco velho. O motor falha. Vamos morrer. "Pare de se preocupar! Nós vamos ficar bem! Confie em mim!" Ivan pronuncia essas palavras com rispidez, enquanto o barco começa a afundar.

Desperto assustada, num solavanco. Ergo-me bruscamente e meto a testa na madeira oca acima da cama. Droga, esqueci essa coisa. Esfrego a cabeça e olho com dificuldade pela escotilha, avistando no céu as primeiras luzes da manhã.

Ivan ainda dorme. Saio ao convés e ligo para Anna.

— Estou tendo pesadelos — confidencio, falando mais alto por causa do barulho de duas gaivotas que disputam um pedaço de algo rançoso. Pelo telefone, ouço o som familiar de trânsito, de passos apressados sobre a calçada e o zumbido de uma cidade grande. San Francisco agora é um mundo distante.

— Não consigo imaginar o porquê — diz Anna. — Quer dizer, você não está tentando cruzar o maldito oceano ou algo do tipo.

— Anna, eu não sei velejar. Tentei aprender, mas meu instrutor era muito estranho. E depois o Ivan ainda tentou me ensinar, mas eu vomitei, mesmo com o tempo calmo, com "ventos leves", segundo a Escala de Ventos de Beaufort. Não era uma tempestade, Anna. Nem sequer um vendaval. *Ventos leves*. Depois, outra vez, um mecânico disse que vamos morrer se nosso motor falhar, e a minha médica não queria nos dar medicamentos porque ela acha que somos estúpidos. Daí, tinha um homem velho com um dedo ossudo, e a apendicite no meio do oceano, e o irmão louco de Bison Dele, e os pais do Ivan, que...

— Torre, pare! — diz Anna, arrancando-me de minha verborragia ansiosa. — Me escuta: você não é obrigada a fazer isso.

— Mas eu vou fazer o quê? — digo, já com os olhos cheios de lágrimas. — Ir voando pra casa?

— Essa é uma opção, sim. Você pode perguntar ao Ivan se ele mudaria os planos. Você não deve correr esse risco por amor.

Fico quieta por um momento, remoendo a palavra *risco*. Ela está certa — não tenho que correr esse risco. Se tivesse que fazer um gráfico de meus desejos, *ficar em terra firme* seria o maior pedaço da torta, deixando uma pequena fatia para *atravessar o Pacífico velejando*. Mas pedir que ele venda o barco e desista de seus planos? Já vi o que acontece com gente que não vai atrás de seus sonhos. Isso fez com que meu último relacionamento terminasse em câmera lenta.

— Obrigada, Anna — digo, procurando parecer mais animada. — Eu vou ficar bem. Estou muito entusiasmada, na verdade. Só estou nervosa, é isso. Te mando um e-mail mais tarde.

―――

Angie foi contratada para a última tarefa de nossa lista. Está aqui para apertar as linhas de aço que asseguram que o mastro fique ereto: o cordame. Fica pendurada doze metros acima de nosso deque, posicionada acrobaticamente enquanto ajusta o cordame como se fosse um delicado instrumento. Seus braços esbeltos exibem músculos definidos e brilhantes de suor.

Angie nos relata que está na casa dos cinquenta anos, o que não se adivinha por sua aparência: cabelos loiros, magra e dona de uma enorme energia. Mulheres da idade dela normalmente não têm como profissão escalar mastros. Observo-a com respeito, esperando que um dia consiga ter metade de sua coragem.

Ela já cruzou o Pacífico e esteve nos lugares para os quais estamos indo. Quando lhe relatamos nosso projeto, ela não consegue esconder o entusiasmo, prognosticando-nos experiências mágicas e transformadoras.

— Estou com inveja de vocês — diz ela. — Vocês vão a todos os meus lugares preferidos. Vão viver momentos fantásticos.

Absorvo suas palavras, apreciando esse raro estímulo. Pessoas otimistas como ela são espécie em extinção. Ela não é somente prestativa. Angie possui um magnetismo que me atrai. Aparenta lucidez extrema, como se apenas ela estivesse desperta, enquanto toda a gente na cidade de Los Angeles estivesse meio adormecida. É isso que uma vida de aventuras e desafios faz com as pessoas?

— Quando partem? — ela pergunta.

— Não tenho certeza, exatamente — diz Ivan, olhando para o alto do mastro enquanto protege os olhos da claridade. — A partir de agora, pode ser a qualquer dia. Quando nós dois nos sentirmos prontos, acho. — Ele olha para mim, e uma pequena corrente de pânico me percorre as vísceras.

Angie desce agilmente os degraus do mastro, salta ainda a alguns metros do chão e cai em pé.

— Vocês nunca vão se sentir prontos — diz ela. — Sempre vão arrumar o que fazer. Se esperarem até se sentir completamente prontos, nunca vão partir.

Sinto agora um calafrio ao ouvi-la dizer palavras que Ivan tem dito há meses.

Ela me olha com firmeza.

— Você nunca vai se arrepender. É só ir.

5

Olho por sobre os ombros tentando avistar os contornos distantes do continente americano. Não consigo. Todas as coisas certas, seguras, familiares ficaram agora aquém de nós. Depois de meses de planejamento, tomar a decisão de assumir o risco da viagem resumiu-se à simples tarefa de subir a bordo, soltar as amarras do barco e partir.

A serenidade do oceano acalma minha ansiedade depois de termos nos despedido de um pequeno grupo que veio ao cais nos desejar boa sorte. Estivemos viajando o dia todo, e o céu começa a escurecer, trazendo minha primeira noite no mar, em uma viagem de sete dias para o sul, com destino a Cabo San Lucas, no México. É nossa viagem inaugural, com o objetivo de testar a integridade do barco, testar a nós mesmos e um ao outro, antes de seguirmos para uma viagem de um mês inteiro em mar aberto.

Luzes iluminam a costa da Califórnia. Ivan supõe que estejamos passando por Oceanside. Por isso, aceno para minha avó, que provavelmente está agora em casa, sonhando com homens latinos. A ideia de que ela esteja por perto é reconfortante para mim.

Recorto as etiquetas da capa de chuva de Gore-Tex vermelho-ígnea e visto-a sobre a roupa térmica. Um gorro de lã e luvas sem dedos completam a indumentária, típica dos pescadores. Olho para minhas roupas, impressionada com a transformação. Sob elas há um corpo tonificado e bronzeado pelo trabalho ao ar livre. Maquiagem agora não faz o menor sentido e, como a produção de energia para um secador de cabelos é um esforço para o barco, minha aparência agora é mais natural do que em qualquer outro momento de minha vida adulta. Pareço estar inteiramente pronta para a vida no mar, mas, internamente, nada mudou. Ainda sou a mesma menina urbana, embora vestida com um traje bizarro que me garantiria um prêmio numa festa à fantasia. Não que haja alguma por perto...

Envolto em sua capa amarela e roupas de lã, com a barba por fazer e a pele queimada de sol, Ivan parece ter passado a vida toda no mar, puxando redes cheias de peixes se debatendo, dirigindo-se a lugar nenhum e sem ninguém que lhe dê ordens.

Ele se move confiante ao redor da cabine de comando, acertando os equipamentos. As velas, o anemômetro, as cordas e o timão, tudo precisa estar ajustado e em perfeito sincronismo, a ponto de garantir que *Gracie* siga obedientemente o rumo desejado noite adentro. De seu bom comportamento depende nosso descanso. Uma vez que o barco esteja preparado para seguir por si só, começarei meu primeiro turno de vigília. Pouco estimulante, esse trabalho consiste em ficar fitando o horizonte por três horas seguidas.

— Fique de olho em nosso curso — diz Ivan, apontando números na tela brilhante do GPS. — Assegure-se de que nossa direção se mantenha numa região sempre o mais próxima possível de cento e cinquenta graus. E o último, mas mais importante detalhe... — ele diz, apontando o horizonte. — Luzes como aquelas ali são de navios cargueiros. Eles são nosso maior risco. Se parecer que estão chegando muito perto, me acorde.

— O que é "muito perto" para você?

— Está vendo aqui? — ele diz, apontando uma linha em círculo no radar. — Essa linha indica uma distância de mais ou menos treze quilômetros. Se vir um ponto aparecer nesta área aqui, estamos na zona de perigo. Em outros termos, isso é um perigo se aproximando da nossa zona de conforto. Navios cargueiros viajam a uma velocidade de vinte e cinco nós; nós nos movemos a cinco. Mesmo que nos vejam, não vão conseguir diminuir a velocidade a tempo, eles se movem muito rápido e com cargas pesadas. Sabe como caminhões demoram um tempão para conseguir frear na estrada? Caminhões carregam quarenta toneladas. Navios carregam quarenta ou cinquenta *mil* toneladas, e parar na água é como tentar parar um caminhão sobre o asfalto coberto de gelo.

— Não se preocupe, te acordo se vir algum se aproximando. — *Com um grito de pânico, provavelmente!*, penso.

— Vou desligar o radar para economizar energia, mas, se vir um navio se aproximando, é só voltar a ligar e conferir.

— Só por curiosidade — digo —, como você faria isso se estivesse sozinho?

— Eu ajustaria um cronômetro para me acordar a cada quinze minutos. Depois, seguiria para alto-mar o mais rápido possível. Navios são uma grande ameaça quando se está próximo da costa, mas, quando estivermos longe, em alto-mar, podemos passar semanas, talvez meses, sem ver barco algum. Lá, vamos poder relaxar um pouco mais. Não vamos precisar fazer vigílias rigorosas, porque estaremos totalmente sozinhos.

Totalmente sozinhos, repito para mim mesma, estremecendo.

— Só não esqueça — ele ainda acrescenta, enquanto desce as escadas a caminho da cama —, um navio tão longe quanto o horizonte pode estar em cima da gente em quinze minutos. Eles se movem rápido.

Penso na colisão com um grande navio e imagino um trailer esmagando uma formiga, com a diferença de que não só teríamos as tripas expulsas do ventre pelo ânus como também nos afogaríamos. Fico aterrorizada com a lembrança de ter lido sobre capitães de navios cargueiros que chegavam ao porto de destino e, de repente, se davam conta da existência de um mastro de veleiro enroscado nas ferragens, como alguém que pisasse inadvertidamente em cocô de cachorro e viesse a descobrir a sujeira só depois de andar sobre um carpete.

— Capitão, parece que passamos por cima de outro barco a vela.

— Maldição! Vá até lá e limpe a sujeira!

Manter-se em vigília pode ser um pouco mais complicado do que eu tinha imaginado.

Estico-me na cabine para ver o rastro de nosso barco na água. Contemplo o pôr do sol refletido no mar, mas minha visão é subitamente bloqueada por objetos que diviso na grade de aço do barco: um colete salva-vidas amarelo, uma churrasqueira pequena, um poste de aço, que sustenta em pé a antena do radar com formato de pão, e uma pilha de cordas enroladas.

Examino o horizonte e, em seguida, vou para baixo procurar algo na geladeira — que agora, quando não temos senão a energia das baterias, é apenas uma caixa gelada — para o jantar. Quando todo o gelo derreter, vamos ter de viver apenas de comida não perecível: feijões enlatados, massa, macarrão instantâneo. Pego um pedaço de bife empanado e frito, preparado pelo pai de Ivan antes de nossa partida: bife à milanesa argentino, gelado, com um pouco de limão espremido na hora. É delicioso, não dá nenhum trabalho e me deixa agradecida por não ter de acender o fogão neste momento.

Mesmo com as desavenças entre Ivan e seus pais, ocorridas às vésperas de nossa partida, esse estoque de carne que nos ofereceram é uma espécie de sinal de paz vindo deles. Jorge faz milanesas apenas em ocasiões especiais. Ele nos convidava para jantar e nos deixava esperando até que nosso estômago estivesse roncando e excitado com o cheiro de carne marinada no alho. Orgulhava-se de sua receita de milanesas, adicionando as ervas e temperos secretamente e espiando por sobre o ombro para se assegurar de que ninguém estivesse vigiando. Quando finalmente servia o prato, comíamos até sentir o cinto apertado, depois dávamos uma palmadinha na barriga e suspirávamos, fazendo Jorge sorrir em segredo sob o bigode grosso. A comida é sua forma de demonstrar amor.

Olho para o espaço fundo na geladeira. Devemos ter umas trinta ou quarenta porções individuais de milanesas na caixa gelada, suficientes para o almoço e o jantar durante a maior parte de nossa viagem para o sul. É muito amor.

O sol desapareceu, e o céu é uma vinheta em roxo e preto. O oceano se funde na escuridão e só sei que está aí porque posso ouvir o som da água em movimento. Gostaria de poder me pendurar nos últimos raios altos de luz para poder avistar os arredores, em vez de seguir às cegas pela escuridão à frente.

Estamos tão sozinhos aqui... Nossa única companhia é a ameaça do perigo. Navios de cruzeiro são fáceis de identificar, porque são iluminados como candelabros flutuantes, mas cargueiros e pesqueiros não se exibem tanto e possuem apenas algumas luzes sinalizadoras de sua presença.

Uma estrela no horizonte parece cada vez mais brilhante, mas não consigo ter certeza se é Vênus ou um cargueiro vindo em nossa direção. Pisco algumas vezes, tentando entender o que é aquilo, e só depois me lembro de ligar o radar. "Escaneando... por favor aguarde." Pontos começam a aparecer na tela, mapeando-se no interior dos círculos concêntricos que se definem a partir de nossa posição. Ilumino a tela com a lanterna para eliminar as sombras e poder enxergar melhor.

Ah, não! Há um ponto no interior de nossa zona de risco. Vênus é um navio e está a menos de treze quilômetros de distância!

Disparo para dentro e chacoalho Ivan para acordá-lo.

— Um navio está...

Ele pula da cama e voa pelo deque antes que eu possa terminar a frase.

Checa o radar e liga o motor. Este, um 1979 original, se faz percebido por um rugido bestial que emite vibrações por todo o barco, as quais sobem por minhas pernas e vão até a raiz dos dentes. Ivan aperta o acelerador com o pé; ganhamos velocidade, sem rumo, tratando apenas de desviar do touro em disparada que vem em nossa direção.

Nem parece real. Aparentemente, corremos de uma enorme embarcação pesando milhares de toneladas de sapatos, camisetas de algodão ou bolas de plástico em quantidade suficiente para nos achatar. E só sei disso graças a pequenos pontos na tela do radar, que se parecem com a comida do Pac-Man.

A perseguição termina com Ivan declarando que estamos fora de perigo. Nossa zona de segurança de treze quilômetros está limpa.

— Desculpe eu ter deixado chegar tão perto — digo. — Eu devia ter conferido o radar antes. Pensei que fosse uma estrela.

Ele dá de ombros.

— Não se culpe, é um erro comum. Quando eu estava atravessando o Atlântico, vi uma luz estranha no horizonte. Fiquei sem saber o que era e pensei comigo: *Mas que diabos será aquilo?* Acordei o capitão, e ele também ficou confuso. Finalmente, descobrimos o que era. Sabe o quê? A lua nascendo. Por isso, não se culpe. Só dê o melhor de si.

Ivan volta para a cama, deixando-me mais uma vez responsável por nossa vida, distinguindo navios cargueiros de corpos celestiais.

Passa-se quase uma hora até que meus batimentos cardíacos desacelerem. Ouço o barulho das ondas e começo a relaxar. Sentada na escuridão, vou ficando sonolenta. O balouçar lento do barco e o ruído regular da água batendo no casco só pioram as coisas. Quero fechar os olhos e me encolher, mas não tenho vontade de ser estripada por um navio-tanque, por isso começo a murmurar e a bater nas bochechas. Olho para o relógio e sinto o tempo se arrastando como um veleiro preso às ferragens de um navio cargueiro.

Algo me tira do repouso. O sonar de profundidade está registrando números. Esquisito. É um equipamento que registra até cento e vinte e dois metros. Mais fundo que isso, exibe apenas traços. Devemos estar a seiscentos e dez metros aqui, mas agora ele registra treze metros. *Treze metros?*

Meus batimentos cardíacos disparam. Tem alguma coisa errada. Não consigo enxergar nada. Será que estamos seguindo em direção a uma rocha? A uma ilha? Penso nos vulcões subaquáticos sobre os quais li. Não aparecem nos mapas marítimos porque estão sempre mudando de forma. Cospem lava nas profundidades, empilhando pedra sobre pedra até que, de uma hora para outra, o pico surge acima da superfície.

— Ivan? — O tumulto das águas ao nosso redor abafa minha voz trêmula.

Dessa vez não há resposta. Ele não consegue me ouvir.

Será que estamos passando por cima de um banco de areia? Um contêiner? Uma tora? Um submarino? Um bando de orcas irritadas?

— Ivan! — chamo mais alto.

Sem resposta; ele dorme. Microssegundos se passam. O sonar registra dez metros... sete metros... dois metros e meio. *Um metro e meio!* Não há mais tempo de chamar Ivan — *vamos bater!*

Encolho os ombros até as orelhas, esperando apenas pelo som da colisão. Mas, em lugar do ruído de fibra de vidro se rompendo, ouço apenas a água que bate na lateral do barco. Volto-me na direção do som, mas não consigo distinguir nada nas águas escuras.

Vinte e seis metros.

Uma queda abrupta da profundidade; o que estará acontecendo?

Cinco metros.

Sinto que uma válvula de meu coração vai explodir.

Eu me apoio sobre os joelhos trêmulos para acordar Ivan, e só então uma forma ágil salta para fora da água, atrás do barco. A luz da lua revela uma nadadeira dorsal escorregadia, barbatanas, um nariz de garrafa, um sorriso atrevido.

Entendi a piada: o sonar está registrando a presença de golfinhos.

Limpando as palmas pegajosas de suor no gorro, assisto às brincadeiras dos golfinhos, enquanto meu coração tenta se acalmar mais uma vez. Aprendo que a vigília noturna é um misto de relaxamento contemplativo profundo, pontuado por surpreendentes e repentinos choques desfibriladores.

Ao fim de minhas três horas, acordo Ivan para nossa troca de turnos. Encontro-o na cama de olhos arregalados, como um menino excitado com o primeiro dia de aula. Ele salta para o deque, e eu afundo a cabeça no travesseiro, abandonando-me ao balanço das ondas. Pela escotilha acima da cabeça, vejo a lua oscilando num movimento de pêndulo constante, enquanto *Amazing Grace* se integra ao ritmo do oceano.

O sol, brilhando na escotilha, me desperta. Ivan deveria ter feito a troca de turno comigo às quatro da manhã, mas já é dia. Bocejo e me espreguiço lentamente. *Merda!*, penso, interrompendo o lento espreguiçar. Cadê o Ivan? Assobio o mais alto que posso.

Ouço-o assobiar também, o que confirma sua presença a bordo.

Nem lembro quando começamos com O Assobio; provavelmente, numa tentativa de tentar nos achar no supermercado. Acabou virando um sistema especial de nos chamarmos, que funciona muito bem no barco, onde fico feliz por dispor do expediente.

Pulo da cama e espio Ivan do lado de fora do veleiro. Ele não me vê, o que me deixa à vontade, por um momento, para ficar observando-o, sentado na cabine de comando, tomando seu mate e rabiscando o diário. Nas páginas de seu caderno se amontoam rabiscos ilegíveis com os quais fixa no papel suas experiências. Seja o que for que esteja escrevendo agora, deve ser o registro de algo alegre, feliz, porque ele para por um momento, fitando o horizonte com a expressão sorridente de um cão farejador.

Apesar de uma noite de muito pouco sono, Ivan tem a aparência descansada de quem acordou de um repouso profundo e reparador. O ar de beatitude me diz que ele está em seu melhor. Com o bronzeado leve, parece vivo, saudável e incrivelmente lindo. O gerente de projetos estressado que conheci, sempre de terno e gravata, não está mais entre nós.

— Bom dia — digo, pondo a cabeça para fora.

Ele desvia o olhar do diário e sorri em minha direção.

— Bom dia. Você está linda.

— Obrigada. — Ajeito os cabelos, que podem ser chamados de qualquer coisa menos lindos. — Eu dormi demais. Você ia me acordar às quatro.

— Não precisei. Não tive sono.

— Você não dormiu na noite passada. Quer que eu fique na vigília agora, pra você descansar?

— Não. Estou bem.

Feliz por ver que está como um peixe n'água, desço de volta para minha cama. Quando o barco está em curso, nossa cama habitual — o leito em V — torna-se inútil. Encravado na proa, ele avança de cabeceira contra as ondas do oceano, e, quando o barco se move, o mesmo acontece a quem estiver deitado. Por isso, quando estamos velejando, dormimos nos sofás da sala de estar, em camas separadas. Amarramos lonas em apoios de mão situados no teto do barco e, assim, nos empacotamos nos leitos estreitos, de modo a garantir que não rolemos quando o barco se inclina. Já quando estamos seguramente ancorados, removemos os lençóis e enfiamos as lonas sob os sofás, que voltam a sua função original.

Ajeito-me em meu ninho, curtindo o balanço do barco sob mim e ouvindo o gotejar de água contra o casco. Meu estômago está estável, o que me faz constatar que morar a bordo na marina foi lentamente me acostumando ao movimento. Essa coisa de velejar começa a se revelar algo muito relaxante.

O balanço do mar me seda como uma droga intravenosa e, quando acordo, grogue de tanto dormir, já não é mais uma manhã ensolarada, mas uma tarde cheia de nuvens. Encontro Ivan na cabine de comando, com o semblante cansado. Sua energia jovial se esgotou.

— Você está bem? — pergunto.

— Só um pouco cansado.

— Você sabe que pode me acordar quando precisar de descanso, né?

— Sim, mas você parecia numa paz tão grande enquanto dormia...

— Eu assumo agora, tudo bem?

Ele boceja e concorda.

— Onde estamos? — pergunto. — Perto de San Diego?

— Não, no México.

É difícil acreditar que saímos dos Estados Unidos e entramos em território estrangeiro, sem ter passado pelos habituais e obrigatórios agentes federais corpulentos, de arma na cintura e cassetete enfiado no rabo. Nessa imensa sopa, em que as fronteiras entre os países se dissolvem no azul em movimento, tudo parece igual. Não há terra à vista, apenas montanhas azul-cobalto de horizonte a horizonte.

— A que distância está a terra firme? — pergunto.

— Mais ou menos oitenta quilômetros.

Amazing Grace, em velocidade máxima, viaja entre cento e sessenta e cento e noventa quilômetros por dia, o que significa que já estamos a cerca de doze horas do continente.

— Estamos bem longe do litoral, não? — pergunto.

— Sim, mas aqui estamos mais seguros. Dificilmente haverá tráfego de navios e, se o vento mudar, não vamos ser empurrados para terra.

"Seguros" não é bem o termo que eu usaria para descrever essa situação. Desde que perdemos a terra de vista, meus músculos estão tensos e duros feito pedra. Estamos agora a uma longa travessia a nado até a casa de minha avó. Ivan desce e me deixa a postos. Ergo o pescoço e observo as nuvens no céu. Elas estão se agrupando numa massa de dobras brancas e cinza-escuras, sobre a qual se espalham filamentos finos. Cirros. É o tipo de nuvem que se vê no painel meteorológico. Abaixo da imagem se lê: "Uma mudança no tempo está para ocorrer nas próximas vinte e quatro horas".

6

Não resta dúvida: vamos morrer. É noite e o vento é vil. As ondas atingem a altura da antena de radar, que deve ser de seis metros acima do nível do mar. Cambaleamos ao sabor das ondas, e meu estômago está prestes a sair pela boca.

Amazing Grace não é tão incrível agora, nem ao menos se pode perceber sua graça. Ela faz acrobacias como se estivesse completamente embriagada de água salgada. Nossa vida está nas mãos de um barco bêbado.

Bum! Uma onda colide com o casco de fibra de vidro. Quem imaginaria que a água poderia soar como a explosão de bomba? E as bombas explodem a cada um ou dois minutos, de modo aterrorizante e fazendo-se seguir por intensos solavancos do barco, para os lados. Meu corpo rola de um lado para o outro de minha minúscula cama, e sou grata ao anteparo de lona que o impede de ser atirado para fora daqui.

Bum! Espero, tremendo e rezando para que a embarcação volte a seu prumo.

O ângulo parece muito íngreme. Qual é mesmo o nosso ponto de virada? Qual a inclinação máxima que podemos aguentar antes de tombar definitivamente e sermos engolidos pelo oceano escuro e revolto?

Bum! Outra onda bombástica explode num golpe certeiro contra o barco bêbado e cambaleante. Vamos afundar irremediavelmente. De alguma forma, o veleiro reencontra o prumo, mas logo compensa essa agilidade tombando na direção contrária.

Bum! A crista de uma onda pesada se abate sobre o barco, atingindo a parte superior com a pressão de uma mangueira de incêndio.

Ivan está lá fora.

Se alguém cair no mar, só tem realmente uma coisa a fazer... Acenar um adeus.

Tento chamá-lo, mas minha boca está trêmula e o assobio sai frouxo e baixo. Passo a língua nos lábios e tento de novo.

Nenhuma resposta. *Ele foi varrido ao mar!* Minha garganta se fecha em pânico. Assobio algumas vezes, em tentativas cada vez mais desesperadas.

De repente, ouço uma resposta fraca trazida pelo vento.

Respiro outra vez. Ele ainda está no barco.

Minha cabeça gira e minhas vísceras parecem saltar e se revirar em sintonia com o ritmo do oceano. Disparo em direção à pia da cozinha, sabendo que não vou chegar ao banheiro a tempo. O vômito dessa vez é um esguicho que me sai ao mesmo tempo da boca e do nariz, ainda que, depois de horas de tempestade, já quase nada reste em meu estômago, a não ser um fluido quente e azedo que queima o tecido fino das narinas.

Quanto mais as ondas se agigantam, mais intensas as convulsões em meu estômago. Como meu ouvido interno não consegue encontrar equilíbrio no chão movediço, meu cérebro determinou que me encontro em meio a uma alucinação. Esse violento mal-estar não passa de uma tentativa inútil de expelir um veneno fantasma. Se ao menos eu pudesse mandar este comando ao meu ouvido interno: *Pare de falar com o cérebro, seu idiota!*

— Você está bem? — Ivan berra, fazendo sua voz soar acima do rugido dos ventos.

Olho para cima, pela nossa porta dianteira, tentando localizá-lo na cabine de comando, no momento exato em que o vejo ser lavado da cabeça aos pés por uma onda. Ele se sacode e continua puxando cordas. Não mostra nenhum sinal de medo, o que me parece estranho, porque posso ver uma onda negra e opaca, com o dobro de seu tamanho, bem detrás dele. Toda vez que se acumula em uma crista, a água parece que vai devorar Ivan, derrubando-o numa lambida, para logo depois engoli-lo. Mas ele não deixa transparecer o menor nervosismo. *Amazing Grace* escala a onda até o pico e logo despenca pelo lado espumante, como um carro veloz e desenfreado.

Equilibro-me com a ajuda dos quatro membros, agarrando com ambas as mãos qualquer coisa sólida a meu alcance, em busca de estabilidade. Se me soltar, sei que vou me bater pelo barco feito uma bola de fliperama.

— Quanto tempo mais? — pergunto.

— Bastante. Estamos só a quatrocentos quilômetros de Los Angeles. Ainda faltam cinco dias para chegarmos a Cabo.

Estou presa a este caixão flutuante por mais *cinco dias*? Tenho vontade de berrar para que ele ouça: ISSO NÃO É "EXTRAORDINARIAMENTE INCRÍVEL", IVAN! ESTE NÃO É UM "BOM JEITO DE MORRER!", mas não tenho forças para berrar e, além do mais, não é culpa dele; eu escolhi isso.

O elevador mergulha de novo. Agarro a pia e a abraço tão intensamente que acho que vou fazer xixi nas calças. Mas não faço, e tenho ao menos isso para agradecer. Obrigada, ó poderes celestiais, por pouparem minhas roupas de baixo.

Outra puxada.

Retiro o que disse. Como se vomitar pelo nariz não fosse ruim o suficiente, a ânsia intensa agora está afetando o controle dos músculos pélvicos.

— Sério? — grito para ninguém. — *Sério?*

Tenho medo de que a próxima coisa a ser expelida de meu corpo seja o intestino grosso.

Apoio-me no corrimão em meu caminho para baixo, de volta à cama, passando pela cozinha, jogando todo o peso do corpo contra a violência do mar. Arranco as roupas de baixo, encontro um novo par de peças e tombo na cama. Minhas mãos agarram o sofá, segurando com toda a força que me resta, numa tentativa de estabilizar o barco com a força dos músculos. É uma tentativa desesperada de ter certo controle sobre a situação, disparada por um reflexo inconsciente, que infelizmente não funciona.

Bum! Tombamos, e tudo dentro do barco parece por um momento ficar suspenso na depressão da onda. Nossos utensílios saltam como que explodindo para fora dos armários. Os equipamentos que tratei de amarrar com cuidado, com nós aprendidos em livros, cuidadosamente estudados, espalham-se no chão do barco, por todos os lados. As cordas que amarrei parecem inúteis, porque tudo lhes escapa e se solta numa valsa louca coreografada pelo mar.

A porta de um armário se abre com força, e latas de comida saltam juntando-se à valsa. Três latas de comida, um tubo de protetor solar, uma laranja e um vaso de planta, tudo dança num só e líquido ritmo. *Esquerda, direita, pausa... Para trás, esquerda, estala! Esquerda, para frente, pausa... Direita, esquerda, estala!* A terra do vaso com a planta se espalhou por todos os lugares, mas quem se importa agora com bagunça? Vamos morrer.

Nossa pesada caixa de ferramentas, amarrada a um canto no salão, sob a mesa dobrável, livra-se das amarras para se juntar à diversão. Move-se pelo chão e desliza com maior força na inclinação descendente em que o barco é posto pelas ondas. *Crack!* Colide com a madeira. Está cheia de ferramentas de metal e deve pesar uns trinta quilos, que talvez cheguem a mais de uma centena, potencializados pelo movimento cada vez mais rápido com que as oscilações do barco a fazem deslizar de um lado a outro. Espero, a qualquer momento, ouvir o som de madeira se rompendo quando a caixa dispara lamentavelmente na direção do primeiro piso, feito de madeira oca. Não consigo me mexer para amarrá-la outra vez. Estou paralisada de medo.

Mas algo pior do que a caixa de ferramentas está à solta. Posso ouvi-lo batendo acima da cabeça, no deque. Na marina, estocamos dois galões de vinte litros embaixo do bote salva-vidas emborcado no convés; um, cheio de água, e outro, de combustível.

Má ideia.

Ambos estão se batendo com o movimento das ondas, e seu conteúdo está vazando. Sei disso porque posso sentir o cheiro de combustível. O deque começa a ficar encharcado de diesel. Vamos morrer, tenho certeza disso, mas não sei se afogados ou queimados.

Ponho um travesseiro sobre a cabeça tentando silenciar o som das batidas. É tanto barulho... É a orquestra da morte. O vento sopra no cordame, produzindo o som estridente e assombroso de um grito humano. Há vozes: sussurros, murmúrios e palavras completas. Matilhas de cães ladram, mas estamos muito longe da costa. Por que ouço cães latindo?

Depois, há ainda um som sinistro que vem de *dentro* do barco. É um gemido gutural e úmido de uma voz masculina.

Oh, diz ele.

Parece próximo, como se as palavras ofegantes estivessem sendo ditas bem em meus ouvidos.

Ei, escuto. Mas, quando olho para cima, não há ninguém.

Encharcado de água salgada, Ivan desce para ver se está tudo bem comigo. Aproveita para amarrar a caixa de ferramentas, a comida enlatada e o vaso, que jogavam de um lado para outro. Ajoelhando-se a meu lado, ele acaricia meu braço e pergunta se está tudo bem. Estou surpresa com o fato de Ivan não ter dado sinais de impaciência comigo. Ele não só conduz o barco sozinho, mas ainda acha tempo para acariciar meu corpo trêmulo e me acalmar com declarações insistentes como "Não, sério, eu te prometo, nós não vamos morrer". Ele me oferece água e me ajuda a beber da garrafa, ergue-a alto para que eu possa tomar direto dela como se fosse um animal agonizante.

— Desculpa — digo. Tremo incontrolavelmente, enquanto lágrimas salgadas caem e molham o travesseiro.

— Por que "desculpa"?

— Eu sou uma inútil.

— Não se desculpe. Você está com enjoo.

Meus olhos percorrem nosso entorno, arregalados de terror.

— Estou ouvindo barulhos estranhos. Sons que não deveria estar ouvindo.

Ivan hesita.

— Eu também.

— Você consegue ouvir os cães?

— Cães? Não. Estou ouvindo conversas inteiras em espanhol — ele sussurra, como se "eles" pudessem ouvi-lo. Estamos ambos enlouquecendo.

Ei.

— O quê? — pergunta Ivan.

— Não fui eu quem disse isso — respondo.

É.

— O que você disse? — pergunto.

— Nada.

Ah.

Encaramo-nos desconfortavelmente por um tempo. Pelo menos, ambos ouvimos o homem dessa vez. Isso significa que o som é real e não existe apenas em nossa cabeça. Não significa?

Gira! Gira! Gira! Corro para a pia. Vomito água, ainda gelada. Oito rajadas rápidas. Volto para a cama.

— Tente dormir — diz Ivan, tirando uma pílula para enjoo da embalagem para enfiar pelos meus lábios.

Mastigo. Um sabor de frutas dilui o gosto azedo de bile. Fecho os olhos, desejando dormir, mas, quando outra onda bate no barco, a voz ofegante de um fantasma fala em meu ouvido e meus olhos se abrem, subitamente, aterrorizados. Meu coração tenta bater fora do peito e nadar para terra firme, deixando-me para trás. Maldito desertor.

Horas se passam, uma eternidade infernal.

Estala, bate, late, É, gira, gira, gira.

A luz da manhã chega. Ivan passou a noite na cabine de comando, dirigindo e vigiando à procura do sinal de barcos. Tenho náuseas e me sinto dolorida, além de terrivelmente culpada por não ajudar. Que tipo de copiloto sou eu?

Enquanto Ivan desempenha o papel de toda uma tripulação no deque, eu me enrolo nos lençóis, combatendo os enjoos e o medo com meu melhor remédio: não me mover. Quando eu era criança e tinha medo do bicho-papão, escondia-me sem mexer nenhum músculo, por horas a fio, embaixo das cobertas. Não mudou muita coisa desde então. Aqui, o oceano é meu bicho-papão. E ficar deitada, imóvel, é minha única defesa. Minha criança interior, de quatro anos de idade, quer acreditar que, se o oceano não souber que estou aqui, não vai poder me matar.

Ivan, entretanto, está mais vivo do que nunca. O oceano é sua alma gêmea, e ele adora sua beleza selvagem e indomável, seu temperamento perigoso, o fato de tê-lo só para si ao longo de quilômetros e quilômetros. O mar conseguiu transformá-lo: a pele dele está dourada e o sol encheu de luzes seus cabelos loiros. Ele deixou crescer uma barba robusta que lhe acentua a mandíbula e destaca a tonalidade verde de seus olhos. Magro e esculpido, seus músculos estão definidos e os ombros de levantar cavalo morto ficaram mais largos.

Ele desce as escadas e se ajoelha ao lado de minha cama.

— Você está bem?

— Você deve estar tão cansado...

— Estou bem, não se preocupe, relaxe — ele diz, enquanto acaricia meu cabelo ensopado.

— Não sou uma marinheira. Só atrapalho. Eu não tinha ideia de que seria assim.

— Apenas descanse, tá bom? Não preciso de ajuda. Estou me virando bem sozinho.

Uei!

— Hã? — pergunta Ivan.

— Não fui eu. Foi o Monstro.

— Quem?

Bah.

— Ele — digo, apontando o vento.

Ivan salta para ver de onde vem o barulho. Segue pelo barco, procurando pelo Monstro.

Ha.

Ivan vai até a cozinha e aproxima o ouvido esquerdo da pia. Espera.

Rah.

— É o ralo da pia — diz.

O ar no encanamento está sendo forçado pelas ondas a retornar, o que produz esses sons que se assemelham a interjeições.

Oh, diz o Monstro da Pia.

Uma onda explode como uma bomba, e o barco é arremessado bruscamente. Por um segundo, o mundo se inclina. Ivan mantém a expressão serena, apesar de eu me agarrar a seu braço, em pânico.

— Nós vamos morrer! — insisto outra vez.

Ele sorri, calmo.

— Não, não vamos. Está tudo bem.

— Não está tudo bem. As ondas são imensas! O barco vai virar!

— Não, não vai. O mar está só um pouco bravo. É normal. As ondas estão grandes, só isso. As velas estão baixadas, e estamos indo devagar. Não se preocupe. Estamos seguros.

— Estamos no meio de uma tempestade?
— Não, uma tempestade seria muito pior do que isso.
— *Muito pior do que isso?*

Ele encolhe os ombros em sinal de desânimo. Ele pode lidar com o mau tempo, mas o fardo de ter uma pessoa aterrorizada a bordo é pesado.

— Você precisa de alguma coisa? — diz. — Água? Remédio? Chá? Milanesas?

— Terra firme — suplico.

Ivan sorri. Ele acha que estou brincando. Mas brincar numa hora dessas?

— Não, é sério. Será que podemos voltar pra terra? — pergunto. — Olha pra mim. — Mostro-lhe meus dedos convulsos. — Por favor — minha voz é um sussurro trêmulo. — *Eu nunca senti tanto medo na vida.*

— Tudo bem — ele diz —, mas nós estamos muito longe da costa, e o refúgio mais próximo fica a cerca de trinta horas daqui.

— Trinta horas?

Ele assente com a cabeça.

— Desculpa.

Lá fora, Ivan muda o curso do barco, desviando de Cabo San Lucas rumo ao refúgio mais próximo, na costa do México. Não avançamos agora na direção das ondas, mas contra elas, e às vezes elas nos atingem de lado. Pior, muito pior.

Gira! Gira! Gira! Um jato de água com sabor de frutas jorra de meu nariz para dentro da pia da cozinha. E perco outra calcinha.

Mais trinta horas pela frente, digo a mim mesma. E, quando o vômito dá uma trégua, caio no choro.

Entramos em nosso refúgio, e o caos do oceano se acalma. O barco se nivela enquanto cruza um amplo trecho que parece uma pequena baía, protegido do movimento das águas em mar aberto. Devo estar parecendo um rato afogado, com o cabelo asqueroso e a pele provavelmente cheirando a feromônios produzidos por animais que se sentem prestes a morrer.

O continente, a uma distância nebulosa, exibe uma típica paisagem mexicana, de tonalidade ocre, com encostas encravadas de arbustos. Uma fábrica corroída pela maresia toma a maior parte da costa. Numa de suas paredes carcomidas, leem-se as palavras "Bienvenidos a Bahía Tortugas". Tudo aqui é gasto, descascado, queimado pelo sol. Os únicos seres de que sentiremos saudades nesta cidade desolada são as folhas ao vento que rolam pelas ruas.

A enseada está praticamente vazia, não fosse a presença de dois malfadados navios tombados próximo à praia, decrépitos, os cascos enterrados na areia em que certa vez buscaram segurança sem que a encontrassem. Deixaram atrás de si o massacre de seu infortúnio como um agouro para outros marinheiros. A visão me dá calafrios da cabeça aos pés. Mesmo aqui, não estamos a salvo.

Olho atentamente a cidade empoeirada, imaginando como posso conseguir um ônibus que me tire daqui. Mas, mesmo que haja um serviço regular de transporte que possa me tirar deste lugar desolado, não estou certa de que seja inteligente de minha parte voltar daqui para os Estados Unidos de ônibus. Uma ideia persistente me volta à cabeça, e não consigo ignorá-la: goste ou não, vou ter de permanecer a bordo desta mortal armadilha de trinta e dois pés em que me meti, até chegarmos ao aeroporto mais próximo, em Cabo San Lucas.

Estamos ambos cansados, doloridos, machucados, mas não podemos descansar ainda, porque o barco precisa de reparos. Nosso lar parece ter sido invadido por um bando de adolescentes bêbados numa festa aberta ao público.

Marinheiros supersticiosos acreditam que plantas a bordo trazem má sorte, e agora, de joelhos com uma pá e uma vassoura, posso perceber por quê. Meu verde animal de estimação, minha companheira de raízes fincadas na terra, está estilhaçada no chão, com as folhas murchas e descoradas em razão da exposição à água salgada.

— Desculpa, carinha — digo-lhe. — Você devia ter ficado em terra firme. Você e eu.

Tiro os lençóis das camas. Estão amontoados e molhados já faz dias e começando a mofar. Coloco-os na pilha de roupas usadas, que cheiram a azedo e precisam de limpeza pesada, tarefa desafiadora, dada a falta de equipamentos adequados, como uma boa máquina de lavar. Encho um balde de vinte litros com a água fresca de um galão e uso o antiquado método de pisotear a pilha para remover a sujeira, carregando no uso de amaciantes de aroma floral. Noto que há uma última mancha de esmalte carmesim no dedão de um dos meus pés e me lembro de quem eu era há não mais que três meses. Enquanto minhas pernas arranhadas e machucadas lavam as roupas no balde, aquele pedacinho vermelho de unha parece um absurdo.

Amarramos a roupa molhada no cordame do barco, para que seque ao sol ou voe ao vento, o que acontecer primeiro. Olhar nossos lençóis dependurados nas cordas de segurança faz com que eu me sinta uma marinheira, o que me enche de orgulho. Observo, sobre minha cabeça, minhas roupas íntimas se inflarem na brisa: são as rendadas bandeiras de uma conquista.

Dois mexicanos num batel remam, velozes, em nossa direção. Olho para os lados para ver se há outro barco por aqui; verifico que vêm definitivamente a nosso encontro.

— O que você acha que eles querem? — pergunto a Ivan.

Ele dá de ombros, mas parece tenso, nervoso.

Estamos numa cidade no meio do nada, em terra estranha, e nosso único meio de fuga é um barco que viaja pouco mais rápido do que alguém que leva seu bassê para passear. Penso em como podemos nos defender, mas não me ocorre nada.

— Vocês têm uma arma, né? — perguntou Chuy, meu tio americano, antes de partirmos de Los Angeles.

— Não — respondi. — Não vamos levar. Marinheiros inocentes às vezes são mortos tentando se defender com uma arma.

— Vocês vão precisar de uma no México — disse ele. — Você nunca ouviu falar das decapitações? O México não é seguro.

Dei risada, sem ter certeza se ele falava sério.

— E todos aqueles piratas? Leve pelo menos uma arma — ele insistiu, como se "pelo menos uma" não chegasse a ser letal. Senti que ele via nossa viagem como uma legítima desculpa para abrir algumas caixas de munição.

— Não tem nenhum pirata no Pacífico Sul — eu disse, repetindo a resposta de Ivan a uma de minhas perguntas. — Mas, caso alguém suba a bordo de nosso barco e nos ameace, daremos o que quiserem. Não vale a pena morrer por nada que possuímos. Piratas são assaltantes do mar. Só se interessam por coisas de valor. Se dermos o que quiserem, é quase certo que nos deixam em paz. Já tentar atirar com um revólver em assaltantes é arranjar encrenca, especialmente se eles tiverem bazucas.

Ele se detêve por um momento, considerando minhas palavras. Mas voltou à carga:

— Mas e se você tiver que atirar em um tubarão ou algo do tipo?

Evidentemente, a pergunta já me ocorrera, mas, de qualquer modo, não há como tentar argumentar com um homem que coleciona a revista *Shotgun Sports* e mantém sempre alguns exemplares sobre a mesa de centro.

Agora, com dois homens vindo velozmente em nossa direção, as palavras do tio Chuy ecoam em minha cabeça. *Será que as pessoas são mesmo decapitadas por aqui?*

Numa manobra hábil, eles freiam o batel bem a tempo de não colidir conosco, fazendo o barco virar, espirrando água em *Amazing Grace* e cavando um sulco que nos deixa balançando. Rapidamente se levantam, segurando-se no corrimão de nosso barco.

— *Hola* — diz um deles.

Ivan se mostra indiferente, continuando a executar tarefas no deque.

— *Hola. ¿Cómo está?* — responde.

O homem dispara num espanhol muito rápido. Consigo entender poucas palavras, mas percebo que o tom é agressivo.

— *Nada, gracias* — diz Ivan, sem olhar nos olhos deles.

Os homens não vão embora.

Distingo as palavras *gasolina* e *agua* e tento entender sobre o que falam. Será que vão nos ensopar de gasolina, tocar fogo e depois nos jogar na água? Deve ser besteira minha. Estou sendo ridícula... não estou?

— *Nada, gracias* — repete Ivan. — *Despues, por favor.*

O homem prossegue, e volto a ouvir palavras que conheço. *Gasolina, agua, taxi*. Ouço Ivan dizer:

— *Mañana*.

Fazer o que amanhã? Minha cabeça oscila de um lado para o outro, entre Ivan e os dois homens, tentando desesperadamente entender o que se passa.

— *Nada, gracias* — reitera Ivan.

Seja o que for que queiram, não aceitam não como resposta.

— *¿Gasolina, agua, lavado de ropa, taxi, servicios generales?*

Eles estão oferecendo serviços. Relaxo.

— *Nada. Adiós.* — Ivan lhes dá as costas, eles desistem e partem.

O rádio VHF interrompe a transmissão e ouço uma nova voz que nos chama:

— *Amazing Grace, Amazing Grace. ¿Gasolina, agua, taxi?*

Agora compreendo o tom agressivo. Com pouquíssimos barcos chegando a esta cidade desolada, a competição por trabalho é acirrada.

Dobramos as roupas secas ao sol e terminamos o trabalho doméstico. O barco está arrumado, a limpeza feita, e meu humor esfregado até ficar limpo.

Em lençóis recém-lavados, desabamos, finalmente juntos em nosso leito conjugal, na proa. Flutuar em águas calmas é maravilhoso. Pondero que esse é o lado positivo, se é que há algum, de passar pelo inferno.

— É tão bom aqui — digo a Ivan, olhando a enseada desolada a nossa volta, que, depois do fiasco das últimas vinte e quatro horas, parece o lugar mais seguro da face da Terra. — Vamos ficar aqui para sempre?

— Precisamos seguir em frente. A temporada de furacões começa em seis semanas e temos que deixar o México até lá. Descanse. Partimos para Cabo assim que estiver pronta.

— Não podemos ficar pelo menos por alguns dias? — pergunto, mas não obtenho resposta. Ivan está em estado de coma, roncando com tal vigor que parece prestes a tragar o universo a cada vez que puxa o ar.

Deito e fico ainda acordada, ruminando a ideia da viagem que temos pela frente. Estamos a quatro dias de distância de Cabo, nosso último desembarque em continente americano antes de nossa jornada épica rumo à Polinésia Francesa. Quando rumarmos para o Pacífico Sul, teremos chegado a um ponto sem volta, sem nada a nossa frente além do mar, ao longo de um mês. Estaremos vulneráveis a tudo, desde semanas e semanas sem vento até furacões.

Se esta navegação de aquecimento é uma prévia do que temos pela frente, estou ferrada. O que era para ser uma "viagem rápida descendo a costa" se transformou em uma odisseia traumatizante. E ainda não estamos nem na metade do caminho para Cabo.

Estou farta de ondas, de vômitos e do esporte masoquista de velejar em mar aberto. Vi-me sob uma nova luz, e a imagem não é bonita. Tenho sido uma bola de gosma, covarde, espasmódica e inepta — muito distante da corajosa marinheira conquistadora de oceanos de minha fantasia. Na verdade, na condução do barco, sou tão inútil quanto um canivete suíço enferrujado. Por que continuaria a me torturar com isso? Onde fica a linha divisória entre o medo irracional e o perigo real e possível?

Crie coragem e vá em frente!, digo a mim mesma. *Você é corajosa, é forte, você pode fazer isso!*

Mas minhas tentativas de me animar são ridículas. Preciso encarar a verdade: Não posso fazer isso. Não *quero* fazer isso. Se chegarmos vivos a Cabo, nunca mais cometerei o erro de colocar os pés em um barco novamente.

Nunca.

7

— Conseguimos, baby — diz Ivan, batendo os punhos fechados contra os meus e depois me dando um grande abraço, enquanto circulamos pelas espetaculares formações rochosas de Cabo San Lucas, três semanas depois de partirmos de Marina Del Rey.

Essa viagem de mil e trezentos quilômetros deveria ter durado uma semana, mas, depois de longas paradas na baía da Tartaruga e na baía de Magdalena, onde experimentamos tacos de peixe regados a cerveja e nos banhamos ao sol para evitar o confronto com a realidade de nosso dilema, levamos *três semanas*. Agora já estamos em maio, e a temporada de furacões começa em junho. Não temos mais tempo a perder, mas deixamos mais uma vez de lado esse detalhe desagradável para aproveitar o momento.

Conseguimos! Essa conquista mexe comigo. Não achei que conseguiríamos, mas, tendo atravessado o inferno e o mar alto, aqui estamos. Um sentimento cresce de meu íntimo, é algo profundo e desconhecido: um orgulho extremo. É isso que eu procurava: a perspectiva do topo da montanha, o grande "Ah" de meu primeiro pico de adrenalina, e é uma sensação maravilhosa. Sorrio até sentir que os músculos da face começam a doer.

Devoro a beleza deste refúgio apinhado de gente. Jet skis passam por todos os lados da baía. Resorts de luxo e bares cheios recortam a praia em quase toda a extensão. Turistas pontilham a areia branca, buscando curtir o máximo sob o céu sem nuvens. Nunca em toda a minha vida senti tanta gratidão por chegar a um lugar lotado de turistas de tênis branco e pochete. Que contraste com o que foi nossa paisagem nos últimos vinte e dois dias. Quase esqueci que o mundo não é apenas a vastidão do oceano nem uma paisagem deserta e árida.

Deslizando pela baía, passamos por dois enormes cruzadores ancorados. Ergo os olhos, percorrendo a parede vertical de aço, e compreendo o verdadeiro sentido do que acabamos de realizar em nosso pequeno barco.

— Olhe para esse lugar. Viemos até aqui velejando! — digo.

Tenho uma forte necessidade de pegar um megafone e gritar para a multidão: "Oi, gente, estamos aqui! Não precisam mais se preocupar conosco! Nós vencemos o oceano!" Tenho o desejo de golpear a praia com uma bandeira e declará-la conquistada. Meu ego em erupção espera que os banhistas deixem de lado os romances de John Grisham em que estão compenetrados e irrompam numa salva de palmas. *Eu gostaria de uma comemoração simples, por favor, nada muito extravagante, talvez alguns balões, umas faixas e uma banda marcial.* Em vez disso, a multidão continua sua rotina de férias, relaxando ao sol e sem sequer nos notar, apesar de minha radiante aura de orgulho.

Alcançamos a latitude 23°, a região subtropical, e o clima esquentou subitamente, como se tivéssemos acabado de entrar por uma porta da baía com uma placa com os seguintes dizeres: "Compartimento subtropical: por gentileza, feche a porta ao entrar".

Ivan manobra *Amazing Grace* cautelosamente, em meio ao congestionado trânsito náutico em horário de pico. Barcos em festa transbordam de biquínis e corpos musculosos, e só agora me ocorre que há muito tempo não tomo banho nem escovo os cabelos. Será que ao menos me lembrei de pôr as calças? Toco-me para me certificar de que sim.

Ivan aproxima *Amazing Grace* do atracadouro enquanto salto sobre as cordas de segurança para prender o barco. Ergo a cabeça, maravilhada com o sentimento de estarmos em terra. Ivan vem a meu encontro e me aperta num abraço gigante.

— *Te quiero* — diz ele. — Estou muito orgulhoso de você.

Fico pasma.

— Está?

— É claro que estou. Você conseguiu.

Apesar ter me visto covardemente enrolada sobre mim mesma como uma bola; apesar de ter me visto vomitar quase que as tripas; apesar de ter suportado um banho de lágrimas e muco e ter me ouvido dizer algumas dezenas de vezes que íamos morrer, este homem ainda me ama. Mas não é só isso, ele está realmente *orgulhoso de mim*. Este é para casar.

Deixamos o barco e saímos numa caminhada de reconhecimento do lugar. Bancas de artesanato delimitam as ruas, exibindo mercadorias coloridas. São porcarias, mas acho tudo bonito, e é como se eu estivesse sob um certo feitiço. Sei que não preciso de um par de maracas, nem de um sombreiro gigante ou de uma guitarra havaiana, mas, como uma mosca em direção à luz, sou atraída pela profusão de cores e formas. Paro para tocar um holograma da Virgem Maria num santuário montado em uma concha marinha. Amo o jeito brega e desavergonhado com que os mexicanos celebram sua religião.

Vadiamos pelas ruas, tendo como trilha sonora as vozes dos negociantes que competem entre si para ficar com nossos dólares. Seguem-nos por todos os lados, abanando as mãos cheias de panfletos e gritando: "Casais em lua de mel! Casais em lua de mel! Venham! Venham! De onde vocês são? Uma pescaria *para su hombre, señorita*? Um passeio de barco romântico ao pôr do sol em um navio pirata para os pombinhos? Por que estão indo embora? Voltem!"

Vendedores maltrapilhos se aproximam, os olhos arregalados e cautelosos, até que estejam perto o suficiente para dizer, quase cochichando: "Maconha? Vicodin? Vicodin? Dez dólares por pílula". Se este é o preço, o que temos desses analgésicos opiáceos em nossa caixa de medicamentos a bordo vale mil dólares.

É só meio-dia, mas os bares tocam música pop em alto volume para as multidões bêbadas. Estou assustada de ver tantos turistas branco-porcelana virando um trago atrás do outro. Amanhã, a maioria certamente vai acordar de ressaca e com queimaduras de sol, fazendo parecer que levaram uma surra atrás das pernas dada por um tocador de bongô cubano.

Carregando sacos pesados de roupa suja, necessitada desesperadamente de uma boa lavagem, encontramos uma lavanderia. Uma lavanderia! O prazer de encontrar uma máquina de lavar que funciona com moedas não é de desprezar. E caio de joelhos, agradecendo à doce Virgem Maria do holograma os milagres elétricos da humanidade. Não há nada menos romântico do que ter de esfregar as cuecas de seu parceiro. Depois de uma lavagem à máquina, as roupas deixam a secadora em reencarnações mais claras e perfumadas.

De volta às ruas, restaurantes espalham um cheiro de grelhados que faz meu estômago roncar. Escolhemos uma mesa com vista para a marina e, para comemorar, pedimos gaspacho, tacos de peixe e duas frozen margaritas servidas em copos grandes o suficiente para acomodar confortavelmente um peixinho dourado. O sol combina com a tequila, que me infunde um calor de alegria. Logo me sinto ligeiramente alta e dispersa nas coisas ao redor — a tagarelice em espanhol, o cheiro de temperos, as cores berrantes. O sol abraça meu corpo e começa a derreter minha apreensão. A ansiedade acumulada se derrete sob meus pés, deixando para trás uma velha forma de ver e sentir que agora dá lugar a um otimismo feliz e esperançoso.

Consegui! É tão difícil de acreditar. Toda a dor, o desconforto e a tortura que passei para chegar aqui começam a desvanecer. Encarei meu maior medo e continuo viva. O prazer dessa conquista me enche de uma alegria profunda que eu nunca tinha sentido antes. Mesmo que eu nunca mais volte para o mar, vou guardar esse sentimento de superação e conquista por toda minha vida.

Mais uma semana perdida com tacos, margaritas, mariachis e indecisão. Ancorados na baía ampla de Cabo, com vista para as famosas rochas, assistimos por sete dias seguidos ao pôr do sol arroxeando o céu, enquanto navios piratas lotados de casais em lua de mel fazem o caminho de volta ao porto.

A temporada de furacões se aproxima a cada dia, por isso Ivan busca gentilmente me levar a uma decisão — vou sair de Cabo de avião ou velejando com ele? Todos os dias, assim como o sol, nasce e renasce o meu pavor. Tenho evitado o elefante na sala (e um elefante em um barco é de fato grande). Fiz uma promessa a mim mesma de que iria parar com essa coisa torturante de velejar, o que significa que vou ter de ir para casa.

Estamos sentados na praia, cercados de banhistas que tentam num mínimo de tempo o máximo de leitura, bronzeamento e relaxamento de que são capazes durante uma rápida folga.

— Amanhã parece ser um bom dia para zarparmos — diz Ivan, derramando a areia de uma das mãos na palma aberta da outra. — A previsão do tempo fala em dez nós e boas condições para os próximos cinco dias.

Encaro a areia.

— Lembra, baby... A temporada de furacões começa logo e...

— Eu sei, desculpa. Precisamos partir. Quer dizer, *você* precisa partir... Merda. Eu não sei o que fazer.

— Está tudo bem. Não quero pressionar você.

— Ivan... — Pauso. — O que você faria se eu não fosse? Se fosse pra casa e te esperasse na Austrália?

Ele não responde. Apenas começa a soltar a areia de uma das mãos mais rapidamente.

— Não sou uma marinheira — digo. — Sou uma mulher urbana. Nem sou do tipo que gosta de passar muito tempo ao ar livre. Amo arte, cultura e gente e cappuccinos e feiras de artesanato e chão sólido.

Nenhuma resposta, só mais e mais areia, cada vez mais rápido. O silêncio dele me fere as entranhas. Estou apreensiva e ansiosa para saber o que ele está pensando.

— Não sou aventureira, isso eu te digo. — Quero que ele concorde que não sou boa nisso. Que me libere desse compromisso e que este dia acabe.

— Mas você *é* aventureira — diz ele. — Você veio para os Estados Unidos com três mil dólares na conta. Não conhecia ninguém, não tinha emprego, não tinha um lugar pra morar. Você não chama isso de aventura?

— Bom, um pouco, mas...

— Eu percebi isso na hora em que te conheci. Eu amei como, naquele nosso encontro na *taperia*, você estava disposta a experimentar comigo tudo que tinha no cardápio. Você é impulsiva. Não tem medo de tentar as coisas. Tem um temperamento de exploradora. Talvez você não veja, mas eu vejo.

— Mas eu não sou corajosa. Eu tinha essa fantasia boba de que sairia pelo mar mundo afora e me tornaria uma nova pessoa, livre de um medo que carreguei a vida toda. Mas não foi o que aconteceu. Estou ocupando espaço no barco inutilmente, como peso morto.

— Mas, baby, me ouça. Não deixe que isso influencie sua decisão. Eu não preciso que você me ajude, tá bom? Posso cuidar do barco sozinho. Só quero que você venha comigo. Nunca vou te forçar a fazer nada que você não queira. Não sou um babaca que vai te forçar a enrolar cordas, esfregar o deque ou o que quer que seja. Te prometo. Você não é minha escrava, você é a mulher que eu amo. Tudo o que quero é ter você comigo.

Lanço um olhar para a água cristalina da praia. Dois cruzadores estão ancorados ao longe, atrás de nossa *Gracie*. Penso em todas aquelas pessoas nos navios, turistas que compram pacotes em agências de viagens e ficam correndo de um lugar a outro com agendas predeterminadas. Invejo a segurança e o luxo deles, mas também sei que foi o medo que fez com que minha vinda até aqui tenha sido mais emocionante do que tudo que já experimentei até agora.

— O negócio é o seguinte — digo. — Mesmo que a travessia até aqui tenha sido um inferno, cruzar as rochas dessa baía, chegar aqui, foi arrebatador. Tem uma coisa que me deixa curiosa: como seria chegar a uma ilha tropical a quatro mil quilômetros de distância?

— Torre — diz Ivan, pegando minhas mãos. — Me ouça. Eu quero ter essa experiência com você. Vem comigo.

Não respondo.

Andamos pela praia em silêncio, enquanto penso na decisão que tenho de tomar. Se eu não for, Ivan seguirá seu curso pelas ilhas do Pacífico Sul, como tinha planejado antes de nos conhecermos? Ou venderá o barco e desistirá da viagem para ficar comigo? Ambas as opções são horríveis.

Este foi o meu erro. Persegui um sonhador porque me senti atraída por seu espírito livre e seu jeito singular de ver o mundo. Encarcerar meu raro pássaro selvagem numa gaiola para tê-lo sempre ao alcance de meu olhar de admiração é uma péssima escolha. Mataria sua alma. Para que ele possa continuar a ser o que é, só tenho uma opção: me enfiar sob as dobras de suas asas e voar com ele para o esquecimento.

Parte 2
ÁGUA

Somente um tolo testa a profundidade da água com ambos os pés.

— PROVÉRBIO AFRICANO

A JORNADA

Indonésia

AUSTRÁLIA

PORT VILA

BUNDABERG

Vanuatu

VAVA'U

Tonga

Ilhas Cook

AITUTAKI

Ilhas da Sociedade

TAITI › MOOREA › RANGIROA

MELBOURNE

Nova Zelândia

N
O — L
S

1000 MN

ESTADOS UNIDOS

LOS ANGELES

CABO SAN LUCAS

MÉXICO

PACÍFICO SUL

Marquesas
HIVA OA > TAHUATA > NUKU HIVA

Tuamotu
> APATAKI > RANGIROA

de AMAZING GRACE

8

As onduladas colinas do México desaparecem no azul sem fim. Hoje é meu aniversário de vinte e seis anos, e consigo pensar em diversas maneiras de celebrar a ocasião, nenhuma das quais envolve águas profundas. Mas temos de deixar o México imediatamente. A temporada de furacões está chegando e não podemos mais esperar.

Embarcamos num percurso sem volta para o mais remoto lugar a que um ser humano pode chegar. Seremos tragados pela vastidão do oceano Pacífico e, antes de voltar a pisar em terra firme, teremos atravessado, numa longa maratona, mais de um terço da distância que separa a América da Austrália. "Barco pinga-pinga", como se diz no mundo da navegação, é a expressão utilizada para suavizar a ideia de uma expedição de um mês inteiro na natureza selvagem, sem ter outra pessoa com que contar além de nós e tendo como únicas companhias o azul do dia, o negro da noite, a chuva, o vento, as ondas e os humores do oceano, ora amoroso, ora hostil.

Sinto o desejo de uma última visão da terra firme, mas, estando no pico de uma onda alta, já não consigo avistar o México. Respiro em nosso primeiro momento de solidão e sinto as pernas fraquejarem diante da realidade que constato.

Aqui embaixo, em meu berço, aninho-me como num casulo.

Feliz aniversário, digo a mim mesma, tomando uma pílula contra enjoo para comemorar. E começo a devanear, sonhando acordada.

Se isto fosse um filme hollywoodiano, agora seria o momento certo para que a personagem Torre superasse seu medo paralisante, fizesse crescer um par de pernas capazes de se manter firmes ao balanço das ondas e se pusesse à proa do barco, enfrentando o borrifo da água, enquanto uma sinfonia de Hans Zimmer, num crescendo, caminha para o clímax.

Mas isto é a vida real.

E, infelizmente, na vida real não sou uma heroína.

Existe uma raça de cabras denominada "miotônica", ou "cabras que desmaiam", cuja característica é o fato de, quando com medo, serem acometidas de um súbito enrijecimento dos músculos que as paralisa, embora permaneçam absolutamente despertas. Acho que devo ter alguns genes dessas cabras.

Os nervos enfraqueceram meus músculos, turvaram minhas emoções e transformaram a realidade num amontoado de percepções confusas. Embora esse mecanismo de defesa semelhante ao das cabras paralisadas me proteja de um estado de medo permanente, ele também bloqueia sentimentos prazerosos, como otimismo e alegria. Por isso, quando Ivan me diz que estamos há uma semana no mar, respondo desviando momentaneamente o olhar do livro e emitindo um "Ah" indiferente.

— Uma semana no mar! Não é o máximo?

— É — digo, entediada.

Dois dias, três dias, uma semana, não vejo diferença. Os dias têm se tornado, um após o outro, indistintos. E as noites parecem todas idênticas. Clareia e escurece regularmente, mas o tempo parece não avançar, e os dias da semana já não têm sentido. O tempo é medido em milhas náuticas,* e nosso relógio agora é o GPS, onde se lê: "1.900 milhas náuticas até o destino".

Para liberar minha energia contida e fazer passar o tempo, ocupo-me treinando nós que aprendi. Nó de correr, volta do fiel, nó de escota, nó de força.

Enquanto isso, meus olhos fitam o teto do compartimento do navio em que estou, estudando-lhe as curvas, quinas, pontos de ferrugem e parafusos. Tenho familiaridade com cada goteira, uma das quais é impossível ignorar. Escorre bem na junção do mastro com o teto, serpenteia por um

---

* Unidade de distância usada em navegação, equivalente a 1.852 metros. (N. do E.)

caminho sinuoso e se avoluma numa gota que pinga — como que deliberadamente — em meu rosto.

Dia e noite, chuva e água salgada me gotejam a fronte.

Juntos, Ivan e eu tampamos a goteira com trapos e fita adesiva, mas, depois de algumas horas, os trapos encharcam e o rio transborda outra vez, no mesmo curso em direção a minha testa.

Ping. Ping. Ping.

Não me permito o menor sinal de incômodo, assim como fazem as crianças, contendo os músculos faciais para impedir alguns poucos soluços secos.

Mais trapos e mais fita adesiva desviam o rio para minhas pernas, o que entendo ser uma situação aceitável.

— Peixe! — grita Ivan da cabine.

Saio para entender sua excitação. Pequenas ondas rodeando nosso barco se tingem do sangue do sol poente. Sem a obstrução de prédios ou montanhas, o céu de lava incandescente é espetacular. Por um segundo, não há outro lugar em que eu queira estar a não ser sob este teto de labaredas de fogo.

— Temos um peixe! — diz Ivan, rebobinando a linha, que tem se arrastado o tempo inteiro desde que deixamos L.A. Ele exibe um sorriso tão orgulhoso que consigo ver suas gengivas superiores. É um desses raros momentos de extrema autossatisfação, a revelar que esse ser humano é, de fato, descendente do homem das cavernas. *Mim homem! Mim pega peixe!*

Ele puxa para o barco um atum de barbatana amarela, de uns trinta centímetros, que se debate em protesto, enquanto dilata as guelras, como que procurando pela água preciosa. Mas não por muito tempo. Logo tem a cabeça prateada repetidamente golpeada com a manivela de metal do guincho. Ivan repete vários golpes brutais até que a criatura desiste da luta. Sua cauda estremece, enquanto uma sombra lhe cobre os pequenos olhos. Pobre sr. Peixe.

O vermelho tinge o branco da fibra de vidro, e pedaços de carne aderem em diferentes lugares, incluindo a testa de Ivan. Ele se limpa com as costas da mão, removendo o pedaço de carne, ao mesmo tempo em que espalha pelo rosto uma mancha de sangue. Sinto-me tentada a desenhar-lhe na face símbolos de batalha, como fazem os índios, com o sangue do peixe.

Estendo uma faca a Ivan, mas todas as que temos, supostamente feitas de aço inoxidável, estão cegas e carcomidas pela ferrugem produzida pela maresia. Ivan faz o que pode para cortar o atum, mas a lâmina enferrujada não consegue penetrar a carne gelatinosa. Então ele recorre ao expediente de extrair pedaços do peixe com os dentes, simultaneamente filetando o animal e aproveitando a ocasião para um aperitivo.

— Não é possível um jantar mais fresco que este — diz, lambendo os cantos dos lábios ensanguentados.

— Não — digo, reprimindo a ânsia. — Não mesmo.

Dispondo num prato pedaços do peixe enfileirados, Ivan me presenteia com o jantar.

— Sashimi! — anuncia, apresentando com orgulho um prato que pouco tem a ver com a arte e o asseio da gastronomia japonesa.

Fito no prato os restos mortais do pobre sr. Peixe, enfio um naco na boca e engulo.

— Hummm. Não precisava.

Uma onda barulhenta esbofeteia o barco e me acorda com um tranco no meio da noite, fazendo meu coração disparar e produzindo um jato de adrenalina na corrente sanguínea. É noite, a hora em que sinto verdadeiro pavor, porque é quando baixo a guarda e perco toda a capacidade de domínio sobre meu medo.

Respiro, profunda e repetidamente, e aperto os olhos fechados, desejando que o sono me domine, mas é tarde demais. O terror se apodera de mim e me sinto dominada pela ansiedade: *Avançamos velozmente para dentro das trevas. E se colidirmos com um obstáculo? Dar de frente com um destroço qualquer pode partir nosso barco ao meio e fazer com que, em sessenta segundos, tenhamos que seguir a nado nestas águas negras e abissais. Uma única árvore* basta. Quantas não devem estar boiando no Pacífico? Certamente muitas! Espera, que barulho foi esse? Ouvi um estrondo. Será uma delas?

— Não, não, é só uma onda — sussurro para mim mesma, tentando me acalmar. Racionalmente, sei que não há perigo, mas não sei como comunicar essa convicção para a parte de meu cérebro que determina a produção de adrenalina.

Shh! Escuta! Consegue ouvir esse som? É o barulho da água entrando no barco! Estamos afundando!

— É só o barulho da água no casco. Não vamos morrer.

Ouvi alguma coisa. É... uma buzina? Merda, uma buzina de navio!

— Não, é apenas uma corda friccionando o metal. Ouça outra vez... Está vendo? São só os sons habituais do barco sob o céu estrelado. Tudo está em perfeita ordem.

Mas e se foi uma buzina? Talvez eu deva acordar o Ivan.

Olho para Ivan. Deitado em sua cama, tem os lábios entreabertos e um fino fio de saliva liga a boca ao travesseiro, como se estivesse conectado à fronha.

— Não, o Ivan está dormindo. Deixe-o quieto, ele precisa descansar. Se for um navio, o radar deve avisar.

O radar não está ligado, lembra? O Ivan disse que não temos energia para ligá-lo, porque os painéis solares não captaram sol suficiente hoje. Tenho de vigiar o horizonte. E se tiver um navio lá fora?

Subo as escadas, enfiando a cabeça pela escotilha, usando as duas mãos para me segurar no barco.

Minha Nossa Senhora, está muito escuro. Uma onda traiçoeira pode me varrer para o espaço profundo, e o Ivan só vai notar minha falta horas depois. Ele não teria a chance nem sequer de me dar adeus!

— Shhh. Pare de pensar nisso. Está vendo a lua? É a mesma que você conhece desde sempre. A mesma que você vê em terra firme. Não estamos perdidos nas profundezas.

Vasculho o horizonte para me certificar de que não há uma Vênus qualquer crescendo em nossa direção, apesar de saber que é muito improvável que haja, uma vez que já faz dez dias que não vemos absolutamente nada. Erguendo-me na ponta dos pés para enxergar além do para-brisa do barco, capaz de obstruir minha visão, percorro o círculo do horizonte duas vezes. Nenhum petroleiro, nada. Apenas sons molhados na mais pura escuridão.

— Está vendo? — sussurro. — Nada com que se preocupar.

Tiro um cochilo e volto a acordar. Ainda está escuro, e Ivan dorme. Sinto a mudança de ritmo do barco, o que me acorda sempre que acontece, e sei que *Amazing Grace* vagueia sem direção. Toda vez que o barco sai do curso, o marulho muda de direção, fazendo-nos dançar em outro ritmo. Verifico o GPS e confirmo que estamos de fato avançando para lugar nenhum.

— Ivan. — Tento despertá-lo com delicadeza algumas vezes, antes que ele de fato volte à vida, respirando forte, estalando os lábios, esfregando e abrindo os olhos para tomar pé na situação.

— O que foi? — pergunta.

— Saímos do curso.

Ele salta da cama e vai até a cabine, desabilitando o piloto automático e tomando o controle do timão. Devolver o barco a seu curso exige um delicado e complexo equilíbrio de diferentes fatores, tais como o vento, as velas, a velocidade do barco, o domínio das ondas, o controle da bússola e, o mais importante, a colaboração da caprichosa Wendy.

Wendy, nosso cata-vento de alumínio, direciona o barco. Fica no alto da popa, articulada ao leme sob a água, a um pedal no ar e a duas cordas que a ligam ao timão e permitem corrigir o rumo do barco para a direita ou para a esquerda, de forma a manter a direção constante. Wendy guia o barco enquanto dormimos, permitindo que viajemos ininterruptamente, dia e noite. Entretanto, Wendy se comporta como uma dama hipersensível, motivo pelo qual ganhou esse nome feminino, e a menor rajada de vento ou uma única grande onda pode fazer com que se descontrole, levando-nos para o lugar errado. Logo, Ivan tem de ajustar as velas, ajustar o curso e usar toda sua habilidade para fazer com que Wendy colabore. Esta noite, ela está especialmente instável. Depois de muito alvoroço, *Amazing Grace* retoma os passos da dança habitual e volta ao curso.

Mas, em poucos minutos, as ondas mudam de direção e a volubilidade de Wendy nos põe outra vez fora do ritmo. Ivan faz alguns ajustes — um pouco menos de lona, alguns graus ao sul —, mas Wendy se recusa a cooperar. A batalha se estende por algumas horas, até que a luz alaranjada do amanhecer comece a desfazer a escuridão no horizonte e, logo, a se infiltrar pelas portas e janelas. Minha velha amiga, a luz do sol, chegou. Finalmente, posso relaxar num sono profundo.

Quando acordo, horas depois, sinto o galope constante de *Amazing Grace* em curso e me volto para observar Ivan, com o fino fio de saliva que lhe escapa dos lábios.

— FIIIIIUUUUU. — Acordo com o assobio de Ivan.

Não tenho ideia de quanto tempo passei dormindo. Será que hoje ainda é hoje, ou já é amanhã? De qualquer forma, faria alguma diferença?

— O tempo é sempre só um momento — resmungo, em meu delírio sonolento.

— Baby, venha ver — diz Ivan. — Baleias!

Abro os olhos e deparo com Ivan à minha frente, completamente nu não fosse um colete salva-vidas pendurado no peito, como lapelas azuis. Estando completamente sozinhos, nossas roupas se tornaram inúteis já faz algum tempo e, embora já tenha me acostumado a ver suas partes penduradas logo abaixo do apito do colete salva-vidas, a imagem ainda me diverte. Ele tem o rosto branco, coberto de protetor solar, o que faz com que pareça um mímico maquiado para a função: um mímico nu, de colete salva-vidas, me sacudindo para que eu acorde.

— Rápido, venha ver!

Lá fora, a água espelha o céu nublado. Quatro criaturas pretas e brilhantes como manchas negras de óleo ziguezagueiam na água ao lado do barco. Movem-se languidamente, como se estivessem cansadas de uma longa viagem pelo oceano. Pelos corpos afunilados e pelas cabeças redondas, identifico-as como baleias-piloto. Viaja conosco, também, um par de aves marinhas. Estão nos seguindo faz uma semana. Bob e Betty foram os nomes que dei à dupla. O casal de amantes voa e gira ao redor do mastro, pairando próximo, como se sua razão de ser fosse proteger os marinheiros da solidão.

Nossos amigos recarregam minhas energias e me fazem viver aqui e agora. Uma brisa agradável me envolve o corpo nu, e noto que está mais quente e úmido agora. Atravessamos linhas invisíveis e adentramos novas regiões climáticas. O mundo fora do barco é, agora, um ambiente deslumbrante e acolhedor, não mais o apavorante pesadelo que vivi no casulo sob o convés.

— Olá! — cumprimento as baleias quando as vejo pôr a cabeça fora d'água mais uma vez. — Pra onde vocês vão?

Elas afundam e não voltam. Aguardo que reapareçam, mas parece que partiram, nos abandonaram.

— Voltem — digo. — Fiquem com a gente... — Mas elas seguem em sua épica jornada, deixando para trás, sozinho e no vazio, nosso barco vagaroso.

Estamos na metade do caminho entre o continente americano e nosso destino: a Polinésia Francesa. Para comemorar o fato de que talvez tenhamos atingido esse marco, coincidente com o período de exatas duas semanas no mar, nos permitimos banhos de água quente. Penteio os cabelos, desfazendo uma selva de nós. Minha pele está limpa; meu cabelo, sedoso; e passo pelo menos uma hora não fazendo nada além de permanecer deitada, curtindo o perfume de sabonete que se desprende de meu corpo.

Ultrapassamos o pico da jornada; de agora em diante, deve ser o começo da descida. Nosso humor está em alta. Uma descarga de endorfina envolve o barco. Ivan e eu conversamos por horas a fio, falando entusiasticamente das frutas tropicais que nos esperam do outro lado do oceano. Especialmente das mangas.

Para driblar nosso desejo de frutas frescas, Ivan prepara um mate, enquanto eu lambuzo, para nós dois, algumas bolachas com manteiga e Vegemite. Ivan é o único não australiano que conheço que gosta do sabor salgado desse extrato de levedura espesso e escuro.

Ele me oferece um copo de mate, e aceito, mascarando o sabor de tabaco com uma das bolachas. Surpreendo-me, e a Ivan também, pedindo um repeteco. Acabo descobrindo que essa pasta, que é um ícone da cultura gastronômica australiana, se harmoniza perfeitamente com a bebida que é um ícone da cultura argentina.

— Não é tão ruim quando se toma isso com Vegemite — digo, bebendo o chá.

— Estamos tomando mate juntos, baby! — comemora Ivan.

Sorvo outra vez o chá e digo:

— Ahhh!

Ivan sorri, mas logo, sério, diz:

— Isso significa que você *realmente* me ama.

Agora sou eu que rio.

— É claro que amo.

—

— FIIIIIUUUUU — Ivan assobia. — Venha ver a tempestade que está se armando. Deve ser por causa das calmarias equatoriais.

Atingimos uma faixa de clima imprevisível, uma zona temida pelos navegantes. Nessa região, os ventos do hemisfério Norte se chocam contra os ventos do Sul, gerando condições extremamente problemáticas. O momento ideal para passar por aqui foi um mês atrás, mas, tendo prolongado nossa passagem pelo México — quase nos arrastando entre a baía da Tartaruga e Cabo San Lucas, enquanto eu relutava em me comprometer com a travessia —, as calmarias equatoriais ganharam proporções enormes e já não podemos prever quanto tempo vamos levar para chegar ao outro lado, onde predominam os ventos alísios.

Há semanas Ivan vem planejando o melhor momento e o melhor local para atravessar essa região, de modo que nosso percurso seja o mais curto possível. Se tiver feito um planejamento correto, teremos chegado aos ventos alísios dentro de quatro ou cinco dias. Se sua previsão der errado, poderemos ficar presos nas calmarias equatoriais durante semanas.

No convés, sinto calafrios só de pensar no possível mau humor do oceano. O horizonte está repleto de nuvens negras que se comprimem como punhos nervosos. Algumas exibem faixas verticais de chuva. Outras, linhas quase horizontais, que indicam chuva intensa sendo arrastada por um sopro de vento violento. Rajadas mais fortes, descendo sobre o oceano, projetam sombras tão negras quanto a noite. Há agrupamentos de nuvens que são como corpos vivos, dos quais se desprendem raios que se assemelham a línguas de fogo lambendo a superfície da água.

Olho para nosso mastro de metal a quinze metros de altura e me lembro de uma criança cheia de entusiasmo, com o braço estendido para se apresentar como voluntária a responder a uma pergunta da professora: "Quem gostaria de ser atingido por um raio hoje?" *Ah, eu! Por favor, me escolha!*

Não tem como contornar a situação. Nosso destino está do outro lado daquele temporal, e a única coisa a fazer é descer o sarrafo — literalmente — e fechar a escotilha.

O clima oscila como se um dedo diabólico estivesse no comando de um painel de controle: *Ligar a chuva. Desligar a chuva. Ligar o vento. Desligar o vento.*

Da cabine, assisto à espetacular exibição do clima. Gotas grossas caem de nuvens densas, agredindo o capuz de minha jaqueta impermeável. Ivan pega um sabonete e se esfrega debaixo do chuveiro providenciado pela natureza.

Quando a chuva passa, o oceano é uma chapa de metal fundido refletindo o céu, e a umidade se torna densa e sufocante. Como não nos movemos, devido à completa ausência de vento, Ivan liga o motor.

O velho motor martela dia e noite, fazendo nosso cérebro vibrar como gelatina no capô de um caminhão e nos impulsionando através da quietude vítrea, que se parte em ondas quando passamos.

~

Cinco dias após entrarmos na zona de calmaria, fofos cúmulos assinalam a chegada à região dos ventos alísios. Depois de usar o motor do barco durante cinco dias, deslizamos mais uma vez, graças apenas à força das velas. A vibração constante do motor foi substituída pelo som zen de água escoando.

A deliciosa brisa dos alísios refrigera nosso corpo, após dias transpirando na densa umidade das calmarias equatoriais. Passamos o equador. Estamos na reta final. Ivan bate palmas.

— Adivinha! Tenho uma surpresa pra você.

— Uma surpresa?

— É. Uma surpresa muito boa.

— O quê?

— Faltam só mais cinco dias.

— Sério?

— Sério. Temos feito ótimos avanços. Navegamos cento e noventa quilômetros ontem.

Abaixo meu livro, com um sorriso no rosto.

— Então não estamos mais no Meio do Nada?

— Não. Estamos quase lá.

Abro um sorriso largo. A civilização está a apenas uma semana útil de distância. O entusiasmo me causa uma sensação de agitação nas vísceras.

Na cabine, sento-me ao sol e raspo as pernas com uma lâmina. A água ao redor tem um lindo brilho de neon azul. Assobio uma canção feliz, sentindo-me desperta como há muito não me sentia. Tomamos banho com água aquecida pelo sol, e faço espuma por toda parte. A brisa refresca minha pele molhada e me sinto feliz. *Muito feliz*. Agora é a minha vez de sorrir mostrando as gengivas.

Nossas aves continuam voando em círculos ao redor do mastro e, mesmo Ivan me dizendo que são diferentes das que estavam conosco antes, ainda as chamo de Bob e Betty.

— Olá! — chamo-os em voz alta. E elas respondem com elegantes voos rasantes, subindo e baixando, sempre em círculos.

Perco-me em devaneios, imaginando nossa chegada. Mais conversas sobre frutas tropicais ocorrem ao redor do barco — é nosso tópico favorito. Podemos ficar nesse único assunto por horas, especulando sobre mínimos detalhes, para passar o tempo. Falamos principalmente sobre mangas.

— Gosto das doces.

— Gosto das azedas.

— Gosto das que são metade verde, metade laranja.

— As amarelas são minhas favoritas.

— Você pode acreditar que estaremos comendo mangas em apenas cinco dias?

Fazemos o tempo passar relatando histórias de infância um pouco embaraçosas, relembrando outras ora divertidas, ora de partir o coração. Quando acabam as histórias, começamos joguinhos bobos do tipo perguntas sobre futilidades do mundo pop. Ivan domina o jogo, porque — fico perplexa ao descobrir — está atualizado em relação às fofocas de celebridades e assistiu a todas as temporadas de *Project Runway*.

Depois de nos entediarmos com essas trivialidades, começamos a fazer uma bandeira francesa. Na mesa da sala, recorto um retângulo de uma lona sobressalente, depois faço alguns orifícios e insiro argolas que servirão de ilhoses. Ivan trabalha com pincel e tinta vermelha; eu, com azul. Revezamo-nos tirando fotos para o registro desse significativo evento. Uma bandeira da França — um novo país, uma nova cultura e uma nova língua —, pronta para ser içada em apenas *cinco dias*.

Somente quando olhamos as fotos, já com a bandeira pronta, é que notamos estar impropriamente vestidos para a ocasião. Rimos a cada foto, contemplando as imagens como se estivéssemos diante de um livro da série *Onde está Wally?*, buscando os elementos estranhos em cada uma. Aproveitamos para anotar um lembrete para nós mesmos: vestir roupas daqui a cinco dias.

— Mais quatro dias. — É a primeira coisa que digo a Ivan quando acordo no dia seguinte.

Ele franze as sobrancelhas, parecendo cansado, e depois meneia a cabeça como quem reprova a si mesmo.

— Desculpa, cometi um erro. Ainda faltam cinco dias.

Fecho o sorriso, aguardando o fim da história.

— Avançamos muito pouco a noite passada — diz ele. — Foi nossa pior noite até agora. Viajamos só doze quilômetros, uns sessenta e quatro quilômetros menos do que tem sido a nossa média. Eu não conseguia fazer a Wendy funcionar, então dei uma cochilada e, enquanto dormia, o barco ficou à deriva por um bom tempo e a corrente nos empurrou na direção errada.

— Ah. — Faço o possível para esconder meu desapontamento.

— Mas não se preocupe, baby, porque são só mais cinco dias! — ele diz, agitando-se, batendo palmas e tentando reavivar nosso entusiasmo de ontem.

— Eba — digo, balançando os pés e as mãos sem conseguir disfarçar a inquietude e lançando um olhar em direção ao alto. — Mais cinco dias.

~

Na manhã seguinte, Ivan aparenta esgotamento físico, e os olhos estão vidrados. Sei que a notícia é ruim.

— Deixa eu adivinhar... mais cinco dias? — digo.

— Outra noite ruim, desculpa. Mais cinco dias. Desta vez, *realmente* mais cinco dias. Devemos chegar lá no vigésimo sexto dia.

Ele não se dá o trabalho de prosseguir dando sinais de entusiasmo. Ambos falhamos na tentativa de esconder nosso desapontamento, e nosso moral baixou perigosamente.

Mais cinco dias, desde que não sejamos levados na direção contrária, ou peguemos tempo ruim, ou afundemos, ou sejamos atingidos por um óvni que despenque do céu...

Desço para o interior do barco, para me refestelar num pessimismo fétido e pegajoso. Na verdade, abandono a ideia de que vamos chegar algum dia. É menos excruciante assim.

~

A luz da alvorada do vigésimo sexto dia me desperta. O GPS registra que faltam apenas vinte e nove quilômetros, mas ainda não avistamos nenhuma evidência do fato, nada que sinalize ou lembre terra firme.

Ivan vasculha o horizonte há horas e tem o rosto vincado de linhas que indicam preocupação, uma expressão que eu nunca tinha visto nele.

— Por que você está preocupado? — pergunto.

— Não estou.

— Parece.

— Não estou preocupado.

— Sei que você está, posso ler isso em você. Passamos juntos cada dia dos últimos cinco meses. Você está preocupado. Confesse.

— Tá bom, estou preocupado.

— Por quê?

Ele cai num riso meio desajeitado, algo que faz só quando está nervoso. Tenta parar de rir, apertando os lábios, mas lhe escapam ainda algumas risadas nervosas.

— Esquece. Honestamente, não é nada — diz, ainda entre risos.

Ah, não, deve ser sério.

— Por favor, me fala?

— Não é nada. Está tudo bem, está tudo bom. Por favor — ele me fita nos olhos com uma expressão que demonstra que está escondendo suas preocupações para meu próprio bem —, esquece, baby. *Por favor?*

Voltamos a mirar o horizonte, esperando que Hiva Oa apareça como uma miragem que vai aos poucos se adensando até virar realidade. Acabo de perceber: Não chegaremos hoje. É isso que Ivan está escondendo.

O dia está escuro e não desperta esperanças; as nuvens parecem inquietas e carregadas. Uma chuva forte se precipita em gotas suicidas, enquanto as ondas se encapelam em picos cheios de esperança, que logo se desfazem e voltam ao nada. O horizonte é tão deserto quanto o olhar de um homem morto. Bato em retirada para a cama.

Assobios frenéticos me despertam do coma.

— Fiiiiuuuuuu! Fiiiiuuuuuu! Baby, venha ver! Fiiiiuuuuuu. Terra firme!

Subo ao convés e miro o horizonte na direção em que aponta o dedo de Ivan. Ele parece eufórico, engasgando na própria respiração curta. Procuro por sinais de verde, palmeiras curvadas e margens arenosas, mas vejo apenas mais vazio.

— Não consigo enxergar — digo, com a voz abafada e trêmula.

— Bem ali — diz ele, apontando para o horizonte vazio. — Está vendo?

— Não. Onde? — Estou à beira das lágrimas. Isso é um truque? Ainda temos mais cinco dias de viagem?

Ele me puxa e me envolve nos braços, passando-os sobre meus ombros e apontando a partir de minha linha de visão.

— Bem ali. Está vendo?

Meus olhos se demoram no ponto que ele está indicando. Algo estranho emerge das nuvens, como uma mancha acidental de carvão num desenho. Fito por um longo tempo, tentando decifrar o que vejo, e de repente aparece: a mancha é o topo de uma montanha íngreme! A base da ilha está encoberta por nuvens, fazendo-a parecer um pináculo flutuando no céu.

— Ah, sim — digo hesitante, ainda pessimista em relação ao fato de chegar a nosso destino algum dia. Tenho a mente ocupada por frases ansiosas: *Algo ainda pode acontecer. O vento pode parar. Podemos afundar. Podemos ser atacados por orcas!*

— Apenas algumas horas, três no máximo — diz Ivan, dando-me tapinhas nas costas. — Estamos quase lá.

Inspiro, profunda e nervosamente, e prendo a respiração.

Na parte de baixo do barco, Ivan liga o rádio para ver se estamos recebendo sinal FM da ilha. No meio do ruído denso da estática, ouve-se aos poucos uma música que surge como nossa primeira impressão da exótica cultura polinésia. Ivan continua a sintonizar o rádio e, de repente, ouvimos uma música familiar, que soa alto e claro. É "My Humps", do Black Eyed Peas.

— Humm, isso sim é surpresa — diz Ivan, desligando o rádio.

Acordo com uma mudança no ritmo do barco. Os nervos me nocautearam duas horas atrás, derrubaram-me como a uma cabra miotônica.

Na cabine, Ivan estica o pescoço enquanto segura o timão. Atrás de nós, ondas grandes e preguiçosas se avolumam nos picos e nos impulsionam. Surfando por seus declives e dobrando nossa velocidade, *Amazing Grace* recorta a água com um *shhhhhh* de satisfação.

A mancha de carvão é agora um colossal muro de pedra à minha direita, uma assustadora ilha que se ergue das profundezas.

— Hiva Oa — sussurro para mim mesma, atordoada pela visão dessa ilha de fantasia, esse mito que agora está bem a minha frente. Acho que nunca acreditei que fosse real.

Observamos a terra firme em silêncio, perplexos. Parece vibrar com uma energia tal que é como se todos os marinheiros que aqui chegaram antes de nós tivessem deixado, pairando no ar, o sentimento de alívio que sentiram ao contemplar a ilha de perto. *Ufaaaaa*, diz a brisa.

O sol atravessa as nuvens pejadas de chuva, e a ilha se revela sob o holofote dourado. As palmeiras, a selva densa, a cadeia de montanhas recortadas que se precipitam abruptamente até os vales verdes. Hibiscos vermelhos e buganvílias rosa são manchas coloridas dispersas no verde intenso.

Inspiro profundamente e percebo que já há algum tempo vinha prendendo a respiração. Na verdade, não me permiti respirar de verdade nos últimos vinte e seis dias.

— Sente esse cheiro?

— Sinto.

Inspiro lentamente, deixando que os aromas falem também a minhas papilas gustativas. Cheiro de terra molhada, de flores. E o odor doce e picante da decomposição da natureza: este é o cheiro de terra firme.

— Mastros! — grita Ivan, avistando barcos a vela depois da arrebentação. — Esta é a baía de Atuona. Maravilha, nossos mapas estão perfeitos. Eles nos trouxeram com precisão ao lugar certo.

Fico boquiaberta quando percebo por que ele estava tão nervoso: tinha medo de que não encontrássemos uma ilha aqui! Fico contente que ele tenha guardado o medo para si. Viajar vinte e seis dias num abismo azul, só para encontrar mais mar aberto onde deveria haver uma ilha, é um dos piores pesadelos que agradeço nunca ter sequer imaginado.

Ivan contorna a arrebentação e conduz o barco a um pequeno porto, onde se encontra ancorada uma verdadeira congregação de ciganos do mar, procedentes de diferentes lugares do mundo. Alguns descansam na cabine, uns leem, outros bebem cerveja ou cuidam do barco. Uma profusão de diferentes bandeiras esvoaça ao vento: Japão, Austrália, Noruega, Estados Unidos. Um marinheiro para o que está fazendo e nos dirige uma saudação entusiástica. *Bem-vindos!*, seu largo aceno diz. *Parabéns!*

Um pequenino garoto de pele marrom, das ilhas Marquesas, passa por nós, veloz e sério, remando sua canoa e atento ao rumo. Acenamos para ele, e o garoto, de não mais do que quatro anos, nos devolve um melódico *Bonjour*.

Encontramos um lugar entre outros barcos. Ivan corre até a proa e solta a âncora na água verde-oliva. *Amazing Grace* se acomoda em seu tirante; é um garanhão orgulhoso de ter mantido seus cavaleiros a salvo. Num último movimento, detém-se graciosamente.

— Saltamos a poça — diz Ivan.

Ele olha para mim e nos fitamos silenciosamente, ofegantes, sorvendo o ar, trêmulos. Jogo-me em sua direção e o trago para mim, num abraço apertado, forte, sentindo nossos corpos.

— Estamos aqui, baby — diz Ivan. — Conseguimos.

9

O bote avança rapidamente na direção de uma paisagem rochosa, e saltamos em terra firme. Minhas pernas tropeçam como as de um bezerro recém-nascido antes de encontrarem caminho sobre o chão imóvel.

Estamos ambos exaustos demais para ser capazes de juntar palavras em frases coerentes. Nosso diálogo não passa de uma troca eufórica de monossílabos e palavras isoladas, como dois pássaros intercambiando chilreios líricos, estalidos sonoros e assobios. Minha boca diz coisas sem sentido às quais Ivan responde com balbucios, e mesmo assim nos entendemos perfeitamente.

Andando ao léu, estamos atentos a tudo. Com certeza, dinossauros se sentiriam à vontade aqui. O lugar é selvagem, quente e verde. A ilha é tão fértil que a grama parece crescer bem diante de meus olhos. A selva indomada espreita à margem das estradas, ameaçando rastejar e devorar os fios da rede elétrica e as estradas pavimentadas assim que lhe dermos as costas. Aqui e ali, entrevê-se um teto de estanho ou de telhas no meio da vegetação emaranhada e densa, que parece necessitar de desbaste diário, como a barba de um homem que tem de manter a aparência asseada.

Conseguimos! A percepção desse fato me mantém agitada e lúcida, arrancando-me aos poucos da espessa névoa de torpor em que me mantive por um mês. Paro para observar e me maravilhar com a ilha de Hiva Oa, sentindo o perfume de chuva fresca em botões de flores recém-abertos, contemplando o balanço dos coqueiros movidos pela brisa morna, abanando suas folhas, ostentando seus frutos.

Volto-me para Ivan e vejo seus olhos fixos na paisagem, apaixonado pelas formas e contornos. Continuamos a emitir chilreios, estalidos e assobios.

O cais está cheio da vivacidade e dos sorrisos alvos dos polinésios. Crianças brincam à beira d'água, buscando alívio e refresco contra o calor. Mulheres de formas sinuosas e vestidos estampados com lindas flores de hibisco parecem ter saído de um quadro de Paul Gauguin. Tatuagens são moda aqui, e, para onde quer que olhe, as vejo. Estão em braços, belas panturrilhas e, às vezes, até no rosto de alguns homens.

Ivan me faz prestar atenção em um homem com a mais impressionante que já vi. Formas negras entrelaçadas compõem um desenho ousado que lhe recobre todo o braço, subindo pelos ombros e chegando até as costas.

— Eu quero aquela — diz Ivan, apressando-se para perguntar ao homem onde a tinha feito.

Após uma conversa que parece um jogo de adivinhas com um nativo falante de francês, Ivan retorna sem fôlego, tamanha sua empolgação.

— Ele disse que fez a tatuagem em Tahuata, com um tatuador chamado Fati. Daqui podemos seguir para lá!

Mas, por enquanto, temos um assunto urgente a resolver. *Encontrar comida fresca.*

Depois de passar dias, na verdade quase um mês, sem comer outra coisa além de enlatados, sinto um desejo tão desesperado por verduras que preciso me segurar para não me pôr de quatro, pastando a vegetação à beira da estrada. Cozinhar não está entre minhas paixões, mas há dias sonho com receitas elaboradas com ingredientes como cenoura, tomate, manga, berinjela, laranja, espinafre, banana, pepino, bife e peixe. *Peixe!*

Ter desejo de peixe quando se está em pleno mar é particularmente aflitivo. Ivan e eu temos de reconhecer que jamais ganharemos um troféu de pesca, a menos que se premiem pescadores pela insistência. Certamente, bateríamos o recorde mundial de maior tempo de permanência de anzol na água sem uma única mordida na isca. Com exceção de alguns pequenos atuns no começo da viagem, nossas linhas não pegaram nada além de ferrugem.

Perambulamos por Atuona, a vila principal da ilha, e encontramos o maior supermercado que existe aqui, só um pouco maior que uma loja de esquina. A cidade tem um modesto número de estabelecimentos comerciais para servir a pequena população: um banco, duas casas de gêneros alimentícios, algumas de roupas e uma galeria de artesanato que não funciona todos os dias.

Percorro agilmente os corredores do supermercado, passando por pirâmides de latas, pilhas de jarras e fileiras de pacotes de grãos. Para minha grande decepção, os únicos itens frescos à disposição são sobras, no fundo de um cesto de vime, de alho, cebolas e algumas batatas que mais parecem cotovelos de velhos.

Estaco em meio à loja e começo a andar em círculos, desorientada, voltando sempre ao mesmo ponto.

Ivan aparece com uma cesta de compras vazia.

— Não consegui encontrar nenhum tipo de carne — diz.

— Também não encontrei nem frutas nem legumes! — reclamo. — A ilha está coberta de árvores frutíferas, eu vi em todos os lugares. Não faz o menor sentido. E nenhum peixe fresco à venda também? A única coisa que consegui encontrar foi uma lata de atum. — Levanto o cesto de compras.

— Bom, imagino que as pessoas não gastem um centavo com coisas que podem cultivar ou simplesmente colher no próprio quintal.

— Droga — digo. — Não imaginei que isso pudesse acontecer. Há semanas venho planejando verdadeiros banquetes: minestrone de legumes, cogumelo recheado com ervas frescas, cebola, espinafre e queijo feta... — Paro de falar para engolir a saliva. — Bifes malpassados, cortados finos, servidos em uma cama de alface com aspargos e limão e...

— Isso tudo parece muito bom — interrompe Ivan. — Mas estamos no paraíso, e este é o mercado. Não estamos mais na cidade grande.

— Já percebi — digo, ofendida pelo tom dele. — Vinte e seis dias em mar aberto me ajudaram a perceber.

— Desculpa — seu tom é mais ameno. — Quero que você se sinta feliz, só isso. Tenho certeza de que vamos encontrar o que queremos, se continuarmos procurando.

Caminhamos pelo acostamento em busca de nosso éden de comestíveis, tomando pancadas de chuva de encharcar, alternadas com um sol quente de rachar. As montanhas altas da ilha são verdadeiros ímãs para nuvens sempre carregadas, que produzem chuvas torrenciais a cada vinte minutos.

A transpiração das árvores retroalimenta a dinâmica de chuvas da floresta cheia de vida, do cricrilar dos grilos e do canto dos pássaros.

Imaginei que essas árvores estariam carregadas de frutas. E estão. Mas há algo inesperado entre nós e elas: cercas de propriedades privadas.

As frutas pendem poucos centímetros além do alcance de nossas mãos. Olho para os lados, para ver se tem alguém vigiando, antes de avançar em uma banana com os dedos grudentos. Não há como fazer isso sutilmente; chegar até a fruta implica uma atitude invasiva e o ato de furtar, fazendo de nós criminosos, pois avançamos na mercadoria que cresce a nossa frente pelo menos a intervalos de três árvores.

Frutas caídas no chão sujo parecem zombar de nós. Revolvo algumas com os pés, procurando uma que possamos comer, mas os pássaros já ficaram com as melhores partes. O que sobrou está cheio de insetos ocupados no trabalho de decomposição. O cheiro de fruta apodrecendo é inebriante e, por um momento, chego a cogitar remover os insetos e meter os dentes na polpa doce como néctar.

Continuamos procurando, subindo colinas íngremes e percorrendo estradas sujas e cheias de casas, já com as pernas trêmulas pelo esforço de andar, de que nos desacostumamos pela longa permanência no mar. Passamos por crianças brincando nas ruas e por cachorros latindo em advertência de que devemos manter distância. Trilhando uma estrada deserta, nos vemos frente a frente com um touro solto, que bloqueia nosso caminho e nos encara com olhos que dizem: *Voltem já*. Intimidados, damos meia-volta, desapontados diante do fracasso de nossa missão.

Logo que começamos a descer a colina, em nosso caminho de volta, avistamos um cartaz de beira de estrada: "Fruits pour la vente". Não conseguimos refrear o riso e disparamos num galope pelo caminho que conduz à casa indicada pelo anúncio.

Um senhor idoso abre a porta.

— *Bonjour*. Frutas, *s'il vous plaît* — diz Ivan.

— *Oui, oui* — diz o camponês, indicando com gestos que o sigamos.

No quintal, ele pega uma vara com pontas em garra e colhe uma enorme fruta verde, numa das muitas árvores frutíferas que se erguem acima de nós. Logo tira do bolso uma faca, parte a fruta e nos oferece um pedaço.

— *Pamplemousse* — informa.

É uma toranja "anabolizada", quatro vezes maior do que as que já vi e de um tom mais claro de verde. Mordo um pedaço e o suco escorre, molhando-me o queixo e o pescoço. O sabor é fresco, ácido e doce ao mesmo tempo, um dos mais exóticos que já provei. Reviro os olhos e recupero a cor, saciando meu desejo.

Percebo que estou gemendo de prazer, ao ver o homem dando sinais de incômodo. Ele resmunga alguma coisa em francês cuja tradução deve ser algo como: "Por que não vão para um quarto?" O prazer que Ivan e eu sentimos ao devorar a fruta se tornou quase obsceno.

Pedimos ao fazendeiro tantas frutas quanto possamos carregar nas mochilas, nas mãos e sob os braços. De outra árvore, ele colhe uma sacola de rambutãs peludas, do tamanho de bolas de golfe, que parecem prestes a criar pernas e sair correndo. O que certamente não ocorrerá enquanto eu estiver por perto.

Ele pesa as frutas em uma velha balança e digita números em uma calculadora. Não tenho ideia de quanto vai custar, mas trago um maço de notas amassadas no valor de mais de cem dólares, que estou disposta a torrar nessas frutas.

Ele levanta a calculadora e o visor mostra a cifra de onze dólares. Pago e nos apressamos a sair dali com nossa maravilhosa provisão de frutas.

Mais além da venda de frutas, ao lado da estrada, encontro uma barraquinha cheia de suculentos pedaços de carne rosada. Seria...?

— Atum albacora, seis dólares o quilo — o dono da tenda nos diz. — Pescados esta manhã.

Já gastamos dez vezes mais que isso em iscas perdidas. Encantados com a "pescaria", levamos um bom pedaço de atum para o barco, ao qual voltamos inflados de orgulho, como se fôssemos pescadores bem-sucedidos, esquecendo por um momento que conseguimos nossa presa em uma vendinha. Preciso me conter para não fazer uma foto do atum rosa como se fosse a caça do dia.

No barco, fatiamos o atum em pedaços para um sashimi, que devoramos com um excesso de frutas, embriagando-nos de proteína e vitamina C até desmaiar, saciados, empanturrados, febris de tanta frutose.

O canto dos pássaros penetra o mundo de meus sonhos. Amanhece e logo noto que minhas faces estão pegajosas de suco de fruta seco.

Não ouço o marulho do alto-mar. Por que não escuto ruído de água escorrendo pelo casco? *Onde diabos estamos?*

Lembro. Rindo sozinha e extremamente desperta, giro o corpo na cama para ficar de frente para Ivan.

— Bom dia. — Estou feliz e não contenho o desejo de lhe beijar os lábios. — Estamos aqui. Estamos nas Marquesas.

Ansiosa por ver, de uma perspectiva diferente, o lugar pelo qual cruzamos o mar profundo, levanto-me num salto para dar uma espiada lá fora. O que vejo me extasia. Um luminoso arco-íris se estende de uma ponta a outra da entrada da baía, suas cores tão vivas e intensas que parecem irreais. Cada faixa do espectro é densa a ponto de causar a impressão de que é possível nos dependurar nelas. Uma das extremidades do arco-íris se ergue de um ponto recoberto por uma vegetação exuberante; a outra pousa a estibordo. Emergindo do mar, picos espetaculares, esfumados na neblina, compõem o plano de fundo, enquanto nossa bandeira francesa se agita ao vento em primeiro plano, pintando uma cena tão significativa que parece montagem.

Ivan sobe ao convés trazendo a câmera. Faz algumas fotos em que pouso acompanhada do arco-íris; é quando lembro que estou em um ancoradouro cheio de embarcações, onde se espera que as pessoas se vistam. Desço para vestir algo, agradecendo a mim mesma pelo fato de ter me lembrado de vir ao convés ao menos de calcinha e sutiã.

Embriagados de frutas, ar fresco e cultura marquesa já há seis dias, tomamos sol no convés, enquanto, com a tesoura, aparo os cabelos de Ivan, tentando reeditar, na cabeleira excessivamente crescida, o corte que ele costumava usar em San Francisco.

— Ei — digo, fazendo os contornos do cabelo, caprichando no corte. — Ouvi rumores sobre uma ilha próxima daqui, chamada Nuku Hiva, em que há uma feira livre de frutas e vegetais, no cais, aos sábados. Dizem que começa às quatro da manhã. Muitos marinheiros vão até lá porque é o único lugar nas Marquesas em que se encontram vegetais europeus. O lugar tem uma cafeteria com internet também. Pensei que podíamos ir até lá, depois que você fizer sua tatuagem em Tahuata e...

— Nuku Hiva? — ele interrompe. — Fica a dezesseis horas daqui. Você realmente quer viajar *dezesseis horas* e acordar às três e meia da manhã, a troco de vegetais e e-mail?

— É claro que sim. Você não?

— Não; na verdade, não.

Detenho-me no corte para fitá-lo nos olhos, chocada. Será que ele não sente vontade de saladas e vegetais frescos? Será que não está disposto, como eu, a dar um dedo por um tomate?

— Mas, Ivan, você não quer comida fresca? Você age como se tivéssemos outra opção por aqui.

— Tem razão, mas não gostaria de sair da minha rota para ir às compras numa mercearia. Eu prefiro ir a um dos paraísos isolados que são o melhor deste lugar.

Meu queixo cai.

— Um paraíso isolado? Você está de brincadeira? Isso aqui *é* um paraíso isolado! — Ergo as mãos apontando para o que há ao redor, e mechas loiras de Ivan me escapam dos dedos e são logo levadas pela brisa amena.

Ele meneia a cabeça, discordando.

— Os atóis de Tuamotu são muito mais isolados. Não tem nenhum aeroporto na maior parte deles, e não há nada lá a não ser água e praia. Nuku Hiva é a ilha mais populosa de todas as Marquesas. Tem milhares de pessoas, lojas, restaurantes e mercados.

Fito-o, abrindo e fechando os olhos, sem entender a razão de seu tom negativo ao enumerar as fantásticas características da ilha. Nuku Hiva pode até ser a ilha mais populosa das Marquesas, mas, estando localizada no vazio azul entre o Havaí e o Taiti, dificilmente pode ser chamada de meca da indústria e do turismo. Só tem *um* hotel.

Com uma toalha, limpo as mãos cheias do cabelo de Ivan e guardo a tesoura.

— Ivan, tem uma cafeteria com internet em Nuku Hiva, bem no cais. Podemos mandar e-mails e fotos e ter notícias do mundo.

Ele dá sinais de enfado.

— E que boas notícias podemos ter? O último sequestro? A recessão econômica? O aumento de preço dos combustíveis? Talvez o último babaca que entrou na corrida à presidência. Fantástico! A história sempre se repete, e eu não vejo por que desviar da nossa rota para ir ao encontro das velhas besteiras que continuam acontecendo na civilização.

— Mas, Ivan, eu quero mandar e-mails...

Tum, tum. Batidas na lateral do barco interrompem nossa discussão. Uma voz em que se pode notar o sotaque americano se ergue, melodiosa, de algum lugar ao redor do barco.

— *Ding-dong!* Oláááá! Alguém a bordo?

Olho para fora do barco e vejo uma mulher com um bronzeado intenso, num caiaque. Ela estende o braço e aperto sua mão molhada.

— Olá, meu nome é Leslie. Qual é o seu?

— Torre. Este é o Ivan.

— Ah, oi. O que estão fazendo de bom? Estou passando só pra dizer um oi. Estou naquele barco ali — ela aponta um iate elegante em cujo casco se lê *Red Sky*.

Ela parece muito jovem para ser dona de um iate de cinquenta pés. Lembro-me de tê-la visto hoje, mais cedo, estirada na parte da frente do convés, reforçando o bronzeado já intenso, produzido por raios solares amplificados centenas de vezes pela fibra de vidro branca e pelos muitos acessórios de aço inoxidável, polido como espelho, que compõem o iate.

— Não gostaria de subir a bordo? — pergunta Ivan, enquanto Leslie, adiantando-se ao convite, já passava uma das pernas sobre as cordas de proteção.

— Então aquele é o seu barco? — pergunto a Leslie, enquanto removo os restos de cabelo da pele suada de Ivan.

— Não, não é meu. Sou membro da tripulação. Vim de San Diego. Steve e Carol são os donos do barco e me pediram que os ajudasse. Eles já são bem velhos, tipo uns sessenta anos ou coisa assim. Velejam já faz muito tempo, tipo uns quarenta anos. Costumam dormir supercedo e tal... e são chatos pra cacete, cara.

Leslie fala como uma adolescente, mas aparenta ter trinta e poucos anos.

— Mas eu já tinha velejado antes — diz ela —, com o Rusty, ele tem um iate. Eu e o Rusty fizemos toda a costa do México no barco dele. O Rusty é músico, já gravou um álbum. Tenho algumas cópias, depois dou uma pra vocês. Ele canta, toca guitarra, é tipo, demais.

— Rusty?

— É, o Russell, meu namorado. Bom, tecnicamente meu "ex-namorado", pra ser mais exata — ela diz, gesticulando no ar um sinal de aspas. — Não estamos juntos no momento. Bom, na verdade, acho que já faz, hummm, uns três anos. O Rusty e eu nos divertimos muito no México. A gente pescava todos os dias. Eu fazia churrasco com os peixes. Eu domino essa arte...

Ela faz uma pausa para respirar e engolir, e aproveito a oportunidade para entrar na conversa.

— Na verdade, nós fizemos a mesma coisa. Acabamos de cruzar o oceano vindo do México e...

— As coisas não deram muito certo com o Rusty — continua Leslie —, mas eu amo velejar, de verdade. Por isso, quando o Steve e a Carol pediram que eu me juntasse a eles, falei, tipo: *Demorou!* Só que foi chato pra caralho cruzar o oceano com eles; sério, cara, um verdadeiro porre. Mas, de qualquer forma, estou feliz por estarmos aqui agora, este lugar não é lindo?

— É verdade, estou muito feliz por estarmos...

— Ei, o que vocês vão fazer mais tarde?

— Temos que ir ao banco, dar entrada na alfândega e na imigração e depois...

— Legal. Posso voltar mais tarde, se toparem? Podemos fazer umas bebidinhas.

— Ah, bom, nós estamos...

— Ótimo então, que tal às seis? *Eles* já vão estar dormindo até lá, e aí posso pegar o caiaque. Eles são muito velhos e chatos. Estou pirando. Meu, pode crer, *eu preciso de gente jovem*! Bom, foi ótimo papear com vocês. A gente se vê mais tarde, galera. *Au revoir.*

Ela entra no caiaque, dá algumas remadas, para e se volta em nossa direção.

— Vocês têm bebidas aí, né? Estou sem nada lá. Normalmente eu, tipo, trago alguma coisa, mas não sobrou nada. — E acrescenta a seguir, naquele seu jeito cantado de falar e em tom agudo: — *Eu tomei tudo.*

— Sim, nós temos um pouco de vinho — digo, e ela larga os remos para exibir os dois polegares entusiasticamente erguidos no ar. Temos guardadas dez garrafas de tinto, que viajaram conosco até agora. São presentes que reservamos para nós mesmos, para ocasiões comemorativas, como as vezes em que concluímos uma travessia mais distante da costa.

Faz quatro semanas que não conversamos com um estranho, e estou ansiosa para socializar com qualquer um e com todos que se aproximarem. Ainda meio chapada de adrenalina com a nossa travessia, estou cheia de histórias para contar e de experiências para compartilhar. Mesmo com Leslie, um encontro social parece ser um bom plano. Não que a gente tenha muita escolha...

No banco, uma longa fila de ilhéus suados aguarda atrás de nós, se abanando com movimentos rápidos de pulso. Um pequeno ventilador gira no teto, sem produzir qualquer refresco, apenas rangidos. Ivan conversa com o caixa do banco, uma mulher, no que ele acredita ser francês, mas ela não o compreende. Estamos segurando a fila.

O espanhol e o inglês de Ivan são perfeitos, e mais de uma vez ele deixou espantados os nativos mexicanos quando, com aquela aparência de gringo, de pele clara e cabelo loiro, esgrimiu um espanhol impecável, desembainhando a palavra como uma espada e a utilizando com maestria. Mas, na Polinésia Francesa, sua espada linguística está mais para uma varinha de bambu flexível. O melhor que ele pode apresentar é um "espanfranglês", em que se percebe um forte sotaque americano.

— *Où est la bank check intercambio trois mille dollars?* — repete, sem resultados práticos.

O rosto da mulher do caixa estampa um olhar vazio e desorientado.

— Hum... *je ne comprends pas*. — Ela não o entende.

Precisamos sacar um cheque de três mil dólares para pagar a taxa de repatriamento exigida pelo governo. A tarifa — coletada na partida — existe para desencorajar os navegantes de se aposentarem, lançando âncoras no solo marítimo destes trópicos. É fácil de entender a exigência, porque esse é um fato comum por aqui.

Mas a comunicação com a mulher do caixa está se mostrando problemática e, se não pudermos sacar o valor da taxa, não vamos conseguir dar entrada na alfândega e na imigração. Mesmo já tendo conhecido parte da ilha e provado suas frutas deliciosas, tecnicamente não podemos nos sentir em casa aqui até que os passaportes estejam carimbados. Na verdade, somos imigrantes ilegais.

— E agora? — pergunto a Ivan.

— Hum... — ele bate na mesa.

As pessoas atrás de nós se abanam mais vigorosamente, e encolho os ombros como quem pede desculpas.

Enquanto ainda estávamos nos Estados Unidos, perguntei a Ivan se achava que devíamos estudar francês antes da partida, talvez comprando CDs do tipo "aprenda enquanto dorme", na esperança de acordarmos milagrosamente fluentes. Ele insistiu que não era necessário, porque — segundo ele — o francês é setenta por cento similar ao espanhol. Ele garantiu que poderia combinar sua língua nativa com trinta por cento de inglês, adicionar à mistura um pouquinho do francês que aprendeu no colegial e... *voilà: je parle français!* Os cálculos me pareceram razoáveis, considerando sobretudo que se tratava de uma divisão feita por um graduado em economia, embora eu me lembre de ter me perguntado como ele saberia que palavras usar em cada língua. Agora percebo que ele também não sabe a resposta a essa questão.

A mulher do caixa ergue uma das sobrancelhas, e Ivan tenta mais uma vez, em inglês:

— Precisamos de um cheque administrativo no valor de três mil dólares.

— Ah, você gostaria de um cheque administrativo para pagar sua taxa? — a caixa diz, com um suspiro de alívio. — Sem problemas.

As pessoas atrás de nós suspiram em uníssono.

O cheque nos é entregue com um maço de notas marquesas coloridas, que se parecem com dinheiro de mentira, de jogos de mesa como Banco Imobiliário. São tão bonitas que chega a dar dó ter de gastá-las.

Na delegacia de polícia, nos envolvemos num episódio similar, em que tentamos usar nosso "espanfranglês" misturado com um agitado jogo de adivinhações cujo objetivo é comunicar conteúdos complexos como "EPIRB" e "fibra de vidro". Dois intrigados policiais nos observam, enquanto Ivan primeiro disca em um celular invisível, depois aponta o dedo indicador para o céu, pretendendo expressar "telefone via satélite". Os olhos dos oficiais brilham ao compreender o que desejamos, e eles anotam o detalhe em nossos formulários oficiais.

Assisto a tudo sem conseguir deixar de rir dessa bizarra experiência na alfândega e na imigração. Isso tudo é muito diferente do que se vê em aeroportos internacionais, aonde sempre chego imaginando se terei a má sorte de ser revistada.

Finalmente, os formulários estão preenchidos, pagamos a taxa e carimbamos os passaportes. Acabamos de chegar à Polinésia Francesa.

∼

Leslie chega pontualmente às seis e vem com o braço cheio de presentes.

— Para você, madame — diz, entregando-me não uma, mas cinco cópias do CD de Rusty. — Estou lhe dando algumas cópias extras para você distribuir. E aqui está uma camiseta e um boné do Rusty. — Enfia o boné vermelho em minha cabeça e aguarda minha manifestação.

— Uau... Obrigada. — Nunca tive sequer uma peça de vestuário com propaganda na vida, e agora sou fã número um de um cara chamado Rusty, que namorava uma garota que acabo de conhecer.

Ponho o CD para tocar, e uma voz anasalada cantando música country preenche o ambiente.

— Ele é fantástico, não é? — diz Leslie sorrindo, sem conseguir esconder um ar saudoso.

— É, realmente bom — digo, tirando da cabeça o boné do Rusty.

Depois de esvaziar a maior parte do conteúdo de duas garrafas de vinho, Leslie começa a se liberar. Dispara a falar mal do capitão de seu barco, Steve, e da mulher, Carol; logo, sua raiva atinge o ponto de ebulição.

— Então, a Carol estava toda: "Por favor, Leslie, não use esse arroz, nós o compramos pra fazer sushi e não vamos conseguir encontrar mais dele fora dos Estados Unidos". Meu, arroz é arroz, por favor! Eu não estava, tipo, cozinhando para eles a porra da comida? Dá um tempo, cara! — Os lábios de Leslie estão rodeados de manchas escuras de vinho, e seus olhos parecem ter perdido a capacidade de enxergar qualquer coisa além dos próprios cílios.

Confiro o horário: duas e meia da manhã. Bocejo alto e estico os braços, alongando-me.

— Isso não é legal — digo, indiferente.

— Não é mesmo, cara. É isso que eu tô falando. Que bom que você me entende. Aí o Steve também ficou todo: "Gostaríamos que você deixasse o barco e voltasse para casa, Leslie", e eu: "Mas que porra é essa?", sabe?

Desperto num estalo.

— Eles estão te expulsando do barco?

— É, você acredita? Babacas. Vai custar quatrocentos dólares um voo daqui pro Taiti, pra que eu possa depois ir pra casa. Íamos velejar até lá, mas agora que eles estão me expulsando, vou ter que tirar esse dinheiro das minhas economias.

— Isso porque você usou o arroz errado?

— Pois é, cara. Você acredita? Ah, e supostamente porque eu tomei um pouco da vodca deles. Sim, claro que tomei, mas o que mais eu podia fazer pra me entreter no maldito oceano Pacífico? Eu estava superajudando a manobrar o barco, e eles surtando por causa de duas ou três garrafas de vodca. — Ela emite um *afff* de desprezo e acaba cuspindo no ar.

Leslie entorna o resto do vinho e enche seu copo com uma terceira garrafa, que agora reside do outro lado da mesa, ao lado dela.

— Capitão Estraga-Prazeres, sabe? Poxa, eu *superajudei* com o barco e agora eles estão me chutando pra fora? E depois, adivinha o que aconteceu?

Olho para Ivan, pedindo socorro, mas a cabeça dele pende para o lado e seus olhos estão fechados. Será possível que esteja dormindo?

— Eles estão me acusando de *roubar*. Não peguei o maldito dinheiro deles. O Steve, sempre cheio de razão: "Onde está o nosso dinheiro, Leslie?", e eu, tipo: "Como você quer que eu saiba onde está o dinheiro que você perdeu, Steve?" Fala sério, que babaca! Me acusando de roubar quatrocentos dólares, uma merda assim.

Ligo os pontos: quatrocentos dólares para voar para casa, quatrocentos dólares em dinheiro faltando... Hum, realmente um mistério. Cansada de ouvir as mentiras dela, acabo com a festa.

— Vou pra cama agora — digo, recolhendo as garrafas de vinho.

Leslie parece irritada enquanto vira o resto do copo. Imagino que ela deva estar pensando: *Gente velha, chata e idiota*.

— Passo aqui de novo amanhã à tarde — diz ela, entrando no caiaque. — Vamos fazer alguma coisa de novo. — E vai embora remando. Pouco depois, ouço o baque da colisão do caiaque com o barco de Steve e Carol e, em seguida, o barulho dela içando-se a bordo.

Ivan finalmente acorda da "soneca".

— Agora — diz ele — você entende por que eu não quero saber de tripulação.

Respondo com uma careta.

— Ela vai voltar amanhã. O que vamos fazer? Não tem como trancar a porta da frente e fingir que não estamos em casa.

— Recolhemos a âncora e seguimos em frente — diz ele.

～

Ligo o motor, seguro o timão e me ergo no leme. Nosso próximo destino, a ilha de Tahuata, lar do tatuador, fica só a três quilômetros de distância, o que seria uma viagem simples... se conseguíssemos desancorar.

Ivan levanta a âncora, que teima em não se deslocar, usando o único mecanismo para isso de que dispomos a bordo: os músculos dos braços. Puxando quinze metros de corda, correntes e aço, ele exaure as forças dos membros superiores, soltando grunhidos primordiais, como se estivesse carregando um haltere nos ombros. A corda lhe escorrega pelas palmas das mãos, e o esforço de quatro movimentos se perde quando a âncora volta à água.

— Ahhh! — ele grita, frustrado (não confundir com o ruído que ele emite no içamento: Uuuhhhh!).

— Você vai acabar tendo uma hemorroida — aviso do leme, em parte brincando, mas de fato preocupada. Ponho o motor em rotação reversa, direcionando o barco a barlavento, para amenizar a tensão na corda da âncora, mas Ivan continua num cabo de guerra com ela. — Existe alguma forma melhor de fazer isso? — pergunto.

— Não — ele retruca, impacientando-se com meus palpites de copiloto.

Amazing Grace carece de muitas das conveniências modernas da maioria dos barcos mais novos, tais como um molinete elétrico, um sistema simples capaz de içar a âncora por sucção, como um cabo a vácuo. Em nosso convés, a maioria das tarefas tem de ser feita ao velho estilo, com músculos e gemidos. Embora todos eles sejam sempre emitidos por Ivan.

Depois de um tempo, um "Uuhhhh-ahhh" final traz a âncora para o convés. As pontas farpadas estão recobertas por uma grossa camada de lama vulcânica do solo marinho, esclarecendo a razão do enorme esforço de Ivan. Com a âncora içada, o barco se move à deriva.

Suado, dolorido e salpicado de lama, ele se junta a mim no leme e rumamos para um ponto distante daquele do espetacular desembarque. Lanço um último olhar para a incrível paisagem, inalando os aromas da terra, das flores de frangipana e das frutas tropicais. Sopro um beijo de despedida em direção a Hiva Oa.

Já fora da região da arrebentação, nosso barco reencontra as águas profundas. *Amazing Grace* balança numa forte correnteza, e, quando ondas agitadas batem no veleiro, noto algo estranho: não estou com medo. Pela primeira vez desde que deixamos Los Angeles, o oceano não me assusta. Ocorre-me que velejei cerca de um terço do Pacífico; logo, agora já sou um velho marujo.

Golfinhos acrobatas se exibem numa coreografia de boas-vindas, na entrada de uma enseada deserta em Tahuata. Uma densa plantação de coqueiros na costa se reflete na superfície vítrea da água, e a enseada inteira se tinge de um verde-esmeralda brilhante. A baía de Vaitahu ainda não é o destino que planejamos, mas a água semelhante a pedra preciosa e os golfinhos que a habitam nos seduzem a uma parada de uma noite.

Ivan lança a âncora e avisa que vai dar um mergulho. Equilibra-se na posição de salto.

— Espere! — Detenho-o bem a tempo. — Olha. — Aponto para o mar, que borbulha de vida. Está perto de anoitecer, e todos os elos da cadeia alimentar se movem para comer. Águas-vivas recobrem a superfície da água com seus tentáculos coloridos, agitando a água como serpentinas animadas. Abaixo delas, cardumes descrevem círculos rápidos, enquanto peixes maiores, de que só se veem as silhuetas, se movem para frente e para trás, planejando um ataque. A água é densa e opaca, o que impede de enxergar mais fundo, mas a lógica leva à conclusão de que, na base dessa pirâmide alimentar, podem-se prever predadores maiores.

— Está pensando o que estou pensando? — diz Ivan, antes de correr para o piso inferior do barco como quem acaba de ter uma grande ideia. Ouço um abrir e fechar de portas de armários, e logo ele está de volta ao convés com uma caixa de equipamentos. O mar fervilha de peixes, e ele vai com sede ao pote, enchendo os anzóis, dispostos em três alturas distintas, com iscas de plástico que retira de um pacote em que se lê: "Agora com verdadeiro sabor de iscas vivas!" Sinto-me tentada a descobrir que sabor é esse, mas resisto ao impulso de degustação. Ivan coloca a chumbada na linha, tomando o máximo cuidado para que os anzóis atinjam a profundidade intermediária, que é onde os peixes para o jantar estão nadando.

— Que maravilha! — diz ele.

— Vamos ter peixe para o jantar! — digo.

Desço para procurar algumas receitas em nossa biblioteca.

Humm, o que deveríamos fazer? Peixe com cebola caramelizada, peixe empanado com limão, peixe com maionese e wasabi, peixe com...

— Filhos da puta! — grita Ivan.

Deixo de lado o livro de receitas e corro de volta ao convés. Encontro-o segurando a vara na mão, a linha frouxa, sem os anzóis e, logo, sem isca.

— Como eu consigo *não* pegar um peixe nessa água fervilhando deles? — pergunta-se Ivan.

O estereótipo do pescador azarado é aquele que, ao rebobinar a linha, traz no anzol uma bota velha, uma lata enferrujada ou um peixinho dourado liberto do aquário, mas nós não temos sequer essa sorte. Nossas iscas, caras, estão sendo roubadas com a habilidade de um batedor de carteiras num trem em horário de pico. É desconcertante e humilhante. Parece que os peixes estão zombando a nossas costas.

Enquanto Ivan guarda a caixa de apetrechos de pesca, devolvo o livro de receitas à estante e aqueço no fogareiro um pouco de feijão pré-cozido.

Depois do jantar, vamos juntos para a cama e nos pomos a discutir táticas para fisgar um daqueles filés nadadores e, assim, mostrar a eles quem é o mais esperto por aqui, submetendo-os à tortura de um cozimento lento em manteiga e alho e, talvez, colocando-lhes uma coroa de espinhos feita de cebola e cebolinha.

~

Em nosso percurso rumo à cidade do tatuador, passamos por um paraíso a que é impossível resistir. O lugar é absolutamente idêntico ao que aparecia em uma foto de folha dupla que vi num dos livros sobre viagens marítimas que Ivan usou para me convencer a acompanhá-lo. As águas ao redor das Marquesas, apesar de deslumbrantes, são delimitadas por formações de lava submarina, o que dá ao mar a tonalidade de um verde denso. Mas este lugar é único: a areia é branca e a água, de um azul-turquesa revigorante.

Amazing Grace dá alguns giros, como um cachorro que tenta pegar a própria cauda, e Ivan trata de lançar a âncora coberta de lama, dando-lhe primeiro, no entanto, um banho na água límpida. Impecável, ela se aloja na pura areia branca, que jaz à pequena profundidade de seis metros.

Há uma flotilha de barcos a vela aqui ancorados, entre os quais o *Red Sky*, o barco de Leslie, notamos alarmados. Mas, antes que possamos levantar âncora para sair dali, os "velhos e chatos" donos do barco aparecem de caiaque para nos dar boas-vindas. Percebo logo, pelo acolhimento caloroso e pelos sorrisos, que nada do que Leslie nos disse sobre Steve e Carol se sustenta.

Para nosso imenso alívio, somos logo informados de que Leslie tomou um voo para casa.

— Passem lá mais tarde para um drinque — convida Steve. E nós, agradecidos, aceitamos a oferta.

No momento em que pensamos que as coisas não poderiam ficar melhores, um marujo, vindo de um barco alemão, vem nos oferecer uma generosa posta de uma enorme cavala recém-pescada.

— Peguei muito — diz ele, dando de ombros quando o agradecemos.

— Fisgamos um! — diz Ivan, segurando a posta com pose de pescador. Sorrio e corro em direção ao livro de receitas.

~

A floresta selvagem, depois da praia, parece ser um lugar onde as frutas crescem em abundância e, sem nenhuma cerca para nos manter afastados de possíveis propriedades privadas, decidimos sair outra vez numa caça às frutas. Saltamos para nosso bote, o *Little Gracie*, e Ivan rema em direção à praia.

Quando nos aproximamos da praia, o movimento das ondas nos impulsiona adiante e, num rápido deslize, somos levados à areia.

— Bom trabalho — digo, e paramos para considerar por um momento como foi bela nossa chegada.

Essa parada nos custa. A onda seguinte esbofeteia, pesada e violenta, nossa embarcação. E enche o bote de água. O mar logo recua e, com igual rapidez, outra vez avança para a praia na forma de uma forte onda curva.

Crash. Outra onda inunda o bote.

— Ah, merda!

Pulamos da embarcação e a puxamos pela corda, mas, estando agora com água acima da metade, ela não se move, pesada como uma baleia encalhada. Não sabemos o que fazer, por isso continuamos no cabo de guerra com a corda, tentando arrastar aquele peso impossível em meio às ondas. Tento livrar a embarcação de seu peso com um balde, em movimentos tão rápidos quanto posso, mas as ondas são mais rápidas que eu. E, cada vez mais rapidamente, repõem a água.

Crash. O bote se enche até a borda e afunda, afastando-se da praia onde a maré voraz o engole.

— Perdemos nosso bote! — grito.

Ivan vem e vai com as mãos na cabeça, pensando o que fazer, enquanto eu agarro o tirante como se essa corda fosse a mão de uma pessoa se afogando. O *Little Gracie* foi pego pela correnteza, e o mar arranca o tirante de minhas mãos, avermelhadas e doloridas depois do cabo de guerra que acabo de perder.

Sinto-me uma tola. Chegamos há uma semana e já somos vítimas de um naufrágio.

— Pelo menos o motor não estava ali — digo. Mas o pensamento positivo não compensa a perda recém-sofrida: de que serve um motor sem um bote onde colocá-lo?

Ficamos paralisados e boquiabertos, fitando a embarcação submersa.

— Olha ali, ele está voltando! — grita Ivan.

Num movimento rápido, o *Little Gracie* é colhido por uma grande onda vítrea, que, depois de esvaziá-lo, entornando-o, o devolve à praia, jogando-o na areia bem a nossa frente. A pequena embarcação repousa, ereta, intacta, como um aviso do oceano: *Eis seu barco de volta, mas não se meta comigo outra vez!* Aproveitamos o intervalo para respirar, afastando-o da praia, para longe do alcance das ondas.

Já fora de perigo, amarro o casco, coloco os remos de volta nos apoios, recolho as cordas e lhe dou uns tapinhas amigos, agradecendo o fato de que ainda esteja conosco.

— Desculpe — sussurro. — Vamos cuidar melhor de você da próxima vez.

Na floresta, mais além da praia, damos sorte de novo. Protegida pela vegetação ao redor, que é como um ninho que a aloja, encontramos uma árvore cheia de frutas amarelas, graúdas e lustrosas: *mangas!* Finalmente, as riquezas cuja promessa manteve meu ânimo ao longo de uma travessia de vinte e seis dias. Colhemos e estocamos mangas de diferentes cores e tons, do verde ao vermelho. Saqueamos um limoeiro. Pilhamos cocos verdes, para beber a água, e maduros, para comer a polpa.

Depois escolhemos um canto da praia sem ondas e lançamos o bote outra vez ao mar, sem nenhum incidente.

No minuto em que piso a bordo do *Red Sky*, perco a cabeça pela embarcação. É um iate Santa Cruz de cinquenta pés, elegante e sexy: um barco de corrida, Ivan me informa. O interior parece a versão náutica de um apartamento moderno, com um espaço aberto amplo o suficiente para se converter em uma danceteria.

Steve nos serve drinques com cubos de gelo, que tenho de tocar para me certificar de que são reais. Fico imediatamente com inveja. Em nosso *Amazing Grace* só servimos bebidas a temperatura ambiente.

— Então... — diz Ivan. — Queremos deixar uma coisa bem clara para vocês. A Leslie nos contou um punhado de histórias esquisitas. E quero que saibam que não acreditamos em nada do que ela disse.

— Ai, meu Deus, que pesadelo — diz Steve, logo entrando em sua versão dos fatos, na qual Leslie protagoniza episódios de uma tripulante bêbada que não sabia sequer usar uma bússola. Steve descobriu isso depois de encontrá-la na cabine, matando o tempo deitada em uma toalha, com um drinque nas mãos e o biquíni desamarrado para evitar marquinhas no bronzeado, enquanto o barco corria solto na direção do Japão.

Após vários drinques, me apaixono por Steve e Carol. Ao contrário do que dizia Leslie, não há nada de velho neles. Carol é alta, esbelta, atlética, e seus olhos azuis me atraem com um magnetismo que senti, ultimamente, em outras pessoas que levam o mesmo estilo de vida que eles. Steve é bonito e musculoso, com o jeito relaxado de um surfista. Embora ambos tenham cabelos grisalhos e rugas suaves no canto dos olhos, a personalidade deles parece congelada em algum ponto ao redor dos trinta anos de idade. De um modo muito claro, o mar os preservou.

Eles nos dizem que, já há quase quarenta anos, vivem a bordo, atracando aqui e ali mundo afora. Pelo caminho, conseguiram dinheiro fazendo diferentes trabalhos — ora como capitães de navios, ora como caixeiros viajantes, ora como restauradores de barcos. Recentemente, uma herança inesperada permitiu que comprassem o lindo *Red Sky* por duzentos e cinquenta mil dólares. Quando jovens, eles tiveram dois meninos, criados no mar, e que agora estão formados e vivem nos Estados Unidos.

A travessia do Pacífico foi a viagem mais longa que já fizeram. E Carol relata que passou o tempo todo deitada, desestimulada a fazer qualquer outra coisa que não fosse dormir e ler.

— Não me movi durante vinte e quatro dias — diz. — Steve dirigiu o barco. Eu não conseguia sair da cama. Sentia muito enjoo e medo em alto-mar.

— Eu também! — confesso. Confio-lhe minha própria experiência de me sentir congelada de terror durante a maior parte do tempo, e rimos de nossas semelhanças.

— Sabe — diz Steve —, eu conheci uma grande quantidade de marinheiros que viajam sozinhos, porque a esposa se recusa de todas as maneiras a acompanhá-los ao mar. Algumas viajam de avião para encontrar o parceiro, enquanto outras esperam em casa. Eu não me importo de lidar com o barco sozinho, fico feliz só pelo fato de ter a Carol comigo, a bordo.

Ivan assente firmemente num gesto de cabeça.

É estimulante saber que Carol é parecida comigo, assim como saber que ser totalmente destemida não é um requisito indispensável a esse estilo de vida. Suportar longas e assustadoras travessias traz magníficas recompensas para a mente e para a alma, e Carol — com seu corpo atlético e transpirando felicidade — é prova viva disso. Ela me faz compreender que mesmo aventureiros experientes não são sempre destemidos. Apenas não fogem de medo.

É uma hora da manhã quando nos despedimos e remamos de volta para nosso barco.

— Eu adorei o Steve e a Carol — digo a Ivan enquanto ele nos conduz pela escuridão.

— Eu também — diz ele. — Eles te lembram alguém?

— Sim, eles me lembram a gente...

— ... quando estivermos mais velhos — ele diz, completando minha frase.

— Nossa. Você pode imaginar velejar durante tanto tempo? — pergunto.

— É claro! É assim que eu sempre imaginei nossa viagem.

Rio até me dar conta de que ele fala sério. Os próximos quarenta anos à deriva no oceano? É *esse* o sonho dele?

10

— Tubarão! — berro. Uma barbatana afiada corta a água ao lado do barco.

— Parece ser um tubarão-martelo — diz Ivan. — As Marquesas estão cheias deles. Vêm até aqui para se reproduzir.

Faço um ruído — meio engasgando, meio choramingando — e tento afastar a sensação de milhares de aranhas se arrastando sobre a minha pele. A barbatana ameaçadora mergulha abaixo de nosso barco, afastando-se de nosso raio de visão.

Deixamos para trás as águas profundas infestadas de tubarões e tomamos o rumo das águas de um verde profundo da baía de Vaitahu, Tahuata, lar de Fati, o tatuador. A vila na praia tem uma aparência organizada e pitoresca, com uma igreja feita de pedra, madeira e um único vitral que funciona como o centro arquitetônico do lugar. Além do campanário vermelho, os picos dentados da ilha sobressaem com toda a dramaticidade do cenário de um filme cheio de fantasia e imaginação.

A cidade convida à aproximação, mas chegar à costa é um problema. Deixar o bote amarrado ao cais o dia todo não é possível, porque isso vai monopolizar o único atracadouro disponível. E, como a maré cheia produz ondas fortes e frequentes na direção da praia coberta de seixos, ir até lá de bote também está fora de cogitação. Fizemos todo o percurso movidos pela tatuagem de Ivan, mas parece que não há como chegar a terra. A não ser que...

— Vamos nadando — diz Ivan, traduzindo meus pensamentos em palavras.

Olho para a água opaca sob nós e decido que o negócio é encarar o desafio, agora ou nunca. Não posso deixar que o medo me paralise. *Já sou um marujo experiente*, lembro. *E certamente posso nadar ao lado de tubarões-martelo prenhes!*

Ponho-me em posição de mergulho, os antebraços flexionados, e, em voz baixa, convoco Ivan:

— Vamos lá.

Amarramos nosso bote em uma boia no meio do caminho entre o veleiro e a costa, a mais ou menos sessenta metros da praia. Ivan mergulha e começa a nadar. Sem pensar duas vezes, prendo o fôlego e salto do bote.

No preciso momento em que toco a água, minha mente adverte: *Tubarão!* É o suficiente para que eu dispare. *Não espalhe água!*, digo a mim mesma. *Fique calma. Nadar espalhando água provoca os tubarões.* Mas esse pensamento funciona apenas como um fundamento mais forte para que eu acredite estar sendo, sem sombra de dúvidas, perseguida por uma dúzia de tubarões-martelo famintos. *Estão vindo atrás de mim!* Começo a me debater feito uma louca, surrando a água com chutes e socos violentos, transformando o trajeto entre o bote e a praia numa jacuzzi cheia de bolhas de espuma.

Milagrosamente ilesa, chego cambaleante e sem fôlego à praia. Ivan chega deslizando numa onda minutos mais tarde, descansando do tranquilo nado de peito com que veio até aqui.

— Poxa, você nada rápido! — ele observa.

Ensopada, mas ainda viva, saímos à procura do tatuador.

A cidade de Vaitahu está povoada de crianças felizes. Algumas brincam com pranchas no rio, outras jogam futebol na rua. Fico pensando se existirá no planeta um lugar melhor do que este para ser criança. Cachorros se deitam sob as árvores para se proteger do calor, e moradores locais, vestidos com cangas ou bermudas, nos dão as boas-vindas com *bonjours* melodiosos. Aproximamo-nos com uma única palavra:

— Tatuagem?

Eles sorriem e logo apontam a direção da casa de Fati.

Este nos recebe em seu modesto estúdio, e sinto um alívio ao ver uma máquina de tatuar profissional no lugar de varetas afiadas, comuns nestes lugares, conforme informações colhidas em leituras.

— Onde você quer? — pergunta Fati.

Ivan traça com o dedo, na pele do braço, um esboço invisível indicando o local.

— Talvez nunca mais me contratem — diz ele. — Não que eu me importe com isso — acrescenta. Seus dedos continuam a desenhar um percurso pelo ombro, em direção ao pescoço. — Imagina se...

— E se você fizesse aqui — digo, paralisando-lhe o dedo e a imaginação. Traço um círculo do tamanho de uma bola de basquete, que começa em sua omoplata, envolvendo-a por inteiro e terminando no braço, como uma manga de camisa. — Vai ficar legal e grande, mas você pode esconder com uma camisa, se precisar.

Ele concorda, e me sinto aliviada. Ver Ivan se transformar de executivo em marinheiro tatuado tem seu encanto, mas ainda não tenho a cabeça aberta o suficiente para encorajar tatuagens faciais que possam significar o fim de uma carreira.

Fati começa a desenhar na pele de Ivan com uma caneta, enquanto nos informa que suas tatuagens se inspiram na singularidade de cada pessoa que o procura, cuja alma o tatuador é capaz de ler.

O esboço leva duas horas. Quando Fati está pronto para começar a tatuar, Ivan pega um frasco de nosso analgésico mais forte, um opiáceo chamado Vicodin, do qual retira um comprimido.

— Tenho certeza de que nossa médica em L.A. não se sentiria bem com isso — brinco.

— Pra dentro! — diz Ivan, e então engole o comprimido com um gole de água.

Ele pode conduzir sozinho um barco em alto-mar. Pode lutar com uma pesada âncora até que as mãos sangrem. Pode suportar sem medo ondas de seis metros lhe surrando o esqueleto. E agora uma simples tatuagem exige um opiáceo? O cara é uma contradição ambulante que não para de me surpreender.

Após uma hora de tatuagem, parece que o Vicodin não é eficiente para esse tipo de dor: o rosto de Ivan se retorce a cada incisão da agulha.

Ele pede uma pausa para outro comprimido, e logo Fati volta ao trabalho, prosseguindo com o desenho a tinta preta na ensanguentada carne de Ivan. Quando vejo a incansável máquina de tatuar pousar na ferida aberta, que cresce a cada momento, considero que o anestésico tem sua razão de ser. E, mesmo sob efeito do medicamento, o rosto de Ivan se retorce em agonia. O único efeito que o opiáceo parece estar produzindo nele é uma espécie de explosão de afeição, como o do ecstasy.

— Eu te amo, baby — ele canta, quando a máquina repousa por um momento. — Eu te amo taaaanto — continua, com olhos meigos e amáveis, um microssegundo antes de ficarem novamente vesgos de dor.

Depois de seis longas horas curvado sobre sua obra, Fati diz que chegou ao fim. Em seguida, lava a tatuagem no jato de uma torneira gelada e, num breve momento, antes que o excesso de tinta negra e o sangue comecem a escorrer, vemos o desenho. É magnífico. Apesar da ferida recente e rosada, do inchaço produzido na região e dos efeitos da dor no rosto de Ivan, é um trabalho realmente magnífico.

Fati aplica uma pomada sobre a ferida e recomenda uma lista de cuidados:

— Não tire as cascas, aplique pomada duas vezes ao dia e evite, absolutamente, o contato com água salgada por duas semanas.

Olho para Ivan alarmada, e meus olhos dizem o que penso: *Nós nadamos até aqui! Como vamos voltar para o barco?* Mas logo lembro que não é hora de pensar sobre o assunto, já que Ivan está chapado demais para fazer outra coisa que não seja cantar:

— Eu te amo taaaanto.

~

Vamos para a praia e nos pomos a olhar para o *Little Gracie*, que flutua no ancoradouro a muitos metros de nós, tentando resolver nosso problema com a atitude de quem se dedica à solução de uma charada. "Uma caixinha de bom parecer, não há carpinteiro que saiba fazer. O que é, o que é?"

— Ei! — alguém grita. — Venham, venham.

Procuro o lugar de onde vem a voz e encontro uma mulher descansando sob a sombra de uma árvore, com duas crianças e o marido.

— Tatuagem — diz ela, apontando para o braço gotejante de Ivan. Faz gestos de nado. — Tatuagem. Sem nadar. — Ela percebeu nosso dilema.

A mulher dá um tapinha nas costas do filho menor e diz algumas ríspidas palavras na língua local. A criança se levanta e caminha até um velho caiaque, que arrasta até a água com a ajuda de um tirante. De joelhos e usando um pedaço de madeira que boiava à deriva como remo, o menino vai em direção ao *Little Gracie*, desata a amarra que o prende ao ancoradouro e reata nosso bote a seu caiaque.

Então, ruma à amurada de concreto de um cais, do outro lado da baía. Seu lento progresso indica que temos tempo suficiente para percorrer a pé o perímetro da baía e ir a seu encontro no cais.

Como um bom manobrista, o garoto nos entrega *Little Gracie*. Enchemos o menino de *mercis*, que ele recebe com indiferença, o que me leva a pensar se ele faz isso com todos os marinheiros recém-tatuados. Em seguida, dirige o caiaque para o outro lado e segue em direção à praia em velocidade de lesma, com o pequeno pedaço de madeira servindo de remo.

De volta ao barco, examino, de todos os ângulos possíveis, aquele novo aspecto do corpo de Ivan. Formas abstratas sugerem arraias-manta, estrelas, ondas e tartarugas, que se entrelaçam num denso e detalhado desenho.

Aplico sobre a ferida uma pomada antisséptica, conforme as instruções de Fati.

— Que belo souvenir — digo. — Você vai poder se lembrar dessa viagem para sempre, tendo também a possibilidade de escondê-la sob a roupa sempre que precisar.

— Talvez eu devesse ter feito um pouco maior — ele pondera. E logo fica sério, numa atitude clara e aparentemente deliberada de introspecção. — Eu devia ter ligado pros meus pais. Já tem mais de uma semana que liguei; eu sei que minha mãe deve estar preocupada.

— Então por que não liga? — Pego o telefone via satélite, puxo a grossa antena e estendo-o para Ivan.

Ele senta no sofá e cruza os braços sobre o peito.

— Não tenho nada a dizer.

— O quê? Você acaba de fazer uma enorme tatuagem!

Ele contrai o maxilar e olha para o outro lado.

— Não vou contar sobre a tatuagem.

Não consigo conter o riso.

— Tá brincando? Você é adulto!

— É verdade. Mas sabe o que vai acontecer? Minha mãe vai *surtar*. Ela vai dizer algo do tipo: "Ivan, você nunca mais vai conseguir trabalho com essa tatuagem. Blá, blá, blá". Não que eu me importe, mas é irritante. Eu não quero essa negatividade atrapalhando meu humor.

Seu humor despencou de repente e, ao que parece, por conta própria.

— Então não fale sobre a tatuagem. Conte qualquer outra coisa.

— Como o quê?

— Sei lá, outras novidades.

— Não temos nenhuma novidade. Este é o objetivo dessa viagem! Fugir de novidades e notícias. A chamada da nossa última matéria é: "Homem pesca uma cavala e nos dá um pedaço".

— Ei, isso é bem engraçado! Conte isso a eles.

— Não.

— Mas, se você não ligar logo, seus pais não vão ficar preocupados?

— Eu não quero ligar para os meus pais, tá bom?

— Tá bom, tanto faz, foi você quem falou deles — digo. — Faça o que quiser. Não ligue pra eles.

— Não vou ligar.

— Ótimo.

— Ótimo.

Seguro-me o máximo que consigo.

— Mas você não liga pra sua mãe há mais de uma semana; daqui a pouco ela vai começar a surtar. Vai pensar que afundamos.

— Isso é problema dela.

— Isso é cruel, Ivan. Ela não vai conseguir dormir se você não ligar.

— Mas por que isso é problema meu? Eu nem queria que tivéssemos essa porcaria de telefone a bordo, mas ela tinha que insistir na ideia até comprar pra gente. O principal objetivo desta viagem era exatamente desligar, ficar sem conexão com o mundo, e agora eu tenho que reportar à minha mãe tudo o que acontece, como se tivesse cinco anos de idade?

Dizem que é possível ter uma medida do caráter de um homem observando a forma como ele trata a própria mãe, e Ivan, para ser franca, age como um ignorante com a dele.

— Por que você está sendo tão hostil? — pergunto.

— É que me incomoda, sabe? Eu costumava ler Moitessier e pensava no fato de que, enquanto ele velejava mundo afora, a Guerra Fria estava em curso, mas não lhe importava nem um pouco. Sua única preocupação era pescar! Ele estava totalmente desligado dos acontecimentos da época e de baboseiras do tipo. A atitude dele foi um dos principais motivadores desta viagem: fugir dessas coisas. Não quero que toda essa zona que acontece no mundo me afete, não quero que o estresse de outras pessoas me afete.

Encolho-me num canto do sofá, reprimida por sua explosão.

— Não entendo por que você está tão bravo — digo, quase num sussurro.

— Não estou bravo! — ele diz, rangendo os dentes. — Só não quero ouvir meus pais me passando um sermão sobre a dificuldade que vou ter em arranjar um novo emprego numa empresa americana por causa dessa tatuagem. Quero curtir o fato de estar aqui, nestas ilhas, e não quero que o que eles pensam sobre isso me ponha pra baixo. E daí se eu nunca conseguir um emprego de novo? Isso é motivo para não fazer esta viagem?

— Mas ninguém disse nada ainda, você só está...

— Sabe o que o meu pai disse imediatamente antes de partirmos? Ele disse: "O que você está planejando fazer quando voltar, Ivan? Você acha que vai conseguir um emprego numa empresa de novo?" E eu: "Quem se importa?" Isso é motivo para não realizar um sonho? O medo do desconhecido? Será que eu não posso simplesmente fazer uma viagem como a que estamos fazendo, sem que fiquem o tempo todo me lembrando de medos irracionais que não são meus?

Fico quieta por um tempo, sentindo-me culpada por minha própria carga de fobias. Será que ele vai acabar perdendo a paciência comigo também?

— Seus pais se preocupam com você, Ivan, é só isso. Por que isso é tão ruim?

— Eu não preciso da preocupação deles.

— Mas essa é uma coisa que os pais fazem.

— Eu não pedi pra nascer. Por que eles não me deixam em paz?

— Calma, por favor. Não sei por que você está tão...

— Eu não entendo! *Tudo que eu quero é que me deixem em paz!* — ele diz, levantando do sofá e saindo com passos duros. Não o sigo; não quero irritar ainda mais um homem que claramente quer ficar isolado, talvez pelos próximos quarenta anos.

Já que temos de conviver o tempo todo num espaço menor que a maioria dos quartos de tamanho padrão, precisamos resolver nossa discussão rapidamente. Todas as horas de nossos dias são vividas em companhia. E, mesmo à noite, temos de dormir juntos numa cama pequena, os corpos estreitamente unidos, compartilhando nossa intimidade, suores, hálitos e batimentos cardíacos. Nunca discutimos para decidir de quem é a vez de lavar a louça, fazer a cama ou esfregar e enxaguar o convés com baldes de água salgada. As tarefas são executadas sem discussões, porque desenvolvemos um ritmo natural em relação a isso. A cada vez que chegamos a um novo ancoradouro, iniciamos, organizada e espontaneamente, movimentos requeridos pela ancoragem, tais como segurar, amarrar e recolher. Discussões inúteis e pequenas discordâncias só podem nos atrapalhar.

Quando anunciei a amigos meus planos de velejar, ainda em San Francisco, uma colega confessou que, se ficasse presa em um barco com seu noivo, as chances de atirá-lo ao mar seriam grandes. Mesmo afirmando num tom carinhoso que o amava, ela declarou que estar presa em um barco com o parceiro o dia inteiro não só não era uma fantasia romântica como lhe parecia o próprio inferno. Não pude deixar de me interrogar sobre o motivo de ela pretender se casar com um homem com quem não suportava a ideia de ficar sozinha.

Mas talvez seu sentimento não seja incomum. Certa vez, li uma pesquisa segundo a qual a maioria dos casais passa em média cerca de duas horas e meia por dia juntos, incluindo fins de semana. A maior parte desse tempo é gasta assistindo à televisão, realizando afazeres domésticos e comendo, o que significa que o pouco tempo compartilhado um com o outro é gasto ou em tarefas práticas ou em atividades de lazer. Poder-se-ia pensar que, no caso de casais aposentados, o tempo de convivência aumentaria significativamente. No entanto, o que se observa é que mesmo esses casais continuam se evitando e não chegam a passar juntos mais do que quatro horas diárias, em média.

Ivan e eu passamos *todas as horas do dia* juntos: por volta de catorze horas ao dia, ou treze, se dermos um generoso desconto, considerando aquelas em que estamos às voltas com nossas necessidades fisiológicas. Vez ou outra, nos ocupamos de tarefas individuais: escrevo em meu laptop no interior do barco, enquanto Ivan redige seu diário, a três metros de distância, no convés. De qualquer modo, é impossível estarmos separados por mais de dez metros a qualquer momento. Em outras palavras, vinte e quatro horas por dia, sete dias por semana, estamos sempre próximos o bastante para ouvir os espirros e flatulências um do outro.

Em seis meses, já contabilizamos mais de dois anos juntos, considerando-se a média diária de tempo de convivência da maioria dos casais, conforme a pesquisa que mencionei. Até o fim do ano, já teremos permanecido essencialmente casados por cinco anos, levando em conta a medida de "tempo terrestre".

Mas, diferentemente de um ambiente matrimonial convencional, não podemos nos dar ao luxo de fugir de cena batendo a porta quando uma discussão esquenta ou a tensão se acumula. Não há espaço para uma explosão de choro no banheiro, uma conversa telefônica de desabafo com uma amiga ou uma fuga temporária para o mundo dos esportes. *Amazing Grace* não possui espaço para desavenças. Ao contrário, precisamos resolver nossas diferenças regularmente, tratando-as como se tratam roupas: lavando-as com cuidado para preservar o tecido, alisando cuidadosamente as rugas ao passá-las e dobrando-as para que possam se organizar numa pilha ordenada e estável. Distantes de nossos empregos, de compromissos sociais, de televisão, jardinagem, necessidade de pagar contas, obrigações familiares e outros compromissos que consomem tempo, não há distrações a que recorrer. Temos apenas o mar, o céu, o barco e o nosso relacionamento a nos ocupar. Por isso, quando não estamos conversando, o clima fica extremamente desconfortável.

Bastaria que um de nós quisesse um tempo sozinho, mesmo que por apenas um dia, para que nossa intimidade de viver num barco, grudados um no outro, deixasse de ser tolerável.

Depois de quarenta minutos sem nos falar, enquanto tomo um banho gelado no banheiro, ouço Ivan com os pais ao telefone. Não consigo compreender a conversa em espanhol, mas o tom é leve e bem-humorado. Ele está feliz agora, mas a ira que tinha na voz há pouco ainda soa em meus ouvidos.

Quando termina, desce para o salão e me abraça por cima da toalha.

— Adivinha só, meus pais compraram passagem pra virem nos ver dentro de alguns meses. — Ele diz isso sorrindo, o que me leva a pensar que o que o estava aborrecendo foi resolvido.

— Ótimo. Então você está feliz com isso? — Observo-o, duvidosa.

— Sim, estou feliz. Sinto falta deles. Sei que brigamos e tal, mas eu os amo. Eles são meus pais, e você está certa, se preocupam comigo. Não passo de um menino mimado. Desculpa. Eu te amo. Podemos ir a Nuku Hiva também, pra que você tenha seus vegetais e sua internet. Não sei por que fiquei tão incomodado com isso antes. Eu ajo como um estúpido às vezes. Com certeza tem algo errado comigo.

Respondo com um provocador gesto de concordância.

Ivan ri, depois desenrola a toalha que envolve minha pele úmida e gelada e aperta meu corpo contra o dele.

Depois de uma jornada durante a noite sob sinistras nuvens de tempestade, rumamos nossas velas para Nuku Hiva, nos sentindo pequenos diante dos grandiosos penhascos que lembram uma catedral e protegem a entrada da baía. O ancoradouro da baía de Taiohae se abre como uma bocarra que bocejasse, com mais de um quilômetro de extensão, e abriga uma quantidade de cruzadores que jamais pensei que pudessem estar compartilhando este momento conosco. São muitas as pessoas que, tendo viajado distâncias incríveis, cruzaram tempestades e arco-íris, calmarias e ventanias, e agora estão aqui. Chegamos a uma verdadeira meca de vagabundos do mar, e eu não poderia estar mais feliz por estar em tal companhia.

Procuro um velho despertador e ponho para despertar às três e meia da manhã, a tempo de irmos para o mercado, e vamos para a cama cedo.

Às cinco, acordamos na escuridão. O despertador, velho e enferrujado pela maresia, não tocou, e dormimos demais. Vestimo-nos rapidamente e vamos para o bote, começando a remar nas águas negras. Ivan imprime um ritmo preguiçoso às remadas, rumando na direção das luzes acesas do mercado, a meio quilômetro de distância. Ouço o rumor dos animais que se alimentam na noite, na água atrás de nós, mas estou cansada demais para me preocupar. Ivan quase colide com três iates ancorados, invisíveis na escuridão até o último instante de nossa aproximação. Sonolento, desvia o bote e prossegue na direção das luzes.

Até chegarmos à praia, já são cinco e meia da manhã. A multidão se dispersou, e os vendedores guardam caixas vazias no porta-malas de seus carros. Os únicos restos que avistamos são folhas soltas de alface e um punhado de bananas machucadas. Meu estômago ronca, embrulhado e cheio de culpa.

— Não se preocupe — diz Ivan, interpretando meus ombros caídos. — O Steve me disse que tem um ancoradouro isolado, ao norte desta ilha, chamado baía de Anaho. Os únicos jeitos de chegar lá são caminhando ou de barco, logo podemos ir para lá e voltar a tempo de pegar o mercado aqui na semana que vem, certo?

— Obrigada — digo, jogando-me sobre ele num abraço agradecido.

Encontramos a cafeteria com internet e rapidamente me transporto a outro mundo. Cada e-mail em minha caixa de entrada é um presente que me conduz a tal proximidade com as pessoas que os enviaram que eu chego a ouvir suas vozes e a vê-las com os olhos de minha mente. Ataco o teclado num e-mail épico, de quatro mil palavras, para minha mãe, conduzindo-a por detalhes mínimos de minha vida nos últimos tempos, tais como as picadas de mosquito que colecionei até agora. Todas as outras pessoas — incluindo Anna, que sinto não ver já há uma vida — ganham cerca de mil palavras cada.

Deixo a cafeteria com os dedos rígidos e um sorriso radiante.

Numa pequena lanchonete, fazemos nosso desjejum com pães doces e café. Numa loja de artesanatos, compro uma canga verde-limão. Depois, no mercado, compramos um estoque de enlatados básicos.

No longo percurso a remo de volta ao *Amazing Grace*, passamos por um iate chamado *Sea Dream*, e um homem que aparenta uns quarenta e tantos anos acena para nós.

— Bom dia! Como estão? — diz, em sotaque texano.

O homem tem o convés atulhado de equipamentos. Atrás dele, uma bandeira americana do tamanho de um lençol king-size balança ao vento. Fito-o por mais tempo do que deveria, porque não consigo deixar de reparar na sunga azul-turquesa metálica, apertada o suficiente para matar por asfixia suas "joias de família". Os cabelos são um mullet desgrenhado, e tufos loiros descem a partir do peito por todo o corpo, passando pela barriga saliente, até se enfiarem comprimidos na sunga brilhante.

— Olha aquele homem — sussurro. — Onde será que ele comprou aquela sunga? — Rimos juntos. — Ele deve ter guardado como recordação de seus dias de glória como halterofilista na praia de Venice, na Califórnia. — Rimos outra vez.

Estamos nisso quando o texano vira de costas, deixando à mostra a parte de trás do traje. Engasgo e quase perco meu café da manhã. Quando ele se abaixa, aparentemente para fixar algo no chão do convés, o T de seu fio dental turquesa metálico se enfia tão fundo na rachadura entre as nádegas que até consigo ver a enorme queimadura tropical que ele vai ganhar. Uma grande lua branca e gorda mira em nossa direção. O cara está de pé no convés, às sete da manhã, cuidando dos equipamentos da parte de cima do barco e não usando nada além de uma tanga de stripper.

Ele se volta e nos pega olhando, boquiabertos.

— O nome é Wayne — grita, inclinando um invisível chapéu de caubói.

Ivan baixa a voz.

— Eu já ouvi falar desse cara. Ele tem um tipo de serviço de acompanhante. Mulheres pagam para que ele as leve a lugares exóticos, e esse cara, Wayne, tem sempre algo extra para elas.

— Então ele é um gigolô do mar?
— Algo assim.
— Taí, modelo de negócio original.
Ivan rema, acelerando o ritmo.

Para ir de onde estamos até a baía de Anaho, temos que seguir contra um forte vento de proa, que nosso barco enfrenta com a elegância de um skate na areia.

Após uma longa batalha, chegamos a um refúgio em formato de L, onde *Red Sky* é o único barco à vista. Pináculos altos, recobertos do verde dos coqueiros, amortecem as lufadas de vento e deixam a água tranquila como um lençol de seda passado.

De fato, a água aqui é tão parada que nos inspira a tarefas cuja execução águas mais agitadas impediram. Esfrego o barco e uso óleo de linhaça para polir as partes de madeira, por dentro e por fora, até que brilhem. Enquanto isso, Ivan enche os tanques com água potável, uma tarefa que envolve remar até a praia para encher os galões na torneira mais próxima, a qual muitas vezes fica longe da praia. Ele enche os galões, carrega-os até o bote, rema de volta até o barco, sobe com eles a bordo e depois enche os tanques com a ajuda de um funil. Fazer seis viagens, com três galões de cada vez, para cumprir essa tarefa, é um trabalho braçal intenso. E empreender esse esforço para obter água faz com que ambos tenhamos uma nova apreciação pelo precioso líquido, que passamos a utilizar valorizando cada gota. Temos uma máquina para fazer água a bordo, mas é tão lenta e gasta tanta energia que utilizá-la significa ficar sem luz, ou sem a carga diária requerida pelo computador que controla nossa localização.

Ivan retorna de uma viagem para buscar água e me chama para fora.
— Venha ver isso.

No convés, olho para a água na direção indicada por Ivan. Cardumes de diferentes espécies cercam o barco, enfeitando a superfície com listras prateadas e peles vermelhas reluzentes.

— Olha só isso — diz Ivan, enquanto pega uma bolacha que esfarela com a mão e a joga ao mar. Os peixes atacam a comida frenética e agressivamente, competindo entre si por uma mordiscada. Cardumes de peixes-palhaço, listrados, misturam-se com barbeiros-azuis numa massa sinuosa e contorcida, mas é a cioba-vermelha quem sempre vence a luta. Com trinta centímetros de comprimento em média, essa espécie é rápida e agressiva e consegue engolir cada migalha microssegundos antes dos peixes menores.

— Eu te garanto que vamos pescar uma dessas ciobas-vermelhas — diz Ivan, pondo em ação a vara de pesca e a caixa de equipamentos.

Prestes a lançar a linha, ele para e olha na direção da praia.

— Ei, olha — diz, apontando crianças que brincam com um pequeno bote branco. — Parece o *Little Gracie*. — Mas logo perde o interesse e volta ao preparo da vara de pescar.

Meus olhos continuam fixos no barco das crianças. Ele é muito similar ao nosso: branco, de madeira, os mesmos remos, o mesmo balde de iscas, preto, e com sapatos idênticos aos meus. Olho a estibordo e noto que o *Little Gracie* sumiu.

— Aquele é o nosso bote, Ivan — digo.

Ele dá uma segunda olhada.

— Ah, verdade. Deve ter se soltado.

Ponho as mãos na cintura e olho intensamente para ele.

— E *como* ele escapou?

— Ops. É que eu estou me sentindo tão relaxado aqui. Devo ter esquecido de amarrar.

Tento manter a expressão de braveza no rosto, mas não consigo deixar de sorrir ao ver como ele está sem jeito. Ele agiu como se, nestas águas calmas, esperasse que o bote fosse ficar parado como uma bicicleta apoiada em uma árvore.

As três crianças remam até nós, trazendo-nos *Little Gracie*. A bordo, estão uma menina de uns doze anos e dois garotos que aparentam oito e dez anos. Chegam rindo à solta, com os dentes brancos à mostra.

Subam, gesticulo, e eles não hesitam em aceitar o convite. Apesar de não partilharmos uma língua comum, as crianças parecem felizes apenas por estarem conosco, observando-nos, rindo e conversando entre si em francês.

Enquanto faço desenhos com elas, Ivan arremessa a linha de pesca ao mar. Fisga instantaneamente uma cioba-vermelha gulosa, de trinta centímetros. Põe nova isca, arremessa outra vez a linha e, segundos depois, iça um segundo peixe. Diante da plateia de quatro pessoas, Ivan age com indiferença, como se arrancar do mar o alimento não exigisse nenhum esforço do mestre pescador.

A garota se apresenta como voluntária para ajudar na limpeza dos peixes. Aceitamos e nos pomos a observá-la, para aprender. Ela agarra um peixe no balde, segurando-o pelo pescoço, enfiando os dedos na região das guelras. O peixe se defende se debatendo, e ela responde fechando os punhos e socando-o firmemente na cabeça. *Pow!* O peixe cai atordoado e logo está imóvel.

Ela pega uma faca e começa a descamá-lo. O animal começa a se mexer e de novo *Pow!*, outro gancho na cabeça. Depois de descamar, ela o corta desde as guelras até a cauda. O peixe parece vivo, mexendo-se aqui e ali, até a imobilidade completa, eventualmente desfeita por uma ocasional batida de cauda. A garota enfia os dedos na barriga do animal para arrancar um órgão branco, que as crianças disputam entre si. Acabam concordando em reparti-lo. Não tenho ideia do que seja e não vou brigar por uma mordida.

O segundo peixe encontra o mesmo destino, ao estilo da ilha: um soco na cabeça, seguido da descamação e da evisceração ainda vivo. Recobrimos os peixes, agora mortos, com um pouco de limão e alho, depois os embrulhamos em papel-alumínio e os assamos em uma pequena churrasqueira montada na popa.

Quando a carne está cozida, os cinco nos deleitamos com um almoço de ciobas-vermelhas acompanhadas por maionese.

— Isso está bom demais — Ivan diz, enquanto arranca, com um movimento de sucção, o último bocado de carne do osso. Joga a cabeça ao mar, e os peixes por ali ficam loucos, debatendo-se na disputa pela comida. — Olha só isso. Eles são canibais.

— Esse lugar está fervilhando de peixes.

— Finalmente, baby, vamos ter peixe fresco em todas as refeições!

Naquele entardecer, sentada sozinha no convés, depois de um dia agradável, relaxo e contemplo o luminoso pôr do sol alaranjado. Turbulentos movimentos na água, próximos ao barco, me chamam a atenção e, num salto, levanto para saber do que se trata. Nossos companheiros de guelras se movimentam freneticamente em torno de algo que parecem estar devorando. *Estranho*, penso, *não jogamos nenhuma comida para eles. O que podem estar comendo?*

Eu me aproximo do parapeito do barco para espiar. Está escurecendo, por isso preciso forçar os olhos para tentar distinguir as sombras que vejo na água. Os peixes se debatem, engolindo algo que se assemelha a uma nuvem escura, de contornos indefinidos, alguma coisa que não consigo identificar. Penduro a cabeça para fora do barco para olhar mais de perto, perplexa com o misterioso alimento que parece estar levando-os a um ataque de excitação.

Ivan emerge da parte inferior do barco, apertando o laço da bermuda.

— O que você está olhando? — pergunta, vendo-me com a cabeça inclinada sobre a grade. — Tem alguma coisa aí embaixo?

— Olha lá — aponto para a água. — Os peixes conseguiram algo bom pra comer. Mas não consigo descobrir o que é.

Ivan chega mais perto para ver, e seu rosto se contorce.

— Acabei de dar descarga no banheiro. *Eles estão comendo meu cocô!*

Para o jantar daquela noite, não tivemos cioba assada. Na verdade, cioba alimentada com merda está fora do cardápio de vez.

~

Numa caminhada pelas montanhas da baía de Anaho, encontramos um nativo muito simpático chamado Thomas, um dos poucos habitantes da ilha que conhecemos que fala inglês fluentemente. Ele nos convida a sua casa para uma cerveja, e falamos sobre a cultura marquesa, sua vida em Nuku Hiva, nossas viagens e nossa vida antes de chegarmos aqui. Ele nos diz que ama viver neste lugar porque não precisa de dinheiro para sobreviver.

— As pessoas na cidade, como no Taiti, são pobres. É preciso muito dinheiro para viver na cidade. Aqui, dinheiro não é importante. Tenho tudo de que preciso: um viveiro de peixes na minha porta e um coqueiral no meu quintal. Sou um homem feliz. E sou rico.

Ele se levanta por um momento e volta com uma sacola cheia de erva.

— Fumo?

Aparentemente, Thomas tem aqui, também, um outro tipo de plantação. Apesar de não sermos adeptos, aceitamos o convite, retribuindo-lhe a gentileza e a hospitalidade, e como uma forma de respeito a sua cultura.

Ele enrola o baseado e passa a Ivan, que dá um trago e começa a tossir.

— O que acontece se você for pego com maconha aqui? — pergunto a Thomas, exalando a fumaça.

— Não seria bom — ele diz, assumindo um ar sério. — É cadeia na certa. Marujos podem ter o barco confiscado. A polícia aqui é bem rígida.

Tenho uma crise de tosse.

Thomas, então, nos convida para uma pequena festa oferecida pelos nativos na praia. Quando chegamos, o grupo bebe cervejas Hinano e faz música com instrumentos improvisados. Preparam peixes na brasa, feita com cascas de coco. Cães se juntam à festa, competindo pelo carinho dos convivas. Animais domésticos se banqueteiam com cocos e sobras de peixe, o que parece manter seus pelos limpos e brilhantes.

Dão-nos, a Ivan e a mim, garrafas de cerveja vazias e colheres, para que nos juntemos ao grupo, fazendo a percussão. Ali ficamos por cerca de uma hora, sem falar nada, conectados ao grupo por meio apenas da música.

Quando chega a hora de voltarmos ao barco, Thomas nos detém.

— Antes de irem — diz ele —, gostaria de lhes dar algo. — Ele desembainha uma faca e vai até seu pomar, onde colhe um cacho de bananas que tem pelo menos metade da minha altura. Entrega o cacho a Ivan e, em seguida, desaparece em outra parte do quintal, retornando com uma mão cheia de folhas verdes. Não tenho ideia do que seja a princípio, mas, quando o examino mais de perto sob a luz fraca, vejo que seguro um buquê de maconha.

— Olá! Alguém a bordo? — Ivan se põe de pé no bote, batendo no brilhante casco de *Red Sky*. Steve e Carol aparecem.

— Oi, amigos, como estão? — cumprimenta Carol. Ela usa um maiô preto com aberturas no torso, que deixam à mostra seu esbelto talhe de nadadora. Carol é uma *sexygenária*.

— Estávamos imaginando se vocês não querem um pouco disso... — Mostro-lhes metade do buquê.

Os olhos de Steve brilham.

— Onde vocês arrumaram *isso*?

— Um montanhês gentil.

— Ah, uau! — diz Steve, pegando o presente. — Fantástico. Por que nunca um nativo nos presenteia com um punhado de maconha? Como vocês tiveram essa sorte? Nós devemos parecer muito velhos ou algo assim. Isso é demais. Uau! Obrigado.

— Nós também temos algo para vocês — diz Carol. Ela corre para a parte inferior do barco e volta com uma sacola de filés de peixe. — Cavala. No caminho para cá, pescamos um maior que você, Torre.

Agradecemos ao casal e voltamos para *Amazing Grace*. Enfio o punhado de maconha numa vasilha de plástico, que escondo em nosso armário mais fundo. Ponho a cavala numa marinada de cebolas, aceto balsâmico, alho e ervas e o sirvo com purê de batatas.

— Isso está incrível — diz Ivan, levando uma garfada de peixe à boca.

— Bem melhor que a cioba alimentada com cocô. Devo confessar que, quando imaginei nossa viagem pelo Pacífico Sul, em nenhum momento pensei que faríamos escambo de maconha e filés de peixe com amigos de sessenta anos de idade.

Esta manhã, há vinte minutos, Steve e Carol levantaram âncora com o simples acionamento de um botão e partiram da baía de Anaho, fazendo o caminho de volta à baía de Taiohae a fim de ir ao mercado da ilha amanhã. Ivan está grunhindo desde então, enquanto tenta içar a nossa.

— UUUHHHHHH! — O grito de Ivan faz com que todos os pássaros próximos voem em debandada, com medo.

Tenho pensado bastante sobre nosso problema com a âncora, porque o método de içamento de Ivan, composto de músculos e grunhidos, é um despropósito.

Vou até a frente do barco para dar uma olhada em nosso equipamento. Na proa, há uma peça grande que parece ser parte da âncora.

— Será que não dá pra enrolar a corrente na roldana desse guincho e girar a manivela?

— O guincho não é para corrente, é para corda — diz Ivan. Ignoro o tom condescendente de sua voz.

— Por que não tenta? Pode ser que funcione.

— Olha, eu sei o que estou fazendo, tá bom?

Correndo o risco de irritá-lo com minha insistência, faço mais uma tentativa.

— Tente só uma vez. Por favor.

Ele expira alto, como quem desiste, e resolve acolher minha sugestão. Enrola a corrente no guincho e impulsiona a manivela com o outro braço. A âncora começa a se deslocar sem esforço nenhum, recolhendo-se a seu compartimento.

— Nossa, olha isso — diz Ivan. — Uau!

Mordo os lábios, contendo um "eu te avisei!" já na ponta da língua.

— Eu realmente não acreditei que funcionaria — ele diz, surpreso. — Obrigado, baby! É claro que é para isso que serve o guincho! — Enquanto fala, ele continua girando a manivela e recolhendo a âncora com a força das engrenagens de aço, parando de vez em quando para soltar outro "Uau", ainda surpreso. O novo método dispensa qualquer tipo de grunhido.

Caminho de volta ao timão com passos confiantes e dizendo a mim mesma que, no fim das contas, estou pegando o jeito desse negócio de velejar.

Uma repentina e violenta ventania atinge o barco e me desperta de um sono profundo. Apesar do vento que assobia no cordame e de o barco estar balançando ao sabor da força nervosa do vento, estamos ancorados em segurança na lotada baía de Taiohae, e não há nada com que nos preocupar. Ou há? Lembro que minha nova canga verde está pendurada do lado de fora e salto da cama para salvá-la. Enquanto desprendo a peça das cordas de segurança, algo enorme e branco chama minha atenção a estibordo. Olho de soslaio e, quando me dou realmente conta do que vejo, fico paralisada e de cabelo em pé.

Estamos prestes a colidir com *Red Sky*!

Quando fomos para a cama, estávamos ancorados a trinta metros de distância do iate. Agora, basta uma lufada de vento para nos chocarmos com a embarcação amiga.

— Estão chegando perto, hein? — diz Steve. Percebo que ele está parado na cabine. Nem precisa gritar. Mais um pouco e estaremos próximos o suficiente para um aperto de mãos.

— Sim, perto até demais! Somos nós arrastando a âncora, ou vocês?

Ivan ouve nossa voz e sobe para a cabine.

— Merda — diz ele.

— Ivan — diz Steve, com sua habitual descontração de surfista. — Sua âncora está se arrastando. Estou acordado e observando já faz um tempo. Nessa última rajada de vento, vocês voaram. Faz mais ou menos uma hora que estou no convés monitorando.

Red Sky é como uma Mercedes Classe S em relação a nossa perua Volvo modelo 79. Eu também estaria de olho em nosso barco se fosse Steve. Poucos aqui podem pagar o seguro do barco, já que o custo anual para cruzadores é metade do valor total da embarcação. Estou impressionada com a calma de Steve. Se essa Mercedes fosse minha, eu estaria sentada na buzina e exibindo não só um dedo médio para nós, mas os dois.

Steve recolhe a âncora do *Red Sky* com o acionamento de um botão, enquanto Ivan, vagarosamente, gira a manivela do guincho. Quando estamos a uma boa distância, voltamos para a cama, para um sono inquieto. Meus dias de abençoada ignorância acabaram; agora sei que, mesmo ancorados, enquanto dormimos, um vento forte pode nos mandar para onde quiser.

Durante as primeiras horas da manhã, ainda escuro, remamos em direção ao mercado e lutamos contra uma multidão madrugadora para conseguir produtos frescos. Retornamos ao barco com sacolas transbordando de um espólio arduamente conseguido.

— Você está feliz em me ver? — pergunto a Ivan, erguendo sugestivamente um pepino verde comprido.

Ele coloca duas enormes toranjas na altura do peito nu e responde:

— Ah, sim, estou.

Nossos risos ruidosos são desproporcionais à qualidade da piada, mas estamos inebriados com o simples prazer que esses alimentos representam. Passamos por muita coisa para consegui-los.

Sem refrigeração, nossos produtos não vão durar. Por isso, a única opção é comer tudo em pouco tempo, antes da partida rumo às arenosas praias desertas de Tuamotu.

Alimentando-nos de salada aos montes, trabalhamos no planejamento de nossa viagem a Tuamotu. Ambos estamos tensos. Viajar em alto-mar sempre se assemelha a uma corrida maluca num campo de treino de tiro ao alvo, o que é particularmente verdadeiro quando se está a caminho de uma região conhecida como "O Perigoso Arquipélago". Mesmo marujos experientes ficam nervosos ao viajar por essa região e, enquanto muitos decidem evitar totalmente a área, os que a enfrentam, numa jornada de duzentas e quinze milhas náuticas pontilhadas de corais, o fazem tremendo de medo. Impossíveis de ser vistos de longe, os recifes de corais dispersos pela região acumulam destroços de navios, que jazem como castelos de areia na praia depois de um dia de verão. Barcos de todos os tamanhos — de batéis a petroleiros — ficam ali de barriga para cima, espalhando esqueletos de metal enferrujado, madeira em decomposição e fragmentos de fibra de vidro destroçada pela maior cadeia de atóis do mundo.

Os atóis em formato de anel possuem uma passagem larga e profunda o suficiente apenas para permitir que um único barco chegue ao centro da lagoa. Mas esses canais estreitos geram correntezas fortes, porque a maré empurra água para dentro e para fora deles. Com correntezas de até doze nós, uma tentativa mal calculada de entrada num atol pode fazer com que o barco fique preso num recife.

Não há espaço para inépcia; nossa navegação tem de ser impecável. Por isso, passamos o dia inteiro pesquisando.

Na cafeteria da ilha com acesso à internet, imprimimos os horários das marés do atol chamado Manihi, escolhido por ter fama de ser de fácil ultrapassagem. Vasculhando a maior quantidade possível de informações, esgotamos três guias, aprofundando o estudo de riscos e estratégias de ancoragem. Ivan constrói gráficos de nosso curso no laptop, nos quais se vê uma rota pontilhada, que é a que *Amazing Grace* deve seguir daqui até o próximo remanso seguro.

Estamos tão preparados quanto possível para partir, mas sinto meus pés se arrastando e fico nervosa só ao pensar que vamos seguir rumo a esse remoto ponto do planeta. É fácil protelar a partida estando neste lugar lindo. Por isso, sentamo-nos na cabine, degustando nosso enorme cacho de bananas no café da manhã e contemplando a paisagem.

Um barco familiar está faltando.

— Onde está o *Red Sky*? — pergunto.

Ivan procura o iate pelas redondezas.

— Que estranho. Eles estavam aqui agora há pouco.

Busco em círculos, pensando que talvez eu, por distração, não esteja enxergando o inconfundível iate de cinquenta pés.

— Eles disseram que ficariam mais alguns dias. Estranho. Será que eles simplesmente... partiram?

— Acho que sim.

Meu coração naufraga. Nossos "amigos" partiram sem ao menos um adeus. Acho que eles queriam distância de marujos desajeitados e amadores cujo barco é arrastado na direção do deles durante uma noite de ventos fortes.

— Droga — digo. — Eu realmente gostava daquelas pessoas. — Mesmo adorando a companhia de Ivan, sinto vontade de me conectar a uma comunidade, de ter amigos, de dividir histórias durante encontros para comer e beber. Quando estamos a sós, ao longo de semanas e semanas, nossas histórias vão perdendo o colorido, como uma polaroide velha e desbotada pelo sol.

Ivan me dá um tapinha nas costas.

— Não se preocupe. Vamos fazer novos amigos.

Mas não me me deixo convencer por essa promessa. Porque nosso próximo destino é o paraíso remoto de Ivan.

11

Nossas velas estão em perfeita convexidade, infladas por uma corrente de vento firme e constante, que nos conduz a Tuamotu. Deito-me na cabine, sonolenta e curtindo a velocidade de navegação, que lembra a sensação de estar montando um animal em pelo numa ampla planície. Não há nada melhor que velejar impulsionados pelos alísios.

O vento é ora fresco, ora morno, e gira em círculos que acariciam meu corpo nu. Temos estado preguiçosos, relaxando mais do que deveriam marujos que têm de conduzir um barco por um trecho de mar aberto. Faz dias que Ivan não toca nas velas. Elas estão posicionadas de modo a tirar o máximo proveito da brisa, que nos impulsiona a nosso destino à velocidade máxima possível, de seis nós. Atingimos nosso recorde, percorrendo duzentos e trinta quilômetros em vinte e quatro horas, sem levantar um só dedo.

Estou entusiasmada com a chegada a Tuamotu. O arquipélago é um conjunto de setenta e oito atóis, cada qual constituído de cadeias de ilhotas perfeitas, como um colar de pérolas. A lagoa dentro do colar é um oásis protegido — um exótico lago em pleno Pacífico —, e muitos dos escassamente povoados atóis são acessíveis somente por barco.

Ivan liga o rádio e sintoniza a Coconut Net para ouvir a previsão do tempo. Formada por navegantes que estão de passagem pela região, a estação provê informações diárias sobre o clima e um fórum que permite contato e apoio recíproco entre as embarcações em travessia. Registramos as informações sobre o tempo e logo:

— *Amazing Grace, Amazing Grace.* Aqui é *Red Sky.* Entendido? Câmbio.

Tomado de surpresa ao ouvir a menção a nosso barco no rádio, Ivan, tendo acabado de dar uma mordida em uma banana, se apressa em direção ao aparelho.

— Ivan e Torre, para onde estão indo? — É a voz de Steve, entrecortada pelos chiados e ruídos no sinal do rádio.

Abro um largo sorriso, feliz por saber que não se esqueceram de nós, afinal.

Ivan aciona o botão do rádio para falar.

— Oi, Steve. Estamos a caminho de Manihi.

— Mudem de curso já, garotos. Estamos num dos lugares mais incríveis que já vimos. Vocês precisam vir pra cá o mais rápido possível; este lugar é espetacular.

Com quarenta anos de experiência em navegação, Steve e Carol sabem o que é um lugar espetacular de verdade. Sou toda ouvidos.

— Onde você está, Steve? — pergunta Ivan.

— Num dos atóis de Tuamotu, próximo de Rangiroa. O lugar se chama Anse Amyot, em Toau. Vocês precisam conhecer este lugar.

Ivan mantém o dedo acima do comando de fala do rádio, retardando a resposta.

— O que você acha? — pergunta para mim.

— Parece ótimo, mas não temos informações para tomar a decisão. Os horários de marés que pesquisamos são os de Manihi. Pergunte ao Steve como é a passagem. Precisamos dessa informação.

Ivan aciona o rádio e pergunta:

— Steve, como é a passagem em Toau? Vocês têm o horário das marés?

— Este lugar não é afetado pelas marés — diz Steve. — Amigos, estou dizendo, é muito fácil. Não tem nada a ver com aquelas passagens arriscadas sobre as quais vocês leram.

Olhamos um para o outro, céticos.

— Isso vai contra tudo que lemos — me diz Ivan. — Como é que pode só esse atol não ser afetado pela maré?

— Não tenho certeza, mas o Steve é experiente. Ele sabe do que está falando.

Ivan volta a acionar o rádio.

— Então, Steve, podemos mesmo aportar a qualquer horário, sem problemas?

— Sim, é isso mesmo, Ivan. Tem mais cinco barcos aqui e nenhum teve problema pra chegar.

— Mais cinco barcos! — Não consigo me conter, celebrando com um estalar de dedos e uns passinhos de jazz.

Minha coreografia faz Ivan sorrir.

— Parece ótimo, Steve — diz ele.

— Quando você se aproximar, um nativo chamado Gaston vai até seu barco para guiá-lo a um ancoradouro. Uma única família vive aqui, e eles adoram receber visitas dos navegantes. Quando chegarem, todos vão sair para conhecer vocês; eles vivem isolados, e novas companhias são sempre um acontecimento para eles. São incrivelmente carinhosos e adotam imediatamente os que chegam. Eles construíram vários ancoradouros às margens da lagoa. Quando chegar, é só escolher um ao lado de uma das casas da família. Não tem dificuldade para chegar aqui, não precisa se preocupar. Se for pra se preocupar com alguma coisa, preocupe-se com a dificuldade de *partir*.

Fácil. Isso é um alívio. Sinalizo positivamente para Ivan e ele responde também com sinal positivo.

— Certo. Bom, acho que nos vemos amanhã, então. — Ivan se despede e desliga o rádio.

Consultamos nosso guia em busca de informação. Existe uma única via de acesso à lagoa Toau, a chamada passagem Otugi. Ivan altera nosso curso no GPS.

— Esse lugar é um pouco mais difícil de chegar que Manihi — diz ele. — Vamos ter que ziguezaguear um pouco entre os outros atóis, à noite. Se tudo correr bem, chegamos lá amanhã, por volta das quatro da tarde.

~

Remexo-me na cama, onde me mantenho acordada em razão do martelar do motor, que funciona a todo vapor. A brisa perfeita com que fomos brindados nos últimos quatro dias se foi, e precisamos da energia do motor para prosseguir.

Temos um prazo apertado — precisamos chegar a Toau amanhã, antes do pôr do sol. Se chegarmos trinta minutos depois, terá escurecido e não teremos boa visão. Ter luz do dia suficiente para a entrada na lagoa é vital, porque à noite o mar é uma enorme piscina negra, sem qualquer variação de tons e, logo, sem qualquer distinção entre o que é água e o que é recife.

A promessa de uma boa noite de sono às vezes seduz marinheiros a correr riscos desnecessários, e um deles é a chegada ao porto à noite. Não é raro ver barcos que se perdem por conta dessa falta de cuidado. Temos uma regra a bordo: não aportar à noite, não importa a situação. Se chegarmos tarde, seremos forçados a manobrar o barco e ficar aguardando no escuro durante quinze horas.

Navegar na região de recifes à noite é estressante e não admite erros. Ivan acompanha os registros do GPS sem parar, conciliando números com gráficos, para se assegurar de que a correnteza não está nos impulsionando para os lados, em direção às linhas de corais escondidas e próximas à costa, que espreitam em silêncio, aguardando a ocasião de juntar mais um barco à impressionante coleção dos que já foram dar ali. Entretanto, é preciso considerar que acompanhar as coordenadas do GPS já se tornou uma obsessão para Ivan. Não importa o que esteja fazendo — cozinhando, comendo ou afinando as velas —, seus olhos amendoados estão constantemente fixos no painel de LCD, vidrados no monitor, com a mandíbula frouxa e o olhar vago de um viciado em infomerciais.

~

Vista do mar, Toau é uma paisagem modesta, pouco mais que uma fina faixa verde no horizonte. Assemelha-se a uma refração da luz, que deve desaparecer quando chegarmos mais perto. Coqueiros parecem brotar da superfície da água, como mechas de cabelo verdes.

Ao chegarmos à entrada da passagem, no último momento ainda propício, isto é, exatamente às quatro da tarde, ambos ficamos em silêncio e estupefatos. A passagem não se parece com o que imaginei quando Steve a descreveu. Em minha imaginação, eram duas alas de coqueiros, formando como que paredes em cada lado de um curso d'água semelhante a um rio. Na verdade, não há nenhuma passagem visível, apenas a água turbulenta arrebentando contra os recifes. As ondas aqui quebram como num ponto de surf qualquer, e é difícil saber onde estão as águas profundas e as pontas dos recifes.

— Será que é aqui? — pergunto. — Parece difícil.

— É, parece. Vou checar com o Steve. — Ivan aciona o rádio. — *Red Sky, Red Sky*, aqui é *Amazing Grace*. Entendido? Câmbio.

Faz três tentativas, mas a única resposta são os ruídos da estática.

— Iates em Toau, aqui fala *Amazing Grace*, alguém ouve? Câmbio.

Nada.

Ivan desliga o rádio.

— Estranho. O Steve disse que tinha cinco outros barcos além do deles em Toau. Por que ninguém responde?

— Pode ser a antena do nosso. Ou será que ninguém está com o rádio ligado?

— Pode ser.

— Então será que devíamos só... atravessar a passagem?

— Acho que sim...

— O Steve disse que era fácil — digo, lembrando a fala de nosso amigo.

Está escurecendo, e nossa oportunidade de passar a noite num lugar tranquilo se esvai rapidamente. Temos de tomar uma decisão.

Reviso os guias, e Ivan checa os instrumentos.

Existe apenas uma passagem para a lagoa de Toau, e estamos olhando bem para ela. Só podemos confiar nas informações do GPS, que, neste exato momento, indicam que devemos seguir adiante cruzando as águas agitadas às margens de um banco de areia.

— Lembre-se, o Steve disse que era fácil — digo de novo, agora com a voz trêmula.

Ivan reverte o motor e aponta o barco na direção daquele caos.

— Aqui vamos nós — diz.

Amazing Grace trabalha à exaustão quando encontra as ondas agitadas. Tenho dificuldade de me equilibrar e busco algo em que me segurar com ambas as mãos.

Ivan mantém o timão firme, fazendo o possível para enfrentar o que se opõe a nós. Seu rosto denuncia algo que raramente vejo nele: preocupação. A água parece tão confusa quanto nós. Surgem ondas de todos os lados. *Amazing Grace* desliza sobre uma delas e logo se choca com outra em sentido contrário, recebendo um forte borrifo de água salgada e fria na cabine. Ao redor, golfinhos emergem, usando a força das ondas para potencializar seus saltos acrobáticos. Quando uma arrebenta sobre o barco, deixando-nos encharcados, começo a me preocupar com a possibilidade de acabar com um golfinho no colo.

— Isso não deve ser tão difícil quanto parece — murmuro para mim mesma.

Nosso lento progresso me diz que estamos avançando contra uma forte correnteza. Ela nos prende em meio à turbulência. Tudo o que podemos fazer é continuar avançando: se recuarmos agora, ondas nos atingirão de lado, com força suficiente para nos fazer tombar.

— Raso! — grita Ivan.

De uma hora para outra, estamos navegando sobre águas de um claro e nítido azul, que nos permite enxergar, no fundo do mar, as formas e as cores de formações de coral. *Vamos bater!* Reprimo um princípio de pânico. Surtar agora não vai ajudar em nada.

Olho ao redor, procurando um lugar seguro para onde possamos nadar. Avisto uma plataforma de recifes, mas o local está sendo batido por ondas bravas. Longe, a razoável distância de onde nos encontramos, há pequenos bancos de areia em diferentes lados da passagem, mas de qualquer forma nadar está fora de questão: o fluxo da correnteza, de dentro para fora da lagoa, nos arremessaria aos tubarões como quem joga carne para cachorros famintos.

De repente, as ondas desaparecem. A água se aquieta numa planície morta. E flutuamos na amplidão tranquila em azul-turquesa.

— Estamos na lagoa! — diz Ivan.

É como se tivéssemos subitamente surgido numa outra dimensão, e nos abraçamos num aperto úmido.

— Tá bom que era fácil — diz Ivan.

— Eu tinha certeza de que íamos afundar.

— É verdade. — Ele dá um riso trêmulo.

— Onde estará o *Red Sky*? — digo, vasculhando a lagoa vazia.

— Não era para um tal de Gaston vir nos encontrar?

— Esquisito. Vamos tentar o rádio de novo — sugiro.

Para meu grande alívio, Ivan localiza Steve no rádio.

— Onde vocês estão? — pergunta Steve. — Pensamos que, a esta hora, já estariam aqui.

— Acabamos de cruzar a passagem, Steve. Rapaz, foi uma diversão de tirar o fôlego. Não sei se chamaria isso de "fácil". Não estamos vendo vocês. Onde ancoraram?

— Espere um pouco — diz Steve. — *Onde* exatamente vocês estão? Não podem estar aqui.

— Acabamos de cruzar a passagem, estamos na lagoa. — Ivan percorre o horizonte, procurando o mastro de *Red Sky*. — Consegue nos ver?

Eu também bisbilhoto o horizonte, girando em círculos até ficar zonza.

— Ah, não, definitivamente não consigo vê-los — diz Steve. — Ivan, qual a sua posição?

— Só um segundo... — Ivan checa o GPS. — Estamos a 15° 55,5' sul e 145° 52,8' oeste.

— Ai, merda — diz Steve. — Você cruzou a passagem Otugi?

Os olhos de Ivan se demoram nos meus enquanto, lentamente, ele aciona o botão do rádio.

— Isso mesmo.

— Ah, Ivan. Que droga! Você está no lugar errado. Na verdade, *completamente* errado. Devíamos ter dado mais informações. Desculpem, amigos. Não estamos exatamente *dentro* da lagoa, mas em um lugar chamado Anse Amyot, provavelmente a uns trinta quilômetros de onde vocês estão. É um *cul-de-sac*, uma espécie de pequena baía sem saída, encravada num recife, à qual se chega pelo lado de fora da lagoa. Você vai ter que voltar a cruzar a passagem Otugi para chegar aqui.

Estou à beira do choro. Ouço a voz de Ivan baixar uma oitava, num claro sinal de desânimo, que ele corajosamente combate.

— Bom — diz ele —, acho que só nos vemos amanhã então. Está ficando escuro, e a passagem é bem difícil. Seria suicídio voltar agora com aquelas ondas. Saímos amanhã, em algum momento do dia. Devemos levar umas quatro horas até aí.

— Mil desculpas, amigos — diz Steve ainda uma vez, antes de encerrar a conversa.

Checo nossas fontes de novo, abrindo o guia pelo qual nos orientamos, exatamente na página em que se encontra a passagem Otugi e que deixei marcada com uma dobra. Na página oposta, em negrito e maiúsculas, o cabeçalho em que se lê "Anse Amyot". Sob o cabeçalho, a menção ao fato de que Gaston é um habitante desse porto seguro. "Gaston vai guiá-los em seu barco", Steve havia mencionado. Nosso guia traz anotações feitas pelo dono anterior. Uma delas, feita a lápis e ao lado da passagem Otugi, só agora estamos vendo: "Passagem considerada perigosa pelos nativos!" Entreolhamo-nos, sem poder acreditar.

— Acabamos de forçar caminho por uma das passagens mais perigosas de Tuamotu! — digo.

— E na maré errada! — Ivan adiciona.

— Nossa pesquisa não valeu de nada.

— Minha promessa de que estaríamos totalmente seguros é que não valeu de nada. Eu sou um completo idiota.

— *Eu* sou uma idiota — digo, levantando o guia sobre o qual fiquei dias debruçada.

— O Steve é um idiota — graceja Ivan. — *Gracie* é uma idiota.

— A passagem Otugi é uma idiota — digo, entrando na brincadeira.

Rimos um pouco, e nossa tensão diminui.

— Merda, essa foi por pouco... — diz Ivan, alisando o cavanhaque.

～

Posso encafifar com as coisas como ninguém. Em vez de apreciar minha primeira visão de um atol, chafurdo no desapontamento com o que acaba de nos acontecer. Recuso-me a contemplar o luminoso pôr do sol, de um tom de mamão papaia, e seu reflexo na água. Ignoro a brisa quente que beija timidamente meus braços cruzados. Não vou permitir que o céu cheio de estrelas e galáxias, ou o luar que ilumina a superfície da água, alterem meu mau humor.

Nada disso há de me influenciar. Comprometo-me a ficar emburrada até voltarmos a cruzar aquela perigosa passagem.

— Você acha que vamos voltar a enfrentar aquelas ondas na passagem? — pergunto. — Não temos informações sobre os horários das marés neste lugar. Precisamos checar na internet, mas por algum motivo meu laptop não está localizando nenhuma rede wi-fi por aqui — zombo, apontando a praia deserta.

— Será que é possível que eles saibam? — Ivan pergunta, apontando para o único outro barco que nos faz companhia na lagoa. Em seguida, pega o bote e rema até o iate, no qual tremula uma bandeira da Itália.

Trinta minutos depois, retorna com um pedaço de papel em que se vê um desenho a lápis.

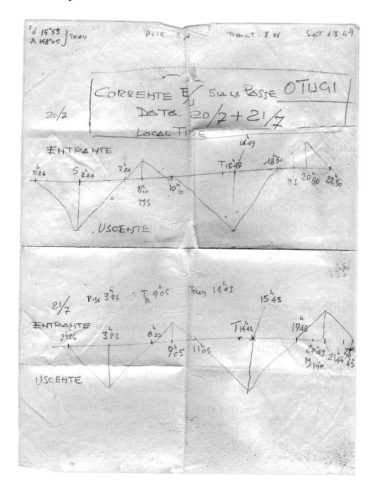

— Ele desenhou isso para você? — pergunto.

— Sim, bem ali, na hora. Prestativo, né?

— Realmente prestativo. Incrivelmente prestativo. *Não tenho a menor ideia do que isso significa!*

— Eu também não. Mas impressiona, não? De qualquer forma, ele disse que às oito e vinte seis da manhã é o início da maré alta.

— Ótimo. Quem está naquele barco, afinal? Stephen Hawking?

Rimos bastante juntos, mas, no íntimo, me pergunto se somos os únicos marujos por aqui que não sabem se virar sem o Google.

Às oito e vinte e seis da manhã, onde antes havia ondas violentas, agora há uma passagem plana que conduz ao exterior de Otugi. Deslizamos pela superfície vítrea, e me sinto ainda mais tola quando penso no que passamos para chegar aqui.

Depois de quatro horas, estamos do lado de fora de Anse Amyot.

Encontramos o famigerado Gaston, e Steve nos cumprimenta do caiaque.

— Sejam bem-vindos, amigos. Finalmente vocês chegaram! É um prazer vê-los.

Enquanto somos levados a um ancoradouro, sorrio tão intensamente que chego a sentir os músculos da face doloridos. Meus olhos se enchem da paisagem e compreendo perfeitamente por que nossos amigos disseram que devíamos mudar nossos planos. O lugar é uma pequena baía em formato de U que forma um útero protegido, como se a Mãe Terra o tivesse projetado exclusivamente para os navegantes. O porto é uma piscina profunda, esculpida nas águas rasas de um azul fosforescente, que se estende até encontrar um outro azul, cerúleo. Ao longo do horizonte, ilhotas arenosas, com coqueirais esguios que se destacam em meio aos tons azuis, emergem do mar. A ilhota mais próxima de nosso barco possui umas poucas e modestas casas e alguns bangalôs de palha, construídos na areia da praia e com vista para uma das mais belas paisagens do mundo. A própria visão do paraíso.

— Já posso morrer feliz — digo. E salto do barco em direção ao azul.

12

— Bem-vindos — diz uma sorridente mulher polinésia, dirigindo-se a nós de braços estendidos. Toda a família de habitantes do lugar nos espera na praia, desde que avistaram nosso barco, prontos para receber os recém-chegados na pequena ilha que é seu lar.

Saltamos do bote, e a mulher nos dá um abraço forte, apertando-nos contra as dobras de um corpo opulento. Branquíssimos, em contraste com a pele escura, ressaltam olhos de uma alegria transbordante e um sorriso de dentes perolados, em que se nota a falta de uma pérola. Ela tem o físico avantajado de um lutador de sumô, mas se move com uma elegância graciosa e inconfundivelmente feminina.

— Meu nome é Liza — diz ela, apertando-me ambas as mãos. — E o seu?

— Torre; este é o Ivan.

— Bem-vinda, Torre! Bem-vindo, Ivan! — diz ela, com o sotaque franco-polinésio, prodigalizando gestos afetuosos, como se fôssemos suas crianças há muito desaparecidas.

Deixo-me envolver, sem resistência, pelo aconchegante carinho materno.

— Venham! — diz Liza, nos conduzindo do pequeno atracadouro onde fica o bote para o interior da ilha.

Filhotes de cães correm ao nosso lado, lambendo nossos tornozelos. Não resisto e logo tomo um nos braços. Ele tem o pelo preto e pequenas sobrancelhas cor de caramelo, que me conquistam imediatamente. Mordisca delicadamente minha mão com os dentinhos de filhote, e só para quando lhe acaricio a barriguinha gorducha. Todos nesta ilha, ao que parece, são muito bem alimentados.

Do lado de fora da casa na praia, a família de Liza espera para nos saudar. Logo que chegamos, ela começa a desfilar a lista de nomes: Snow, o marido; Jean e Tamatea, os filhos, ambos com vinte e poucos anos; a belíssima filha adolescente, Vaea; e um menino de onze meses chamado Ari'eh, rechonchudo e forte, com olhos castanho-claros e um sorriso molhado que já exibe uns poucos dentes.

Ari'eh, pelo que nos foi dito, é neto de Liza. A mãe vive em uma ilha vizinha, mas o menino ficará com a avó até completar cinco anos. Com os limitados recursos disponíveis aos habitantes das ilhas, não é incomum, por aqui, esse tipo de arranjo familiar.

A mãe de Liza, Violet, tem sua própria casa na ilha, assim como a irmã de Liza, Valentine, e seu marido Gaston. Quando Liza se refere a Valentine, seu rosto exibe claros sinais de desaprovação, o que revela que ela não faz nenhum esforço para ocultar a rivalidade entre as irmãs. O fato me faz considerar que, sendo os únicos residentes da ilhota, as diferenças familiares devem ser mantidas sob controle, ou o lugar pode se converter, de uma hora para outra, numa cena de *O senhor das moscas*.

Vaea não perde tempo e nos convida para um mergulho de snorkel na passagem. Logo saltamos no bote, rumamos em direção a um local em que predomina um tom de azul profundo e, ali chegando, lançamos âncora. Embora tenha remado, uma ou outra vez e com certa apreensão, em águas rasas e próximas da areia, esta é a primeira vez na vida que mergulho sobre um recife. Do barco, examino o lugar: consigo enxergar, a três metros de profundidade, o fundo do mar recoberto de corais. A água límpida parece muito refrescante, mas as formas escuras e instáveis no fundo evocam imagens de dentes e sangue.

— Tudo bem? — pergunta Vaea.

— Tenho medo do mar — confesso.

Ela me fita, impassível, e percebo como o que acabo de dizer deve soar absurdo a um morador da ilha. Tão absurdo quanto dizer a um nova-iorquino que tenho medo de táxis.

— Vai! — diz Vaea num tom imperativo, lançando-se ao mar. Ivan a segue. Fico sozinha no barco, sentada e ouvindo minha própria respiração acelerada, amplificada pelo snorkel. Faço uma contagem regressiva partindo do três, solto o corpo e caio de costas na água profunda.

Sob as ondas, um mundo azul-turquesa se abre a minha frente. Os raios de sol se partem em fragmentos cintilantes, espraiados sobre a pele, sobre a areia e as formas de vida marinha. De todos os lados, chegam ruídos de uma enorme variedade de criaturas que se ocupam em mordiscar os corais e a areia em busca de comida.

Vaea passa por mim ziguezagueando, dando cambalhotas, deslizando como um peixe que se abandona ao simples prazer de nadar. Ela tem a beleza típica das mulheres taitianas, braços e pernas longos e esculpidos e longas mechas de cabelos negros. Parece integrar-se ao leito do mar com a mesma naturalidade dos pólipos e das algas ondulantes. Deixo-me pairar próxima à superfície, observando a sereia taitiana, que mergulha na direção de uma carpa. Um peixe-papagaio multicolorido, surpreendido por sua chegada, corre para trás de uma fileira de corais, tentando, sem sucesso, se esconder. Aceitando a brincadeira, Vaea segue atrás dele.

Venha, ela me chama, fazendo sinais com a mão, mas permanecemos próximos à superfície, porque nenhum de nós consegue mergulhar tão fundo. Vaea nos orienta a despressurizar os ouvidos, fechando as narinas e expirando forte. Sentimo-nos capazes de ir mais fundo e começamos a ir e vir, da superfície ao fundo, do fundo à superfície, trazendo as mãos cheias de areia e exercitando nossa nova habilidade.

Vaea começa então, como um guia, a nos apresentar atrações submarinas. Vamos cada vez mais fundo, testando os limites de nossa habilidade para chegar ao solo marinho e ganhando confiança a cada mergulho. Forço o curso até o fundo e em seguida relaxo, permitindo que a flutuabilidade natural de meu corpo me arraste aos poucos para a superfície. Inalo, enchendo os pulmões, antes de mergulhar ansiosamente de volta, totalmente esquecida do desconforto inicial.

Flutuamos na proximidade de enormes formações de corais, cada vez mais habitadas de uma enorme variedade de formas de vida, quanto mais fundo somos capazes de ir. Numa espécie de metrópole de leques-do-mar, corais-cérebro e ramos de madrepérola retorcidos, peixes de todas as cores desfilam um chamativo e variado vestuário. Uma irritada moreia surge na porta de sua toca no exato momento em que uma multidão de peixes amarelos, na hora do rush, atravessa seu caminho. Um baiacu neurótico agita a água a seu redor, procurando o menor pretexto para inflar até explodir.

Vindo do fundo, tornando-se aos poucos mais nítido em meio ao azul indistinto, noto algo que se aproxima. Consigo identificar três detalhes: é de um tom azul metálico, é maior do que eu e vem em nossa direção.

Congelo.

Vaea me puxa para a superfície e remove o snorkel para gritar:

— Arraia-manta!

Ela torna a mergulhar a fim de perseguir a arraia, que deve ter dois metros de largura. Agarra as nadadeiras da criatura e a cavalga sob a água. As nadadeiras enormes se movem em batidas lânguidas, e o animal parece não manifestar a menor perturbação com o fato de Vaea pegar uma carona. A garota se segura na criatura, sem necessidade de respirar durante um intervalo de tempo impossível, e desaparece no azul profundo.

Encaro os olhos de Ivan, que estão, como os meus, arregalados de descrença detrás do vidro da máscara. Comunicamo-nos com sinais das sobrancelhas, gestos e bolhas.

Não creio nisso!

Ela está cavalgando uma arraia gigante!

O mundo que descobrimos sob as ondas é incrível.

~

Muitas ilhotas pequenas, chamadas pelos nativos de *motus*, rodeiam a lagoa em Toau. São pequenos afloramentos de recife com praias brancas de coral, muito expostas ao sol e salgadas demais para que ali possa crescer algo além de densos coqueirais. O lar de Liza fica num desses *motus*. Há ainda muitas outras ilhotas no horizonte, a maioria desabitada. Acumulam-se, nas linhas formadas pela maré, destroços de navios e restos de carga à deriva, que não se sabe de onde vêm, indo dar ali. Sem ter muitas outras formas de lazer, os nativos se divertem remexendo esses tesouros. Não há inconveniente nisso, e sempre é possível achar algo valioso.

Vamos com o bote a um *motu* deserto, com a intenção de ver o que podemos encontrar. Andando por corais cortantes, passamos por pilhas de madeira à deriva, coqueiros com o topo mutilado, milhares de cocos naufragados. No centro do *motu*, Ivan encontra muitos cocos verdes cheios de água e os carrega para o bote.

De volta ao barco, resolve quebrar um para beber a água doce e comer a polpa carnuda. Pega o machete com uma das mãos e segura o coco com a outra. Com os dedos, segura uma das extremidades do fruto, golpeando-o várias vezes de alto a baixo, atingindo o alvo uma única vez a cada quatro tentativas.

Noto que ele está próximo de cometer um sério erro utilizando essa técnica. O machete desce, forte e rápido, na maioria das vezes passando a poucos centímetros de seus muito úteis e necessários dedos da mão esquerda.

— Você vai se mutilar — advirto-o, como uma mãe apreensiva.

Ele me diz que estou sempre me preocupando. É verdade. Tenho de me desapegar, como uma boa mãe faria: deixar que ele aprenda por conta própria.

— Merda!

Faço-lhe um curativo no polegar esquerdo, envolvendo cuidadosamente com gaze uma parte do tamanho de uma ervilha que ele arrancou com o machete, contendo um pedaço da unha e da carne sob ela. Sou boa nisso. Ivan tem me dado muitas oportunidades de praticar. Está sempre se recuperando de um ou outro machucado.

— Você estava certa — diz ele. — Você está sempre certa.

Respondo com um débil sorriso.

~

— Torre, Ari'eh sujou as calças. Limpe ele! — grita Liza.

Obedeço a matriarca e tomo o bebê nos braços, levando-o para fora a fim de limpá-lo ao modo da ilha: pondo-o sob um chuveiro ao ar livre. Ele grita e ri quando a água fria atinge o traseiro gorducho.

Depois de uma semana na ilha, só faltam a Liza os documentos que nos declarem legalmente seus filhos. Ela nos dá ordens como se o fôssemos e, para falar a verdade, me sinto honrada com isso. Temos um lar aqui.

Ponho o garoto, limpo e nu, sobre a areia, e ele sai engatinhando, seguido pelos cãezinhos que querem brincar.

— Ivan, Torre, almoço — Liza chama da cozinha, com uma voz poderosa o bastante para causar uma avalanche do outro lado do mundo.

O vapor da comida espalha um cheiro de alho pela casa ampla e sem paredes. Embora modesta e desgastada pela ação do sol, dos ventos e das chuvas, foi construída na praia e de frente para uma incrível paisagem, que dispensa qualquer sofisticação e modernidade.

Sentamos à mesa de refeições, do lado de fora, e nos servimos de peixe fresco preparado das mais variadas formas. Estão todos aqui: Liza, Snow, Tamatea, Jean, Vaea, Ari'eh e Deek, um recém-chegado membro da família. Deek é irmão de Liza e Valentine. Acaba de voltar depois de uma ausência de vinte anos, durante os quais, ficamos sabendo, esteve na prisão.

Nós nos reunimos duas vezes ao dia com a família para as refeições, a que sempre nos convidam. Por isso, agradeço cada vez que me atribuem uma tarefa. É sempre uma chance de retribuir o cuidado e o carinho que têm para conosco. Ainda assim, sempre sinto que estamos em falta. Mas trato de afastar o sentimento de culpa e apreciar a comida, acompanhada de minha nova família polinésia.

Cada novo visitante da ilha se junta à família de Liza ou à família de Valentine, dependendo de qual das duas seja a primeira a adotá-lo. Não temos ideia do motivo da rivalidade entre ambas. De qualquer forma, Ivan e eu tratamos de manter uma fidelidade canina a Liza. A maioria dos marujos que aqui estão tomou partido de Valentine e Gaston, incluindo Steve e Carol. Sempre nos vemos pela ilha e nos visitamos regularmente, mas a maior parte de nosso tempo é gasta com Liza e seus familiares. Ajudamos em algumas tarefas e, em troca, recebemos refeições preparadas com peixe fresco e passeios exploratórios.

— Venha, Torre — diz Vaea, após terminarmos o almoço. — Não, Ivan. — A jovem detém Ivan com delicadeza, pondo-lhe a mão sobre o peito, deixando claro que ele não está convidado. A barreira da linguagem impede a conversação fluida, mas, com gestos e umas poucas palavras obrigatórias em inglês, Vaea consegue sempre o que quer de nós.

Entramos no bote, e ela toma para si o assento do condutor. Aciona o motor e nos conduz pela lagoa, navegando em volta de perigosas cabeças de corais em velocidade máxima. Apesar dos dez anos que nos separam — ela tem dezesseis —, Vaea decidiu me tomar como melhor amiga. Com frequência me pega pela mão para mostrar as preciosidades deste lugar maravilhoso que é seu lar.

Hoje, quer me mostrar algo na água. Equipamo-nos com pés de pato, máscaras e snorkel.

— Vai! — diz ela, me empurrando com delicadeza para indicar que devo me apressar para cair de costas na água.

Faço o que ela manda.

— Agora venha! — diz, inspirando profundamente e me puxando pela mão. Com uma única batida de pés, impulsiona o corpo alongado e desliza na água como um golfinho. Volto à superfície para retomar o fôlego, algo que Vaea raras vezes faz. A cada vez que paro, ela me puxa pela mão.

Sigo-a na direção da base de um enorme coral, do tamanho de uma Kombi. Vaea indica um ponto e acelera, veloz, em sua direção, ordenando que eu a acompanhe. Dou a volta no coral e me ponho a seu lado. Pergunto-me se o que ela quer me mostrar são pérolas. Sei que as famílias de Toau coletam pérolas, ainda que em modesta quantidade. O cultivo de pérolas negras é a principal fonte de renda para muitos habitantes dos atóis mais remotos de Tuamotu. Seja o que for que tem a me mostrar, Vaea está agitada.

Na base do coral, localizo finalmente a grande atração.

Não consigo refrear um borbulhante berro subaquático.

Uma gigantesca moreia, com a cabeça do tamanho de uma bola de futebol, arma o bote, numa clara atitude de defesa de seu território: tem a boca aberta de tal modo que chego a ouvir seu silvo silencioso, e seu olhar, de um azul-elétrico, é um aviso para que não ousemos chegar mais perto. Os dentes afiados se exibem como lâminas, prontas para entrar em ação. Ela mantém a maior parte do corpo no interior do coral, mas, a julgar pela circunferência do torso, é maior do que eu. Moreias são criaturas territoriais e, se sentirem que seu lar está sendo ameaçado, não hesitam em atacar. Caem sobre a presa num bote e, fincando-lhe os dentes afiados, contorcem o corpo musculoso até arrancar-lhe um pedaço. Combinados, a força da mordida e o corte dos dentes são capazes de trincar e romper ossos.

E, de repente, me vejo num enfrentamento com *a mãe de todas as moreias*.

Batendo pernas e braços como uma doida, volto a jato para a superfície. Olho para baixo e vejo Vaea pairando ao lado da criatura. Por um segundo, chego a considerar a possibilidade de que esteja planejando convencer a fera a sair de sua toca para cavalgá-la, como fez com a arraia.

Depois de uma hora de turismo aquático, levamos o bote de volta para a costa. À medida que nos aproximamos, avistamos uma aglomeração na praia. Habitantes da ilha e alguns dos marinheiros de passagem se reúnem ao redor de uma figura sentada em uma cadeira, com uma expressão pálida e angustiada.

Ivan!

Salto do bote e percorro o píer correndo, até chegar à praia. Ivan tem os olhos arregalados e fixos à frente, mas sem expressão; seus lábios estão contraídos, e os músculos, rígidos. Liza está atrás dele, esfregando-lhe as costas com leite de coco. Noto que ele tem a pele coberta de listras vermelhas, como se tivesse sido chicoteado.

— Água-viva — Ivan diz com os dentes cerrados, antes de eu ter a chance de perguntar.

Volto ao bote e vou até *Amazing Grace* em busca de nosso kit de primeiros socorros. Retorno à praia trazendo um frasco de gel de amônia. Espalho-o sobre suas costas e vejo, pelos ombros que começam a relaxar, que o gel está agindo rapidamente.

— Também fui queimado aqui — ele diz, apontando para a barriga. — E aqui, aqui e aqui — acrescenta, mostrando diferentes pontos, dos pés ao nariz. Seu corpo todo exibe marcas de chicote, vergões vermelhos, rastros das queimaduras.

— Você mergulhou numa colônia delas? — pergunto.

— Não. Isso tudo é trabalho de uma só — ele responde. — Acho que espalhei o veneno com as mãos, porque minha pele começou a arder e eu achei que estava sendo atacado por milhares de abelhas. Abelhas! Que burrice! Então, comecei a me estapear por todo o corpo.

— No nariz também?

— É, resolvi tirar meleca. Sou um idiota.

— Talvez só um pouquinho desastrado — digo, passando gel nos cantos de seu nariz em carne viva.

— Pois é, mas aconteceu outra coisa. Uma coisa pior.

— Pior? O que pode ser pior?

— Eu atirei no Deek. Com o arpão.

— Deek, o ex-presidiário?

— É, esse mesmo. Foi sem querer.

— Ai, merda... Você atirou no Deek?

— É, mais ou menos. Nem me dei conta, estava com muita dor pra notar. Alguém me contou.

— Mas que diabos aconteceu?

— Quando você estava fora com a Vaea, me convidaram para uma caça submarina. Saltei para o batel deles com meu snorkel, e eles me deram um arpão. Pensei que íamos só pescar na lagoa, mas resolveram ir pra alto-mar. O lugar era fundo, e os ilhéus começaram a mergulhar em busca de peixes. Eu sabia que não conseguiria acompanhar, então comecei a voltar para o batel. Enquanto nadava de volta, vi um tubarão enorme abaixo de mim, e isso me distraiu. Não vi que estava nadando na direção da água-viva. Eu não sabia o que estava acontecendo, só sentia que estava sendo picado no corpo inteiro. *Pensei que eram abelhas.* Abelhas na água? Cara, onde é que eu estava com a cabeça? — ele diz, falando alto consigo mesmo. — Bom, de qualquer forma — continua —, eu queria sair da água o mais rápido possível. Não sabia que tinha gente a bordo do batel, por isso joguei o arpão e subi. Estava com tanta dor que nem percebi que tinha atirado em alguém. Descobri depois que a arma disparou, atingindo a mão do Deek. — Ivan fita Deek, que tem a mão enfaixada e gotejando sangue entre o polegar e o indicador. — Ninguém me ensinou a usar a arma — diz ele. — Por isso eu não sabia que era preciso desarmar, sabe?

Volto-me para Deek, que anda em círculos a mais ou menos três metros de onde estamos.

— Tudo bem? — pergunto, apontando sua mão.

— *Oui* — ele diz. — Sem problemas.

Deek parece achar alguma graça na situação. Todos riem um pouco, agora que Ivan não está mais pálido nem trêmulo.

— Ei, mil desculpas por isso — diz Ivan a Deek.

— Sem problemas — ele diz, dispensando as desculpas com um aceno da mão perfurada.

— Com tanta gente aqui — digo a Ivan, num sussurro de canto de boca —, você tinha que atirar justo no presidiário?

~

— Não seja burra. Você lava as roupas aqui — Liza esbraveja.

É dia de lavar roupa, e ela insiste para usarmos a máquina de lavar da casa. Quando a ofereceu pela primeira vez, relutei em aceitar, porque já estávamos quase morando com eles — só faltava levar minha escova de dentes e uma caixa de absorventes para o banheiro da família. Entretanto, Liza não aceita nossa recusa. Ela insiste em ser generosa com a sutileza de um rinoceronte.

Encho a máquina de lavar, que, na contagem de tempo das máquinas, deve andar pela casa dos mil e poucos anos. Trabalha para uma família de seis pessoas e fica ligada o tempo todo durante o dia, alimentada pela única fonte de energia elétrica que existe aqui: um gerador a diesel. Sem tampa, esparrama metade da água pelo chão da lavanderia, mas ninguém se incomoda, porque é assim que as coisas funcionam em lugares em que não há técnicos em máquinas de lavar.

Aciono o botão que liga a máquina, que não é mais um botão, apenas um interruptor cujos fios estão expostos. Uma sensação estranha me percorre o corpo. É uma sensação de adormecimento, desconfortável, que me lembra certa ocasião, na minha adolescência, em que pulei uma cerca para acariciar uma vaca e senti uma dor inexplicável na perna. *Por que a cerca está me machucando?*, me lembro de ter perguntado. Não me ocorreu então que eu estava sendo eletrocutada.

Exatamente como agora.

Num movimento reflexo, recolho a mão e trato de sair da poça no chão, viva e intacta. A máquina de lavar começa seu ciclo, batendo a roupa violentamente contra as paredes como um maluco numa camisa de força. Afasto-me dali devagar.

Ajudo Vaea a pendurar a roupa da família no varal. Roupas gastas e descoloridas, de todo os tamanhos, balançam na brisa quente e secam em menos de uma hora. Ajudo-a a dobrar as roupas e, em seguida, a varrer a casa.

Ivan saiu para coletar areia com os homens. Em outra ilhota, eles peneiram a areia, separando os escombros. A areia branca e fofa depois é trazida para a praia da família, que faz as vezes de varanda da casa.

A TV exibe um filme de ação, cujo som, alto, explode nos alto-falantes ruins. Dublado em francês, não traz legendas em inglês. Não tenho ideia do que está acontecendo. De qualquer forma, não estamos aqui para assistir a filmes.

A sala de estar é pequena. Alguns se espreguiçam nas poucas cadeiras da sala, outros se espalham pelo chão, em almofadas e colchões. Uma enorme tigela de pipocas amanteigadas percorre a sala. Ivan e eu nos deitamos no chão ao lado de Vaea.

O corpo de Ari'eh, com o peso de um bebê polinésio, vem de encontro ao meu. Como punição, sopro na barriga dele para fazer cócegas. Ele ri e engatinha para o lado de Ivan, que também recebe uma trombada em troca de sopros na barriga. Meu olhar passeia pelo ambiente, e vejo os olhos deles cintilando no escuro, absortos no filme. Os rostos morenos dos habitantes da ilha se camuflam na sala escura; só o de Ivan brilha, refletindo a luz da TV, apesar de seu bronzeado profundo. O contraste me faz lembrar que não fazemos parte desta família, embora não seja difícil esquecer isso. Passamos todas as horas do dia com eles. Pela manhã, Liza nos acorda, chamando-nos da praia, com sua voz forte, para o café da manhã. Comemos, lavamos a louça e depois saímos para mergulhar, pescar ou descobrir novos lugares. Eu e Vaea cumprimos algumas tarefas. Ajudamos a tomar conta de Ari'eh, trazendo-o de volta a cada vez que alcança a praia, querendo entrar na água para nadar como os adultos. Às vezes, Vaea vem até o barco e ouvimos músicas juntas ou trocamos roupas como adolescentes. Ela nunca se demora muito, porque tem enjoos quando está a bordo, o que achei engraçado.

Asso bolos com Vaea na cozinha deles e, juntas, preparamos o almoço com os peixes que os homens trazem. As refeições são compartilhadas ao redor de uma grande mesa familiar, na praia, à sombra de uma velha árvore. Algumas vezes, outros navegantes aparecem — Steve e Carol ou marujos dos cinco outros barcos ancorados aqui. Na maioria das vezes, somos apenas nós. Depois, jogamos pingue-pongue e vôlei e, em seguida, vamos nadar para nos refrescar. Realizamos algumas competições de velocidade e sempre somos derrotados por todos, é claro, à exceção do pequeno Ari'eh, que ainda não pode nadar, mas que, possivelmente, em breve há de nos vencer também.

Depois de passar o dia inteiro em companhia da família, agradecemos profusamente pelas refeições e pela diversão e retornamos para *Amazing Grace*, para que eles possam ter de volta seu espaço e sua privacidade. Mas, agora, eles passaram a nos convidar para as noites de filme na TV.

Neste lugar distante, essas pessoas se tornaram nossa família. Não posso deixar de pensar que o sentimento é mútuo, porque, afinal, eles nos convidam para ver filmes em francês, mesmo sabendo que não falamos a língua.

Ari'eh cai em meus braços, procurando um lugar para se ajeitar. Vaea enlaça o braço no meu cotovelo. Liza senta no sofá e exibe o sorriso sereno de quem está no espaço de sua intimidade. Como vamos conseguir sair deste lugar em algum momento?

O filme termina e nos despedimos. Do lado de fora, o tempo piorou muito. O vento ruidoso golpeia com força, enquanto uma chuva forte cai do céu, fustigando.

Ao chegar ao barco, estamos ensopados.

Deito mas permaneço inquieta, sem conseguir dormir por conta do balanço do barco no ancoradouro. Além disso, me preocupo com *Little Gracie*. Posso ouvi-lo se debatendo lá fora, escorraçado pela ventania. Sei que deveria tomar coragem e ir eu mesma ver como ele está, mas, em noites como esta — sem lua, de vento forte e totalmente escuras —, fico aterrorizada. Sinto que, se sair, vou ser varrida ao mar como uma folha de papel, impelida para o oco da escuridão até nunca mais ser vista.

— Você acha que está tudo certo com o bote lá fora? — interrogo Ivan.

— Bem — ele diz, num tom seco que significa: *Espero que não vá me pedir que saia pra ver.*

— Você pode ir vê-lo comigo?

— O bote está *bem*, baby.

Sou boa em me preocupar e excelente em insistir. Há ocasiões em que posso funcionar como um poderoso sensor de alarme de incêndio, capaz de abrir um berreiro ao menor sinal de perigo. Tenho consciência desse meu defeito, mas não sei como desativá-lo.

— Por favor? Podemos checar? Não consigo dormir.

Ivan se ergue abruptamente, jogando as cobertas de lado, e eu o sigo para o convés.

O *Little Gracie* está sendo violentamente surrado, preso em suas amarras, e, neste breu, tudo o que conseguimos enxergar é que nossos equipamentos — os calçados de borracha para caminhada nos recifes, os remos de madeira, o tanque de gás, dois conjuntos de equipamentos para mergulho com snorkel — ainda estão ali, chacoalhando com a ventania.

— Você acha que devemos...

— Não.

— Tirar o equipamento para...

— Não.

— Mas e se...

— Não. Está tudo certo. *Pare de se preocupar assim.* Vamos voltar pra cama. — Ele está nitidamente cansado de falar no assunto, por isso me calo.

Na cama, ouço o uivo da ventania, ao mesmo tempo em que a chuva ganha uma intensidade que eu não imaginava possível. Mexo e remexo sob as cobertas; não consigo parar de pensar, fazendo soar de tempos em tempos a sirene de meu alarme supersensível. Acabo acordando Ivan, que responde desativando minha campainha.

— Ivan, Torre, acordem, seu bote afundou! — Desperto com as primeiras luzes da madrugada, ouvindo a voz que nos chama.

Olho para Ivan com um olhar que diz tudo: *Eu te avisei*.

Corremos para o convés e vemos Steve em seu caiaque, com um ar consternado. O *Little Gracie* está abaixo da superfície, com o motor ainda preso à popa, mas inteiramente submerso. A imagem é patética e me lembra a de uma televisão no fundo de uma piscina. Feito de madeira, o *Little Gracie* não consegue afundar por inteiro, mas as ondas e a chuva torrencial o inundaram durante a noite e ele já não consegue flutuar. Ainda conectado pelo tirante ao barco, já não se agita. Apenas oscila, indefeso, abaixo da superfície.

Ivan mergulha para recuperar o motor afogado, trabalhando numa velocidade histérica, como se retirá-lo da água rapidamente fosse a solução de todo o problema. Mas não adianta: o motor tem os lábios azuis típicos do estado de *rigor mortis* e já não é possível ressuscitá-lo.

Nossos equipamentos sumiram. Tudo perdido — meu único par de sapatos, pés de pato, máscaras, snorkels, remos e os assentos de madeira de *Little Gracie*. Pergunto-me como vamos conseguir mover esse pedaço de madeira inútil de um ponto qualquer a outro sem motor ou remos. Se é que vamos conseguir fazê-lo flutuar outra vez, é claro.

Sem *Little Gracie*, estamos confinados ao barco. Sem o equipamento de snorkel, não podemos mais descobrir novos pontos de mergulho. Sem sapatos, vai ser difícil andar pelos atóis cobertos de afiados fragmentos de coral.

É uma grande perda.

Acordados pelo tumulto, os outros navegantes saem ao convés das embarcações, olhando em nossa direção e meneando a cabeça em sinal de desaprovação. Vejo agora que todos levaram o motor de seus botes para o convés do barco na noite passada. E não são poucos os que trataram de pôr o bote inteiro ao abrigo do vento.

Escondemo-nos em nosso barco até a tarde, envergonhados de nosso erro e desmoralizados com nossa perda. Não poderíamos sair do barco nem que quiséssemos: estamos cercados por um fosso. Se o tempo não estivesse tão ruim, seria possível nadar, mas, por ora, estamos presos ao barco. Entocados em nossa cabine, temos tempo pra remoer a situação.

Uma jovem francesa, Elise, passa para doar um par de sapatos. São um número menor que o meu, mas sapatos apertados são melhores do que sapato nenhum. A consideração dela me sensibiliza.

Liza e Vaea passam depois para nos dizer que podemos usar seus equipamentos de snorkel sempre que quisermos, e Tamatea e Jean rebocam nosso bote para a praia e o fazem flutuar de novo. Lavam o motor e passam horas reparando o capô. Tomo um susto ao ouvi-lo roncar, de volta à vida.

Funcionou! Mas com um pequeno porém: apenas na potência máxima. Por isso, agora, sair por aí com *Little Gracie* exige que nos agachemos num casco vazio e sem assentos, sempre em velocidade máxima. Sem conseguir reduzir, temos o tempo todo de colidir com nosso destino: *Bum!* Chegamos!

Acordo pela manhã com um chamado insistente, bem próximo ao barco.

— Ivan, Torre, acordem. Seu bote sumiu.

Não pode estar acontecendo de novo. Isso foi ontem. É uma piada. Ou ainda não acordei.

Lá fora, toda a família de ilhéus, em seu batel, está ao lado de *Amazing Grace*. Todos têm um ar de consternação. Não se trata de uma pegadinha. Os gritos de Liza acordaram todo o ancoradouro, e neste momento todos os tripulantes estão no convés dos barcos, tentando entender o tumulto que mais uma vez nos tem como centro. Isso é mortificante.

— Seu bote se foi. As ondas o arrastaram para um recife — diz Liza, apontando para um *motu* vizinho, o mesmo em que encontramos cocos. Forço os olhos e vejo uma pequena mancha branca na praia distante. *Little Gracie* é o último encalhe recém-chegado à praia.

Pulamos no batel da família, que se apressa a nos levar ao bote. Na linha da praia, *Little Gracie* está sendo pressionado pelas ondas contra corais mortos. Parece um náufrago miserável, cheio de riscos na pintura e com sérias avarias e rombos na madeira do casco.

— Acho que não amarrei direito — diz Ivan, com a voz tão grossa de tristeza e arrependimento que sinto vontade de chorar.

Os moradores da ilha evitam nosso olhar. Sei o que estão pensando. *Como vocês puderam fazer isso com o seu* Little Gracie?

A família reboca nosso bote. Podemos ver que ele tem vários pontos de entrada de água. Ainda flutua, mas por pouco.

Mais uma vez, nos escondemos em nosso barco, evitando outras pessoas. Provocar o naufrágio do bote e perder todo o equipamento foi um infortúnio, mas ter o bote levado para um recife distante logo na manhã seguinte é indesculpavelmente idiota. Não é difícil imaginar que o assunto do dia na comunidade de marujos aqui reunida seja como conseguimos chegar tão longe sem que algo mais grave tenha nos acontecido. Pelo menos é isso que *eu* estou pensando.

Em troca de atracarmos em um dos ancoradouros de Valentine e Gaston, eles nos pediram educadamente para participar de um jantar no restaurante deles pagando vinte e cinco dólares por pessoa. É um excelente acordo: por esse valor, temos um ancoradouro no paraíso por tempo indeterminado e um buffet de frutos do mar em que podemos nos servir à vontade.

Gaston, além de construtor, organizador e pau-para-toda-obra, é um exímio pescador. Seu corpo esculpido e forte é um sinal de que trabalha duro o dia inteiro. Depois que ele traz para casa os frutos da pesca, Valentine se encarrega de transformá-los em um delicioso banquete. Os ingredientes são limitados ao que há disponível nos atóis — cocos e pescados — e alguns alimentos básicos que lhes chegam todo mês, trazidos por um navio que visita periodicamente o lugar e atua como fornecedor para a população local. Com esses poucos recursos, Valentine é capaz de criar pratos de sabores variados.

Uma travessa alta cheia de lagostas roda a mesa do jantar. Eu passo. Recusar lagosta parece um crime, mas já comi uma inteira sozinha, além de quatro tipos de peixe. Ninguém aguenta mais; é simplesmente muita comida.

Do lado de fora da casa de Gaston e Valentine, um homem de quarenta e poucos anos, vestindo um traje de mergulho, se aproxima. Deve ser um novo visitante. Todos os marujos visitantes se tornam parte da família da ilha, por isso a chegada de alguém novo é sempre uma grande notícia.

Ele estende uma das mãos, apresentando-se.

— Oi, eu sou o dr. Glen. Sou cirurgião — diz com um sotaque americano, descerrando os lábios como cortinas para revelar dentes brancos e perfeitos.

Espero em silêncio que ele prossiga com a apresentação formal, sacando do bolso da roupa de mergulho um cartão de visitas com a inscrição em relevo: "Dr. Glen — Cirurgião".

— Oi, Glen, eu sou a Torre... Designer.

A apresentação dele me desconcerta. Penso que ela só seria cabível se eu estivesse numa maca, em uma sala totalmente branca, e entrasse um homem segurando um bisturi e, inclinado sobre mim, dissesse: "Oi, sou o dr. Glen, cirurgião". Além do mais, faz muito tempo que não falamos sobre profissões com quem quer que seja. Empregos raramente — para não dizer nunca — surgem como tópico de conversas ultimamente. Parecem assuntos de um mundo e de um tempo muito distantes. "No que você trabalha?" não é o tipo de pergunta que se faça para identificar uma pessoa, para definir alguém, porque, aqui, todos trabalhamos nas mesmas coisas: iates, mecânica, navegação, leitura do clima, pesca, viagens, aventuras, contação de histórias. Não falamos sobre projetos, clientes e chefes. Falamos de lugares visitados, naufrágios e ataques de águas-vivas. Comparamos experiências ou trocamos receitas de comida não perecível. Falamos sobre o último machucado de Ivan, e nunca nos falta assunto.

Mas Glen, primeiro e principalmente, é um cirurgião. Ele quer deixar isso claro, para evitar ser confundido com um marujo qualquer em traje de mergulho, com uma marca rosa produzida pelo snorkel ao redor dos olhos.

Enquanto ele se afasta, com a roupa de mergulho fazendo ruídos, não consigo deixar de pensar que há algo de estranho com esse dr. Glen.

As notícias correm rápido numa pequena ilha, especialmente quando se trata de alguém que tenha se machucado. Fomos informados de que Gaston derrubou um grande pedaço de coral no pé e esmagou o dedinho.

Gaston está bem, mas o dr. Glen o examinou e defende a posição irredutível de que o dedo precisará de cirurgia. E, como não poderia deixar de ser, por acaso ele tem a indicação da pessoa perfeita para o trabalho.

Glen está coletando doações de remédios que ajudem na cirurgia. Os navegantes contribuem com itens variados, de Tylenol a morfina. Glen também solicitou lâmpadas e tochas para iluminar o "palco da operação", que será o próprio quarto de Gaston.

Pergunto-me se alguém pediu o currículo desse marujo.

Talvez Glen seja um cirurgião qualificado, e talvez operar seja a melhor solução, mas, de qualquer forma, Gaston e Valentine deram sinal verde ao doutor.

Horas depois, Glen espalha a notícia de que Gaston se recupera bem da amputação do dedinho, removido inteiramente até a primeira junta que conecta o osso ao pé.

— Ele está um pouco grogue ainda — diz o doutor, uma oitava abaixo de seu tom de voz normal. — Mas não se preocupem, ele vai se recuperar ao longo das próximas semanas. Enquanto isso, me ofereço para ficar no lugar dele até que esteja de volta a seus afazeres. Eu me encarrego de pescar os peixes e lagostas para o buffet do restaurante e ajudo Valentine a preparar as refeições.

Altruísta? Ou um caso do tipo *Sweeney Todd* encontra *Mulher solteira procura*?

Uma concha que funciona como um instrumento de sopro soa três vezes: é uma tradição da ilha para anunciar o adeus a um barco que parte. Um iate está deixando Anse Amyot, seguindo para novos destinos a oeste.

A bordo do iate vai uma grande amiga de Liza, que permaneceu um mês por aqui: uma norueguesa a quem ela abriu o coração sem reservas, apesar de saber que, inevitavelmente, a mulher partiria, como todos os outros. Elas compartilharam refeições, risos e histórias, desafiando e superando os obstáculos da língua.

As pessoas sempre a abandonam; mesmo assim, Liza conserva a capacidade de amar com a intensidade de uma mãe ou de uma melhor amiga. E fica com o coração partido todas as vezes em que alguém vai embora.

No cais, vejo-a sentada, balançando as pernas sobre a água. Ela chora. As lágrimas lhe escorrem pela face copiosamente, perdendo-se na mesma água que separa Liza do resto do mundo.

— Devemos partir logo também — Ivan me diz, com a voz trêmula.

Há tempos espero por esse momento. Estamos aqui há três semanas e, embora ambos adoremos a ideia de ficar mais, em breve teremos de partir ao encontro dos pais de Ivan, perto daqui, em Rangiroa, um dos únicos atóis que oferece um lugar seguro para ancorar, ao lado de um ótimo resort.

Ainda ontem Liza nos disse:

— Quando vocês chegaram aqui, eram pessoas da cidade. Agora, são iguais a nós.

Não podemos negar isso; neste lugar, ambos deixamos nossa pele urbana para descobrir os meios de se viver na ilha. Tenho nadado em águas profundas com Vaea, superando meu medo. E já faz *uma semana inteira* que Ivan não machuca nem a si nem a outra pessoa.

É a nossa vez de dizer adeus. Deixamos nossos abraços a Steve e Carol, que em breve seguem para o Taiti e depois para mais além. Nossas desajeitadas despedidas são feitas com a consciência de que talvez nunca mais nos vejamos, porque é assim que as coisas funcionam neste mundo errante. Trocamos e-mails e endereços e promessas de nos vermos de novo algum dia.

Depois, seguimos em direção à casa de Liza para anunciar nossa partida. Sinto-me como se estivesse vindo dizer a minha mãe que estou fugindo de casa para sempre. Presenteio Vaea com uma pintura que fiz para ela.

— É hora de partirmos — digo.

Vaea toma minha mão num aperto firme.

— Não! — ela pede.

— Liza — digo —, você fez muito por nós. O que podemos fazer por você? Gostaríamos de te dar alguma coisa, mas você tem que nos dizer do que precisa. Temos comida dos Estados Unidos: molhos, massas, xarope de bordo. Temos roupas e equipamentos de pesca. Temos DVDs e música. Temos equipamentos, cordas e parafusos, cola e epóxi. Por favor, nos diga o que você pode usar. Queremos te dar algo de que você precise.

— Não! — ela interrompe. — Tire isso da cabeça. Vocês são como filhos pra mim. Eu não quero nada das minhas crianças.

Liza pega meu rosto com ambas as mãos e me puxa para perto do seu.

— Vocês são jovens, por isso não estou triste. Vocês vão voltar. Tem muito tempo. Vocês voltam.

Digo a Liza que vamos voltar um dia, porque preciso passar-lhe essa esperança. Prometer que retornaremos torna a partida mais fácil para todos.

Vaea aperta minha mão até o último segundo, antes de entrarmos em nosso bote, chegarmos ao barco e sairmos do ancoradouro, de volta à imensidão azul.

Ao pôr do sol, as velas nos impelem na passagem para o oceano. Ao longe, ouço os três sopros da concha assinalando nossa saída do paraíso.

13

— Filho da mãe! — grita Ivan.

Não faço ideia de com quem ele esteja falando; estamos no meio do mar, sozinhos, a dezesseis quilômetros de nosso destino: o atol de Apataki. Se não estivesse tão enjoada, iria lá fora para averiguar a causa da confusão. Mas estou deitada, nauseada com a vaga que faz o barco balançar de um lado para o outro.

— Esse peixe era meu, seu imbecil — ouço Ivan outra vez.

Ele desce a escada que o traz do convés esbravejando, jogando todo seu peso em cada pé a cada passo, quase que sapateando.

— Um tubarão roubou meu atum — diz, como se eu fosse a mãe e precisasse intervir em missão diplomática entre ele e o tal tubarão. *Vamos lá, meninos, parem já com isso.* — Eu tinha fisgado um atum. De repente aparece um tubarão grande e o abocanha, arrebentando a linha. Além de tudo, levou minha melhor isca!

— Não se preocupe — digo. — Tem muito mais peixe no mar.

Embora, com base nos resultados de nossas tentativas de pesca, eu chegue a cogitar a possibilidade de que todos os melhores peixes já tenham sido pescados.

Sem peixes, chegamos à passagem de Apataki, fácil de enxergar porque se parece com um rio profundo correndo entre um coqueiral que se abre à passagem. Deslizamos facilmente pela entrada em direção ao interior de águas que se assemelham a safiras multifacetadas.

No interior da lagoa tranquila, meu estômago finalmente se restabelece. Enquanto Ivan manobra o barco, começo minha rotina de recolher cordas, amarrar equipamentos soltos, jogar peixes voadores mortos de volta ao mar, enfim, devolver ao barco sua habitual organização. Na proa, desamarro a âncora, preparando-a para ser lançada. Descalça, escalo o mastro, segurando firmemente nos degraus para conseguir me sustentar a cinco metros de altura. Desato uma corda presa e, de meu ponto de vista privilegiado, observo a lagoa que nos cerca. Não há nenhum outro barco à vista. Estamos sós.

Desço do mastro e me empoleiro em nosso alquebrado bote, amarrado de cabeça para baixo na parte dianteira do convés.

— Baby — grita Ivan —, você pode ficar na proa, atenta a possíveis cabeças de coral? O guia diz que essa lagoa tem um punhado de riscos imprevisíveis.

Do lugar da proa em que me encontro, aceno positivamente para Ivan, que está na cabine, e me volto para observar a água. Parece ser muito fundo para que possamos colidir com qualquer cabeça de coral no caminho. Desenvolvi uma boa habilidade em estimar profundidades com base no tom de azul das águas. Meu palpite é de que estamos sobre vinte metros de água, mais ou menos.

— Qual a profundidade aqui? — pergunto, tendo de erguer a voz para que Ivan me ouça.

Ele examina o painel do sonar de profundidade.

— Dezenove metros — responde.

Sorrio e relaxo sobre nosso pobre bote. As velas estão folgadas e cheias, e o vento nos impulsiona de modo prazeroso. Sem nenhuma ondulação que faça o barco balançar e sem o ruído do motor martelando o silêncio, deslizar na água produz uma sensação de raro prazer. Entrelaço os dedos atrás da cabeça, estendo as pernas bronzeadas e viro o rosto a favor da brisa. Ela desalinha meus cabelos e envolve meus membros, aquecendo minha pele com seus beijos salgados.

Velejar deveria ser assim o tempo todo: um lago sem ondulações, uma brisa de dez nós, um céu de brigadeiro, um afloramento perigoso de corais bem a nossa frente. *Um afloramento perigoso de corais?*

— Coral à frente! — aviso bem a tempo.

Sou a garota que vigia as cabeças de corais, mas não deveriam me confiar essa função num dia como hoje. A combinação da brisa tépida com uma imaginação errática como a minha torna minha atuação equivalente à de um maluco controlando o tráfego aéreo.

Ivan dá um solavanco no timão, e *Amazing Grace* desvia do enorme afloramento pétreo surgido de repente na superfície da água.

— Desculpa! — grito. — Vou prestar mais atenção.

Examino agora, cuidadosamente, cada centímetro quadrado de água à nossa frente, procurando corais ou boias típicas de áreas de cultivo de pérolas, que possam indicar a existência de cordas esticadas sob a superfície e criar problemas na quilha ou na hélice. Mas o dia maravilhoso, a sensualidade da brisa e a praia desviam a atenção do trabalho. Minha mente levanta voo e entra aos saltos por desvios, atraída pelo perfume das rosas, pelo voo alegre das borboletas, por árvores imaginárias em que inscrevo "Eu ♥ você". Lembro-me das cabeças de coral e trato de bater em minha face para me manter focada.

Cabeças de coral. Procure por cabeças de coral. Isso é sério. Olhe, olhe, olhe, olhe. Ei... olhe aquele coqueiro ali. É tão curvado. Como será que ficou daquele jeito? Parece que está na posição da ponte da ioga. Haha, uma árvore iogue. "Olá, pessoal, sou uma árvore iogue e vou lhes ensinar algumas posições. Agora, observem: esta é a posição cachorro olhando para baixo." Cara, isso é engraçado. Eu amo...

— Torre! Perguntei se aquilo ali é uma área de cultivo de pérolas.

Ai, merda.

— Cultivo de pérolas, doze horas.

Do outro lado da lagoa, encontramos uma ilhota deserta onde podemos ancorar. É uma praia de um branco ofuscante — feita de fragmentos de corais descoloridos —, rodeada de coqueiros. Atrás da ilhota, avistamos o mar que fustiga sem parar o recife que circunda a lagoa. Não há nenhum barco à vista.

— Este lugar é absolutamente perfeito! — exclama Ivan, lançando a âncora ao fundo de areia branca.

Ele está certo, é o cartão-postal do paraíso. Fito o cenário e noto que, apesar da beleza de cair o queixo, falta algo importante... Mas o quê?

— Você acredita que chegamos aqui de barco? — pergunta Ivan. — Uma ilha só nossa. Só tem uma coisa, não, *duas* coisas que poderiam tornar isso ainda melhor. Cerveja gelada e pizza.

— Não posso te ajudar com a cerveja gelada — digo —, mas posso improvisar uma pizza.

Na cozinha, preparo a massa. Depois que cresce, abro e coloco no forno. Quarenta minutos mais tarde, temos uma base grossa e fofa. Esfrego azeite e alho na massa e salpico algumas ervas italianas. Espalho generosas colheres de molho de tomate enlatado e azeitonas. Para finalizar, faço uma cobertura com queijo ralado e levo-a de volta ao forno.

— *Voilà!* Pizza à moda do barco — digo, levando-a para Ivan na cabine. Estamos ambos igualmente maravilhados com o que fui capaz de criar usando os ingredientes disponíveis. Entretanto, nenhuma criatividade pode mudar o fato de que ainda estamos fazendo uma dieta quase que só de carboidratos. Meu corpo, mais especificamente o intestino, não está tão entusiasmado com a pizza. O que foi feito em uma hora e meia será devorado em cinco minutos. E o que foi comido em minutos consumirá dias para ser digerido. Depois de meses sem ingredientes frescos, eu não preciso somente de frutas e vegetais, mas de um desentupidor de pia.

— Não fica muito melhor do que isso — diz Ivan, encostando-se na cabine, enquanto saboreia seu pedaço de pizza. — Temos nosso próprio paraíso no Pacífico Sul. Eu me sinto em casa.

Sorrio.

— Fico muito contente que você esteja feliz. — Engulo meus bocados de pizza com a ajuda de goles de água a temperatura ambiente, na esperança de empurrar a bola pastosa pelo sistema digestivo.

— Nos meus planos originais, nunca imaginei que teria você aqui comigo. Temos toda essa vista só pra gente. Ei, você pensa às vezes no que está acontecendo em terra?

— Como assim?

— Como o fato de que, neste exato momento, estão acontecendo brigas de gangues, sequestros de crianças, assaltos à mão armada, guerras, pessoas encalacradas no trânsito, escritórios minúsculos e cinzentos, tudo isso. Mas nós estamos aqui, no nosso barco, com tudo isso aqui só pra gente.

— Você está sendo terrivelmente presunçoso.

— Não. Estou dizendo que é... como dizer... estranho, sabe? Porque isso acontecia comigo. Eu ficava lá, enroscado no trânsito, encalacrado entre para-choques, e sonhava com esta ilha deserta no meio do Pacífico. Mas, agora que estou aqui, é como se tivesse me teletransportado para um mundo diferente. É como se, a qualquer momento, existissem universos alternativos capazes de se materializar. Tudo que se tem a fazer é decidir que realidade queremos para nós mesmos.

Pego-me imaginando o que Anna deve estar fazendo agora, no universo alternativo de San Francisco, e percebo o que falta nesta ilha que, não fosse por isso, seria perfeita: faltam pessoas. Isso me lembra aquela questão filosófica: "Se uma árvore cai numa floresta e não tem ninguém por perto para ouvi-la, ela faz barulho?" Sem um círculo de relacionamentos que torne possível o compartilhamento de experiências e de observações, tomando-se um café, ou por telefone, ou por e-mail, há algo que faz tudo isso parecer não existente, como o não som daquela árvore caindo.

— Sabe — diz Ivan, afastando-me de meus pensamentos —, por muitos anos, Moitessier viveu em Ahe, um atol como este, a uns sessenta quilômetros daqui, ao norte. Ele fala sobre isso no livro *Tamata e a aliança*. Este lugar parece exatamente o que imaginei quando estava lendo o livro.

— Muitos anos... — maravilho-me, retornando a pensamentos profundos, para considerar como seria viver aqui por anos. Sim, este lugar é lindo, mas, uma vez que nossos olhos tenham se apropriado do que há para ver, não seria apenas um lugar bonito demais para se ficar sozinho?

Olho para Ivan enquanto ele fita com espanto a paisagem circundante e de repente me sinto culpada por deixar que meu desejo por amigos e vegetais estrague este momento em que deveria estar absorta na fruição desta experiência. *Curta o presente, Torre*, lembro a mim mesma. *Viva o agora*. Trato de relaxar, desanuviando a expressão introspectiva, e volto a atenção para nossa conversa.

— E depois, o que Moitessier fez durante todo esse tempo? Quer dizer, como ele preenchia seus dias?

— Ele se dedicou a um projeto que consistiu na tentativa do plantio, aqui, de uma maior variedade de alimentos, o que se considerava impossível, dada a salinidade do solo e a consequente escassez de solo fértil. Ele estava determinado a criar um sistema que permitisse o plantio de frutas e vegetais nos *motus*, o qual pretendia deixar como legado para os polinésios.

— Ahhh, então não sou a única a me preocupar com vegetais!

Ele sorri.

— Acho que não.

— Funcionou? — pergunto, na esperança de que as abóboras, tomates e abobrinhas de Moitessier estejam escondidos em algum lugar no meio do coqueiral, na praia.

— Sim e não. Ele trouxe solo do Taiti e produziu adubo a partir de coisas como tripas de peixe, folhas de coqueiro em decomposição e a própria urina. Investiu muito trabalho duro no aprimoramento do sistema, na otimização do adubo, e chegou a conseguir, aqui e ali, criar solo fértil. Tentou fazer com que os moradores das ilhas adotassem o sistema, mas achou que eles eram preguiçosos e não queriam se incomodar com o trabalho. No fim, ele percebeu que os moradores não eram nem um pouco preguiçosos, mas, na verdade, muito espertos. Sabiam se contentar com o que tinham, como peixes e cocos. E, no tempo livre, sabiam relaxar. Depois de sua tentativa, os polinésios lhe deram o apelido de Tamata, que significa "tentar".

— Tamata — digo, repetindo a palavra em voz alta, lembrando o motivo de ter me teletransportado para o universo alternativo de Moitessier.

Ivan se volta para mim e, num ímpeto de carinho, alisa meus cabelos com os dedos, logo se detendo, ao enroscá-los nos fios emaranhados.

— Estou muito feliz por ter você aqui comigo. Você está linda.

Sorrio sem ânimo. Esse estilo de vida cai muito melhor em Ivan. O cabelo bagunçado, a barba malfeita, a tatuagem, as roupas gastas e a expressão serena. Essa aparência rude se harmoniza tão perfeitamente com ele que já não consigo imaginá-lo de outra forma.

— Olha! — digo, espiando pela vigia enquanto espero coar meu café matinal. — Veleiros!

A distância, duas manchas brancas sob velas seguem para o norte. Reconheço os barcos *Hilda* e *Sirius*. Podemos estar num dos lugares mais remotos no mundo, mas, pelo jeito, encontrar rostos familiares não está fora de questão.

Conhecemos os velejadores brevemente, em Toau. Um jovem e encantador casal de franceses é a tripulação de *Sirius*, enquanto *Hilda* pertence a Lisbeth e Lasse, um casal vigoroso e extremamente aventureiro, já na casa dos sessenta anos, vindo da Suécia.

— Vamos segui-los — digo, baixando a proteção da bateria do motor e acionando o botão de ignição antes mesmo que Ivan tenha tempo de abrir os olhos, ainda semicerrados pelo sono.

Algumas horas depois, lançamos nossa âncora ao lado de *Hilda* e de *Sirius*. Nossos três barcos parecem levitar sobre águas cristalinas, próximos a uma praia tão linda quanto aquela da qual acabamos de vir.

Lisbeth e Lasse param ao lado de *Amazing Grace* em seu bote, para nos cumprimentar.

— Tivemos uma boa tarde de pesca — diz Lasse, em cuja fala se ouve a música do sotaque sueco. Ele segura um enorme pargo-bico-de-pato, congelado em estado de *rigor mortis* e com ar de infortúnio. *Maldição*, lê-se na cara do peixe, *este não é mesmo meu dia*. — Não gostariam de se juntar a nós e ao casal francês hoje à noite, para um churrasco na praia?

— Claro — diz Ivan, com visível entusiasmo. Um churrasco na praia é sempre uma oportunidade que ele tem de atear fogo em grandes quantidades de madeira.

— Tenho quase certeza de que esse peixe está bom para comer — diz Lasse. — Mas é bem grande, o que pode ser um problema, especialmente porque esses peixes são conhecidos por terem ciguatera.

Rio, esperando o fim da piada.

Mas o fim não vem.

— Você acha mesmo que pode ter ciguatera? — pergunto, ciente de que o único jeito de saber se uma pessoa ingeriu uma dose excessiva desse veneno de efeito cumulativo, que se encontra em certos peixes de recife, é esperar o início de sintomas neurológicos, tais como dormência, dor de cabeça, dores musculares, ataxia e alucinações, os quais, se não matarem, podem levar décadas para ter seus efeitos atenuados. Envenenamento por ciguatera é frequentemente confundido com esclerose múltipla. E a substância é abundante nos peixes maiores que habitam os recifes desses atóis.

— Acho que vamos descobrir, não é? — diz Lasse.

— Sério? — digo, ainda na esperança de que isso não passe de uma piada.

— Ah, sim, sim, bom, *é isso aí* — ele diz, com seu sotaque sueco, antes de acionar o motor e partir.

— É isso aí? — digo, voltando-me para Ivan. — *É isso aí?* Nós vamos comer o peixe e ficar esperando pra ver quem acaba paralisado?

— Estou com fome — ele diz olhando para o horizonte, imune a qualquer tipo de preocupação, como de hábito.

Enquanto o sol se põe, dirigimos o bote para a praia, desviando cuidadosamente de perigosas cabeças de coral que repousam no chão arenoso como hipopótamos adormecidos. Seria mais inteligente remar do que ter o motor acionado, arriscando vê-lo danificado por um coral, mas nossos remos foram lançados à deriva no Pacífico, quando o bote afundou.

Enquanto preparo a comida, Ivan desaparece em meio aos arbustos para procurar madeira. Passam-se três minutos e ouço um estalido agudo vindo de perto, seguido de um grito horripilante que reconheço como sendo a voz de Ivan.

— Fiiiiuuuuuu! — assobio, chamando-o.

Aguardo longos segundos e, sem obter resposta, saio correndo para dentro do matagal. Minha lanterna projeta um pequeno círculo de luz na escuridão e acabo tropeçando na vegetação rasteira seca e em algumas folhas de coqueiro caídas. Onde está ele?

Finalmente o encontro, parado no escuro, segurando a boca com ambas as mãos. Seus olhos estão arregalados de medo.

Meu coração bate forte.

— Você se machucou?

Ele não fala. Apenas segura a boca. Eu o guio pelo braço para fora do matagal, de volta à praia.

— Ivan, o que aconteceu? — Já estou entrando em pânico.

Ele não responde. Apenas fica ali, parado, sem fazer o menor movimento.

— Você se machucou? Viu alguma coisa horrível? O quê?

Ele fala, mas ambas as mãos estão travadas firmemente sobre a boca, abafando sua voz.

— Afo qui laguei eus savios.

— O quê? — digo.

Ele afrouxa um pouco as mãos.

— Acho que rasguei meus lábios. Eu acho... que eles estão pendurados.

— O quê?

— Meu dente. Ah, não... Perdi um dente!

Isso é ruim. Estamos a trinta quilômetros da única cidade do atol. Não podemos ir a lugar nenhum até amanhecer; a lagoa tem muitos riscos para considerar a possibilidade de velejarmos à noite. Estamos completamente isolados. É isso. Este é o momento que eu temia: uma emergência médica no meio do nada. Merda. O que devo fazer?

Alguma coisa me percorre o corpo e eu mudo da atitude de pânico para a de sobrevivência. Preciso ajudá-lo. Sou a única pessoa que pode fazê-lo. Primeiro: descobrir qual foi o estrago.

— Tá bom, Ivan, tire as mãos. Me deixe ver.

— Não. Não posso. Meus lábios estão pendurados!

— Me ouça. Tire as mãos. Eu preciso ver como você está. Você precisa me deixar ajudar. — Afasto suas mãos e consigo, delicadamente, mantê-las longe da boca.

Ele afrouxa o punho.

Ilumino seu rosto com a lanterna, preparando-me para o pior.

Seus lábios latejam sob a luz. Estão manchados de sangue e inchados, com o dobro do tamanho normal, mas não há nenhuma parte pendente e nenhum dente faltando. O machucado parece dolorido, mas superficial, como se ele tivesse levado um soco bem dado na boca.

Suspiro, aliviada pela constatação de que não vou ter que dar pontos no rosto de alguém, pelo menos não hoje. Solto suas mãos, e elas retornam à boca como que impulsionadas por elásticos, com o propósito de manter os lábios supostamente cortados no lugar.

— Não se preocupe — digo —, seus lábios ainda estão aí. Rachados e bastante inchados, mas cem por cento presos ao rosto. Seus dentes estão todos bem, também.

— Ah — diz ele, apalpando-se com a ponta dos dedos. — Nossa, cara, eu realmente achei que tinha rasgado o rosto. Aquilo foi muito violento. — A boca inchada se abre num sorriso envergonhado.

Risadas explodem a nossa volta. Só agora percebo que os outros dois casais estavam assistindo ao drama todo. Ivan, o desastrado, ataca novamente! Esses amigos já testemunharam muitas de suas travessuras em Toau.

— Bom... — digo, quando as risadas se acalmam. — Você vai nos contar o que aconteceu? Quem te deu esse soco?

— Era o Deek, esperando por você nos arbustos? — diz Lasse, soluçando de tanto rir.

— Um galho — Ivan diz, rindo. — Tentei quebrar um galho para o fogo, mas um galho muito grande, porque eu queria o pai de todos os galhos, para colocar no fogo e mantê-lo queimando a noite toda, sabe? Mas a coisa não queria quebrar, estava difícil. Eu empurrei com todo meu peso e, então, de repente, ele vergou para baixo e voltou, acertando minha boca em cheio. Nossa, cara, estou tão feliz de saber que meus lábios ainda estão aqui.

O som de seis pessoas estourando de tanto rir ecoa pela lagoa vazia.

— Como você faz isso? — pergunto, quando a histeria se acalma. — Três minutos. Esse foi o tempo que você levou pra tomar porrada do arbusto.

Olho para as faces sorridentes ao redor e vejo que sou a única pessoa que esconde preocupação detrás das risadas. *Eu tenho que velejar num barco com esse homem!* Já perdi a conta dos acidentes em que ele se meteu até agora. Ivan consegue dar com o perigo nos ambientes mais improváveis.

— Você quer voltar para o barco? — pergunto. — Se limpar com um pouco de antisséptico?

Ivan se dirige à turma dizendo que em breve estaremos de volta. Entramos no bote e ele puxa a corda do motor, que se coloca em movimento na única velocidade disponível: a todo vapor. O bote voa adiante. E seguimos diretamente para uma cabeça de coral. Somos chicoteados como bonecos de teste de impacto. O motor morre. Nem mesmo uma tossezinha. Morto.

Olho para Ivan. O que aconteceu?

Volto-me na direção de nosso grupo de amigos, na praia, a apenas dois metros de distância. Todos pararam o que estavam fazendo para nos observar, perplexos. Ninguém pronuncia uma palavra. Ouço alguém limpar a garganta. Todo o resto é silêncio.

Primeiro acidente: hilário.

Segundo acidente: uma verdadeira vergonha.

Saltamos do bote, a meio metro de água, e conduzimos *Little Gracie* de volta para a praia, andando. Sem palavras, continuamos preparando o churrasco, fazendo o possível para ignorar a ridícula cadeia de eventos cômicos que acabamos de protagonizar em público.

Agradeço o fato de, durante toda a noite, ninguém mais mencionar "soco" ou "batida". Nossos acidentes de há pouco são ignorados, e mesmo a visão inevitável da boca de Ivan não desperta comentários, como se nada tivesse acontecido. Ao contrário, a conversa flui, perpassada de um humor leve, e todos se empanturram de peixe assado. Ninguém apresenta sinais de envenenamento por ciguatera, o que é um alívio, visto que acidentes sempre acontecem em trios.

Quando a noite chega ao fim, ando pela praia limpando pratos e ajeitando as coisas. Piso em algo quente, muito quente, e uma onda de dor viaja da sola dos meus pés pela medula óssea até meu couro cabeludo, tomado de calafrios. Só agora me lembro das brasas do churrasco, recobertas por uma fina camada de areia, sobre a qual estou pisando.

Humilhada demais para gritar — e tendo acabado de completar o trio de acidentes numa única e breve noite —, saio em silêncio e cambaleante na direção da água, vesga de dor, para esfriar meus pés em brasa.

14

Nebulosas salpicam o céu logo após sairmos pela passagem de Apataki. Calculamos que o trajeto até Tuamotu, no atol de Rangiroa, será feito em exatamente dezesseis horas, e chegaremos à passagem bem a tempo de aproveitar a maré baixa. Os pais de Ivan logo chegarão a Rangiroa, onde se hospedarão no Resort Kia Ora. Localizado bem ao lado de um ancoradouro protegido, o resort é o ponto de encontro ideal. Nossa viagem deve durar apenas uma noite, mas estamos ambos ansiosos para chegar até lá ilesos e a tempo. Já viajamos cerca de seis mil quilômetros sem nenhum grande incidente e, agora que Ivan está prestes a provar aos pais suas habilidades de marinheiro, a ocorrência de um problema poderia pôr tudo a perder.

Sento-me com Ivan na cabine, sob a luz pálida da lua, e ouço as ondas passando pelo casco, sabendo que, a apenas alguns quilômetros de nossa posição, essas mesmas ondas vão quebrar nos recifes de corais afiados que nos cercam. Tento não pensar muito nisso. Atrás, no horizonte, avisto a pequena luz do mastro de *Hilda*. Coincidentemente, Lisbeth e Lasse estão seguindo para o mesmo lugar que nós.

O vento está forte, impulsionando-nos na posição ideal, e, a esta velocidade, chegaremos lá cedo demais. Ivan riza a vela principal para que pegue menos vento, refreando o galope do barco. *Uoa, garota*.

Ao amanhecer, ele faz o barco rastejar, diminuindo ainda mais nossa velocidade, para garantir que cheguemos na hora prevista. É necessário um equilíbrio delicado entre velocidade e tempo, e nisso Ivan é habilidoso. Ainda estamos uma hora adiantados quando Rangiroa aparece em nosso campo de visão: o maior e mais turístico atol de Tuamotu.

Do mar, observamos a boca escancarada da passagem. Rangiroa tem duas passagens e, apesar de Tiputa, que agora avistamos, estar situada bem ao lado do Resort Kia Ora, nosso guia nos avisa que ela às vezes é atravessada por correntes perigosamente fortes, enquanto a grande lagoa se enche e esvazia com o movimento das marés. A boa notícia é que existe uma segunda entrada, a poucos quilômetros e a favor do vento, a passagem Avatoru, cujas correntes têm fama de ser muito mais gentis. Já que esta é referida em nosso guia como a "passagem fácil", escolher o melhor ponto de entrada na lagoa se tornou, para mim, uma decisão muito simples.

Hilda nos ultrapassou durante a noite, e o vemos disparar, já à entrada da passagem Tiputa.

— Por que eles estão indo pela passagem difícil? — pergunto.

Ivan dá de ombros.

— Acho que eles têm um motor mais poderoso que o nosso.

Hilda chacoalha um pouco nas ondas fortes da passagem, mas logo as atravessa, entrando na lagoa sem nenhuma dificuldade. Desaparece no outro lado da ilhota, na direção do ancoradouro do hotel, localizado atrás de uma plantação de coqueiros que bloqueia nossa visão.

Não queremos correr mais nenhum risco depois da passagem Otugi. Viramos o barco e velejamos com o vento a favor, sob brisa forte, cortando a água como corredores profissionais em direção à passagem número dois.

Leva trinta minutos para alcançarmos a segunda passagem, e assim que chegamos começo a questionar nossa decisão. Há duas visões preocupantes logo na entrada: um barco a vela emborcado de lado na praia, meio enterrado na areia; do lado oposto da passagem, um iate foi dar num recife, preso na região de arrebentação das ondas. A visão me desperta instantaneamente.

— Então este é o caminho fácil? — reclamo.

Uma risada nervosa escapa da garganta de Ivan. Ele recolhe as velas e liga o motor. Meu coração bate forte enquanto ele vira o timão e coloca *Amazing Grace* em ângulo, alinhando-a em conformidade com as indicações do GPS.

Já na faixa de passagem, que é como um rio, os coqueiros bloqueiam o vento. As águas são tranquilas; a correnteza, suave. E deslizamos nos cumprimentando por ter tomado a decisão responsável. Agora, precisamos voltar a viajar contra o vento até a chegada ao resort.

No interior da lagoa, as árvores não bloqueiam mais o vento, e somos atingidos de frente por ventos de vinte e cinco nós. Abaixo de nós, a água da lagoa tem um tom marrom e é rasa de arrepiar os cabelos. Checo nossa profundidade: três metros. As ondas se erguem na água rasa, suscitadas pelos fortes ventos, como uma vigorosa máquina de lavar cheia de resíduos e espuma. Estamos presos bem no meio disso.

Verifico o GPS.

— Não estamos nos movendo — grito, tentando fazer minha voz ser ouvida em meio à ventania.

Ivan aperta o acelerador, tentando extrair a máxima potência do motor, mas já estamos vibrando em velocidade máxima. Oscilamos sobre as ondas, e, quando a gravidade age sobre nossas seis toneladas, temo que a hélice possa se encontrar com o recife abaixo. Não seria preciso mais do que uma grande cabeça de coral aqui para que caíssemos sobre ela como um gordo que se precipitasse do décimo terceiro andar.

— Estamos perdendo potência — Ivan grita. — Temos que voltar e tentar a primeira passagem!

Tomamos a decisão errada ao escolher a "passagem fácil". Se tivéssemos seguido *Hilda*, a esta hora já estaríamos ancorados em frente ao hotel. Teremos que refazer o caminho para a primeira passagem, o que pode levar horas contra o vento. E, se não conseguirmos chegar lá em uma hora ou duas, perderemos o tempo de entrada e seremos forçados a voltar para o mar, a uma distância segura, chafurdando ao longo de outra noite inteira.

— Cambar — grita Ivan, e essa é a deixa para que eu solte a corda da bujarrona, girando-a em volta do guincho oposto.

Juntos, manobramos o barco contra o vento em perfeita sincronia.

Formaríamos um time excelente de navegação profissional não fosse o fato de, entre uma e outra manobra, eu fazer birra sem nenhum constrangimento. Há algo de intensamente prazeroso em soltar tudo o que tenho a dizer quando uma brisa forte ajuda a levar para longe o que me sai pela boca.

Na minha mente, consigo ouvir os comentaristas da TV: *Bem, parece que Amazing Grace está voando para a linha de frente. Mas espere um pouco, estou recebendo algo de nosso repórter. O que foi, Jim? A capitã está esmurrando o barco? Ela está gritando com o mar, chamando-o de "pedaço de merda estúpido"?* Então, meus patrocinadores ligariam para meu empresário e seria o fim da brincadeira.

Ancoramos do lado de fora do resort, quatro horas e meia depois. Ir pela passagem Tiputa, no fim das contas, foi a parte mais fácil de nossa manhã.

— Por que demoraram tanto? — Lisbeth, do barco *Hilda*, pergunta, quando chegamos com olhos fundos, cabelos sujos e impregnados de sal.

— Vocês sumiram por bastante tempo — diz Lasse. — Primeiro estavam bem atrás da gente, depois sumiram. Ficamos muito preocupados, sem entender.

Deixo Ivan contar a história.

Nossa falta de jeito já não é surpresa para essas pessoas. Durante nossa curta amizade, elas presenciaram uma queimadura de água-viva, o disparo acidental de um arpão em um morador da ilha, uma machadada no dedão, o afundamento de um bote e, imediatamente após, o *sumiço* do mesmo bote; e por último, mas não menos importante, o soco e a batida. Não há nada de estranho em nosso mais recente erro de julgamento. Devíamos batizar logo nossa embarcação de *Amazingly Graceless*,* o que indicaria aos outros marujos para manter distância.

Usando expressões compassivas, Lisbeth e Lasse ouvem pacientemente as explicações de Ivan.

— Enfim — diz Ivan, pondo um desfecho na história —, isso foi bem estúpido, na verdade. Devíamos ter levado em conta os ventos contrários e entrado pela passagem Tiputa desde o começo.

---

* "Espantosamente sem jeito." (N. do T.)

— Sim, sim — Lisbeth concorda com seu grave sotaque sueco. — Foi definitivamente estúpido.

— Mas fazer o quê? *É isso aí...* — diz Lasse.

~

O resort nos oferece o primeiro gosto de civilização desde Cabo San Lucas. Casais em lua de mel, amantes ricos e solteiros cheios de classe relaxam em acomodações de luxo de quatrocentos dólares por noite, enquanto se ouvem lindos sotaques nas conversas dos casais. Francês, italiano, espanhol: as línguas românicas. Mulheres esculturais repousam ao lado da piscina, usando óculos de sol de grife, roupas esvoaçantes e elegantes chapéus de abas largas. Algumas têm os seios nus, cobertas apenas por uma mínima tanga. Homens igualmente belos descansam ao lado das companheiras, interrompendo seus drinques a intervalos regulares para um mergulho na piscina de borda infinita. A cena lembra uma propaganda da Ralph Lauren.

A bordo de nosso dilapidado *Little Gracie*, nos aproximamos do atracadouro, que acessa diretamente o resort, dentro da área da piscina, como uma passarela que se estende no meio de uma multidão de críticos de moda europeus. Os holofotes estão voltados para nós.

Encostamos no atracadouro, chegando com nossa habitual parada ao estilo colisão, submetendo a cabeça ao efeito chicote em gracioso uníssono. Desfilamos lado a lado, em câmera lenta, e a multidão se volta para nos assistir.

Relato da cena: O homem veste calças manchadas e surradas, estilosamente baixas na cintura, expondo um controverso e chamativo tufo de pelos. Erguendo-se até o meio das costas, sua camiseta foi encolhida e descolorida pela ação do tempo. Ele exibe lábios inchados, decorados com lacerações e manchas de sangue. A barba por fazer há uns quarenta dias complementa o visual relaxado do corte de cabelo, ao estilo faça-você-mesmo.

Sua companheira desfila ao lado e, alinhada com a coleção, traz cabelos sujos e varridos pelo vento. Shorts e camiseta estão adornados com lindos poás de graxa e ferrugem. Nos pés, um par de sapatos de neoprene azul profundo, realmente originais e um número menor, permitindo que as unhas descuidadas, se-

gundo a última moda, se exibam à frente. Esses sapatos — nem sandálias, nem botas, antes uma perfeita mistura de ambos — podem ser usados igualmente na prática de snorkel e num evento social. Deslumbrante, porém não chamativa, a coleção combina brilhantemente glamour sem esforço e naufrágio chique.

Tiramos as roupas até ficar apenas em trajes de banho e deitamos nas cadeiras de descanso ao lado da piscina de borda infinita. Pego o cardápio de drinques: vinte dólares por uma piña colada. Devolvo o cardápio. Em seu lugar, pego meu livro.

Um funcionário do resort nota nossa presença e interrompe o que está fazendo, vindo direto até nós. Espero que venha pegar nosso pedido, mas sua aparência é severa. Começo a ficar nervosa — odeio me meter em encrencas.

— Com licença — ele diz. — Qual é o número do seu quarto? — O nariz empinado me diz que ele já sabe a resposta. Que droga, como ele pôde saber?

Percorro uma lista de possíveis mentiras criativas, mas Ivan responde antes que eu possa inventar alguma coisa.

— Não temos um quarto aqui — ele diz, sem nenhum vestígio de vergonha.

— Bem, então se importariam de se retirar do recinto da piscina? Esta área é reservada aos hóspedes pagantes.

Agarro minhas roupas e começo a me levantar, ruborizada.

Ivan continua imóvel em sua cadeira, teimosamente distendido e relaxado. Ele encara o homem sobre os óculos de sol.

— Escute, *senhor*. Meus pais estão vindo dos Estados Unidos com o único propósito de nos encontrar aqui. Escolhemos este resort, que recomendamos a eles, e velejamos uma distância enorme e desafiadora desde Los Angeles, quase seis mil quilômetros, até chegar aqui. Meus pais, que estão gastando mais de seis mil dólares nas férias, não viriam a este resort por outro motivo. Quando eles chegarem, vamos frequentar o restaurante do hotel junto deles e consumir suas bebidas de preço abusivo. Tenho certeza de que o senhor concorda que, mesmo não tendo um quarto no resort, nós somos, para todos os efeitos, hóspedes pagantes.

O homem limpa a garganta.

— Tudo bem, então — diz, antes de dar meia-volta e marchar para outro lugar.

Ivan volta a seu livro, imperturbável.

— Estou tão feliz por você ser um babaca arrogante — digo, recostando-me outra vez na cadeira, tão orgulhosa quanto mortificada por estar com ele ali.

~

— Olha só este lugar! — diz Monica, a mãe de Ivan, com seu forte sotaque argentino. — ¡Qué lindo! Vocês têm muita sorte!

Recordo a sequência de recentes contratempos por que passamos.

— Sim, somos realmente sortudos — digo, sem nenhum entusiasmo.

No bangalô de Monica e Jorge, fico maravilhada com todos os luxos e comodidades de que tenho sentido falta, entre eles um chuveiro quente, uma geladeira e um vaso sanitário com descarga. A cama é grande o bastante para que o casal não tenha de passar a noite toda numa cruel coreografia, como Ivan e eu tivemos de aprender a fazer.

— Sintam-se à vontade para usar o que quiserem no nosso quarto, crianças — oferece Monica. — Vocês na certa devem estar loucos por um banho quente com sabonete. Então, por favor, se sirvam.

Vejo que Ivan está à espera de que os pais notem sua tatuagem. Sem camisa, com o braço voltado para eles, aguarda que digam algo. Nenhum dos dois pronuncia uma palavra. O desenho, do tamanho de uma bola de boliche no corpo de Ivan, continua ignorado. Talvez eles estejam esperando que a mancha negra desapareça com um pouco de água quente e sabonete.

Monica nos presenteia com duas malas enormes.

— Aqui estão as coisas que vocês pediram — diz ela.

Abro a primeira mala e encontro os equipamentos que pedimos: lanternas, sapatos novos, equipamentos para o barco, baterias, vinagre de vinho de arroz, pastilhas para garganta, DVDs e uma quantidade ridícula de bolachas (porque argentinos comem qualquer coisa desde que esteja sobre uma bolacha de água e sal). Monica relata quanto teve de correr de um lado para o outro, depois do trabalho, tentando encontrar nossas encomendas, a despeito de não saber o que estava procurando: *reveladores, refletores de radar, roldana de âncora, suporte do trilho da âncora*. Não falta nada do que pedimos; ela trouxe tudo, até o último parafuso.

Jorge, numa manifestação de cuidado, comprou para Ivan, por iniciativa própria, novas iscas, um canivete e um belo carretel vermelho. O que é o mesmo que presentear com uma bicicleta um homem sem pernas. As iscas vão virar mordedores caros para os peixes, após ser lançadas ao mar para nunca mais ser vistas.

É difícil ignorar a outra mala que eles nos trouxeram. É uma mala de rodinhas, grande o bastante para ser usada no tráfico de pessoas. Monica se refere a ela como "o cadáver."

— Foi muito difícil trazer "o cadáver" na viagem — diz ela, com seu jeito habitualmente exagerado. — Foi horrível, meus filhos, horrível! — Monica relata detalhadamente todos os problemas que tiveram para trazer a enorme mala de L.A. até aqui, o que faz com que eu me sinta envergonhada por termos pedido que a trouxessem no avião.

— Bom, agradeço muito por terem trazido — digo, abrindo a mala de quarenta quilos. — Vocês não têm ideia de quanto isso significa pra gente.

Dou uma espiada lá dentro e entrevejo a borracha cinzenta. Sinto o cheiro de brinquedo novo. Meu coração se acelera. *Little Gracie II* é lindo.

Na praia, retiramos da mala os componentes da pequena embarcação e iniciamos a montagem, empilhando as ripas de madeira do piso, inflando os tubos e instalando os remos de plástico. Ao vê-lo flutuando, admiramos *Little Gracie II* como pais orgulhosos. A embarcação é um robusto e majestoso modelo Zodiac e, com seus grandes tubos infláveis, nenhuma tempestade noturna vai conseguir afundar essa gracinha.

À noite, depois de muitas bolachas de água e sal e algumas rodadas de mate, deixamos o bangalô de Monica e Jorge, de volta a *Amazing Grace*.

— Meninos — diz Monica enquanto estamos de saída —, me façam um favor: quando voltarem ao barco, podem acender e apagar a luz umas cinco vezes, para que eu saiba que vocês chegaram bem? Vai me ajudar a dormir; não vou ter que me preocupar a noite toda com vocês.

— Não — diz Ivan. — Fizemos todo esse caminho de Los Angeles até aqui. O vento está soprando na direção da praia, logo a pior coisa que pode nos acontecer é sermos trazidos de volta ao resort.

— Ivan, por favor, eu...

— Mãe! Para! Somos perfeitamente capazes de percorrer trinta metros até o barco no nosso novo bote!

Mas talvez não no nosso velho bote, penso comigo.

Ainda não se passaram vinte e quatro horas desde que os pais de Ivan chegaram e o clima já está ficando pesado. É só uma questão de tempo até que tenhamos um primeiro arranca-rabo para valer, ao estilo latino.

— Mas está ventando tanto hoje, Ivan. Por favor... — O tom de sua voz, exigindo e implorando, é ao mesmo tempo severo e atormentado. — Por favor, Ivan, eu vou ficar preocupada. Vocês não têm nem motor. Não vou conseguir dormir. *Por favor*. Faça isso por mim.

— Não.

— Mas por que é tão difícil pra você...

— Não!

Em seguida, aproveitando que Ivan está no banheiro, Monica me pede em voz baixa que eu faça o sinal de luz para que ela possa dormir.

— Por favor, Torre, faça isso por mim. É tudo o que peço. Eu fico tão preocupada...

Como posso lhe negar isso, depois desse tom de súplica? Ela é sempre tão generosa conosco. Arrastar o "cadáver" de um lado a outro do mundo para trazê-lo até nós foi só uma pequena mostra dessa generosidade. Para mim, mandar um sinal de luz não é nada de mais. Se isso lhe traz algum conforto, posso fazer isso por ela.

De nossa cabine, faço sinais com a lanterna na direção do bangalô de Monica e Jorge, conforme prometido. O feixe de luz é tão poderoso que esgota a carga de quatro pilhas grandes em menos de cinco minutos.

— O que você está fazendo? — pergunta Ivan, flagrando-me em pé no convés escuro, sinalizando com a lanterna e iluminando todo o resort, agora adormecido, com minha luz estroboscópica.

— Sua mãe me pediu para dar um sinal de luz.

— Sim, mas eu tinha dito a ela que não. Você concordou?

— Eu não podia simplesmente dizer não. Quer dizer, não é grande coisa e, se vai ajudá-la a dormir, pensei que...

— Mas que droga! Ela foi te pedir que fizesse isso pelas minhas costas. Eu não acredito. Não tenho cinco anos de idade. Navegamos toda essa distância, e agora, no lugar mais turístico e seguro entre todos em que estivemos, vamos ter que fazer esses procedimentos de segurança ridículos que ela inventa? Não. Isso é demais!

— Eu sei. Mas você sabe como a Monica é, ela se preocupa, e acho que me identifico. Se for ajudá-la a dormir, nós devíamos...

— Não devíamos *nada*. Você não sabe como é. Ela acha que eu vou afundar e me afogar num resort cinco estrelas, a dois metros de água quente? Tenho trinta e dois anos de idade.

— Eu sei, mas você leva muito pro lado pessoal. Ela se preocupa com você; na cabeça dela, é perigoso.

— Mas eu não preciso que a minha mãe fique me dizendo se estou ou não em perigo. Nós já atravessamos o Pacífico velejando e ela *ainda* não acredita em mim.

— Ela tem medo, só isso.

— Bom, não concorde mais com essas coisas — diz ele. — Ela precisa resolver isso sozinha. Não posso tomar decisões em minha vida apenas para ceder aos medos dela.

Deito na cama e permaneço acordada, chateada com o conflito. Em minha família, faço o que posso para manter a paz. Não gosto de brigas. Dizer não a um pedido tão simples vai contra minha natureza, mas agora estou atrelada a um conflito que não entendo.

A primeira coisa que Monica faz, ao chegarmos ao bangalô deles pela manhã, é perguntar por que não lhe enviamos o sinal de luz.

— Não consegui dormir, foi terrível. Pensei que vocês estavam mortos.

— Mas eu fiz os sinais — digo a ela. — Cinco vezes. Um gigantesco orbe de luz, direto no seu bangalô. — *E depois discuti em sua defesa*, penso.

— Bom, Torre, eu não vi — diz ela, ligeiramente indignada. — E não dormi a noite passada inteira. — Ela me encara com olhos sofredores, esperando por... o quê? Um pedido de desculpa?

— Me desculpa, Monica — digo.

— Bom, hoje à noite você pode, por favor, me ligar pelo rádio para me dizer que chegaram bem ao barco?

— Hum... o Ivan não quer que eu faça isso — digo, reprovando a mim mesma por ter dado a Monica um rádio de mão para que pudéssemos ligar para eles do barco e marcar horários de encontro.

— Ivan, por favor, deixe a Torre me chamar pelo rádio.

— Não!

É o que basta para o início de uma acalorada discussão, como previsto. Espero a coisa esfriar, sem saber como agir e sem entender nada.

Por sorte, a discussão é abafada. Passamos mais tempo conversando e rindo, enquanto descansamos ao lado da piscina, comemos no restaurante e tomamos café da manhã no barco. Monica e Jorge ficarão aqui por pouco tempo, e parece que todos querem aproveitar ao máximo.

No aniversário de trinta e três anos de Ivan, Monica e Jorge nos convidam para jantar num restaurante especializado em frutos do mar, e depois, como surpresa adicional, passam a um bangalô de seiscentos dólares por noite com espaço suficiente para todos nós. Por uma noite gloriosa, somos presenteados com uma cama king-size macia com vista para a lagoa. A palavra "luxo" não dá nem uma pálida ideia do prazer que é esta breve interrupção em nossa vida salgada e nômade. Sinto-me como se estivesse numa cobertura no topo do mundo.

Ivan e eu tomamos um banho quente e demorado, com muita espuma, ensaboando e removendo toda a sujeira acumulada. Depois ficamos nus na frente do espelho, observando nossa aparência. Os ombros e antebraços de Ivan estão fortes de tanto remar e trabalhar. Os pelos finos do corpo e as raízes do cabelo se transformaram em fios dourados que se destacam das sombras de seu bronzeado.

O cabelo escuro e brilhante que eu tinha na cidade foi substituído por fios compridos, selvagens e descoloridos, com mechas âmbar. Meus braços e pernas continuam alongados e esbeltos, mas os quadris e seios cresceram, transformando minha estrutura de menina na de uma mulher curvilínea. Viro-me de um lado para outro, admirando minhas curvas.

Na cama king-size, ao lado de Ivan, arrasto braços e pernas imitando um anjo nos lençóis sedosos e limpos. Ivan repousa de costas numa pose própria de anjo de neve.

— Ivan? — sussurro na escuridão. — Por que você está sempre tão irritado com seus pais?

O quarto está em silêncio. Posso ouvir a maré subindo nos corais da praia bem ao lado de nosso quarto. A luz da lua se derrama sobre a cama, mas não consigo enxergar os olhos dele. *Será que está dormindo? Deve estar.*

Rolo para o lado, preparando-me para dormir, e então, quando começo a divagar, a voz dele interrompe o silêncio.

— Não sei, acho que eu sinto que eles não apoiam essa viagem. Isso me deixa triste.

Rolando para ficar de frente para ele, levo os braços a seu peito.

— Mas eles estão aqui te visitando. Isso é apoio, não é?

— Eu fico irritado quando eles não estão felizes. — Sinto seu coração começar a bater forte, enquanto a ira ressurge.

Arrependo-me de ter tocado no assunto. Estamos numa luxuosa vila por uma única noite e devíamos aproveitar, em vez de revirar melodramas familiares. Mas o rancor é desconcertante. Ver Ivan brigando com os pais é perturbador, e preciso saber o que está por trás dessa sua frustração em relação a eles. Não posso mais ignorar o problema.

— Mas por que você está com raiva?

Sob meu braço, seu coração diminui o galope.

— Acho que é porque, quando eles não estão felizes, eu sinto como se fosse minha culpa.

Sua resposta me pega de surpresa.

— Mas... *o que* é culpa sua?

A essa pergunta sobrevém um longo silêncio. Vejo que ele levanta o braço e traz a mão aos olhos.

— Você está bem? — pergunto.

— Lembra que lhe contei sobre o regime ditatorial que tínhamos na Argentina?

— Você mencionou, mas não sei muito sobre política.

— Quando morávamos na Argentina, vivíamos sob uma ditadura pesada. Umas trinta mil pessoas foram dadas como "desaparecidas" pelo governo... sequestradas, torturadas, estupradas, mortas. Bastava o boato de que alguém fosse um "livre-pensador" para que os militares viessem e sumissem com o cidadão, pego a caminho da escola ou do trabalho. Às vezes, iam buscar as pessoas em casa à noite, enquanto dormiam. Nesse período, ter o cabelo comprido, na Argentina, era suficiente para ser preso. Vivíamos a alguns quarteirões de uma base militar, que julgo que poderia ser chamada de campo de concentração. As pessoas no bairro ouviam gritos. Amigos falavam de membros da família que simplesmente desapareceram. Todos nós sabíamos o porquê. Sabíamos para onde tinham ido e sabíamos que nunca voltariam. Eu temia pela minha vida lá. Temia por todos nós.

— Que merda — digo, olhando com os olhos arregalados para a lagoa iluminada pelo luar.

— E a minha família... Somos ateus com antepassados judeus e sobrenome russo. Por isso éramos triplamente visados, como se trouxéssemos *três* alvos nas costas. Eu estava sempre com medo de que a próxima pessoa a desaparecer fosse meu irmão, ou meu pai, ou minha mãe. Ou eu. As coisas eram simplesmente assim. Mesmo quando a ditadura acabou, eu ainda não me sentia seguro lá, porque a história sempre se repete. E eu sentia que era apenas uma questão de tempo até que uma próxima ditadura se instalasse.

Penso outra vez em minha infância ingênua, brincando nas ruas, andando de bicicleta pelo bairro, construindo castelos de areia na praia, abençoadamente inconsciente das atrocidades humanas e políticas.

— Decidi sair de lá quando tinha dezessete anos — ele continua. — Eu sabia que não queria mais viver na Argentina, então disse aos meus pais que ia para os Estados Unidos. Disse: "Venham, se quiserem". Estava pronto para ir sozinho, mas eles decidiram ir também. Deixaram tudo pra trás e levaram anos até nos estabelecermos. Tudo porque eu queria partir, sabe? Às vezes, meus pais parecem estar infelizes em L.A., como se sentissem falta da Argentina. Eles não têm muitos amigos, e meu pai ainda tem dificuldade de falar inglês. Eu me sinto muito mal com isso.

— Então você carrega todo esse peso. — A imagem de Ivan, na primeira noite em que o conheci, passa pela minha mente. Um homem sentado sozinho num bar, sob o peso enorme de uma mochila invisível. Meus olhos se enchem de lágrimas.

— Nós imigramos para os Estados Unidos para ser livres, mas comecei a perceber que não somos verdadeiramente livres lá também, sabe? Quer dizer, se o indivíduo toma uma multa por excesso de velocidade, podem decidir mandá-lo de volta ao país de origem... Fácil assim — ele diz, estalando os dedos. — Eu vivia aterrorizado com essa possibilidade. Tinha pesadelos com isso. Quando estava na faculdade, policiais me paravam o tempo todo por dirigir um Camaro! Se você não parece ou não age como todos os outros, deve ser um criminoso. Recuse-se a vestir um terno para trabalhar e você será visto como uma aberração. Deixe crescer uns malditos pelos no rosto e, pronto, você é um maldito terrorista. Nunca se está realmente livre. Nem na Argentina. Nem nos Estados Unidos. Nem em qualquer lugar da sociedade.

Olho para ele e vejo a luz da lua refletindo na barba e nos cabelos crescidos, criando mechas prateadas. Um nó me sobe à garganta.

— Sinto muito que você tenha passado por tudo isso.

— Enfim — ele diz, ignorando minha piedade —, decidi comprar um barco e sair velejando para ser livre... verdadeiramente livre... e parece que, não sei, é como se meus pais não apoiassem essa viagem. Isso me deixa triste. Eles não disseram nada sobre a minha tatuagem nem se manifestaram sobre a nossa viagem. Nada. Nenhuma pergunta, nenhum elogio, o que é estranho, não acha? E então lembro como imigramos juntos. Lembro que sofremos e lutamos para ter uma vida melhor nos Estados Unidos. Meus pais *ainda* estão sofrendo. Tudo porque eu queria ser livre e achei que fosse encontrar a liberdade lá, e... — Ele solta um suspiro pesado e trêmulo. — E agora eu os abandono — diz e enterra o rosto no travesseiro.

Tento pensar na coisa certa a dizer, mas não há nada a falar. Em vez disso, aconchego-me para mais perto dele, abraçando-o, apertando-o mais forte do que nunca.

Quando a luz da manhã invade nosso quarto, acordo e dou conosco na mesma posição, fortemente atados um ao outro, pele com pele, encolhidos no centro da cama enorme e imaculada.

15

—Como isso pode estar acontecendo de novo? — sussurro para mim mesma.

Ondas enormes, quase vagalhões, investem em nossa direção na passagem Tiputa. Avançamos de frente para a onda. O barco se ergue e logo baixa do outro lado, batendo com estrondo a proa na água. Tudo que se encontra no compartimento interno estremece com o impacto, e as coisas que não estão amarradas são arremessadas na direção da quilha do barco.

Dissemos adeus aos pais de Ivan e deixamos a segurança de nosso ancoradouro para uma travessia de dois dias até o Taiti. Agora, com apenas dez minutos de viagem, já estamos em perigo.

O pessoal da loja de mergulho insistiu que, às quatro horas da tarde, teríamos maré baixa. Verifico outra vez: são 15h58. Então por que isso parece estar dando tão errado?

Mesmo com a aceleração máxima do motor, nossa velocidade é de irritantes dois nós. Estamos a ponto de perder potência e, caso isso aconteça, seremos empurrados de ré em direção ao recife. Espio por sobre os ombros e noto a pequena distância entre nosso barco e a plataforma de coral onde os pescadores ficam com água na altura do calcanhar, coletando espécimes marinhos em baldes. Se tentarmos virar o barco, essas ondas ou nos derrubam, ou nos engolem.

Uma lancha lotada de turistas traça uma linha direta em nossa direção. Com certeza, vindo em nosso auxílio! O capitão deve nos lançar uma corda e usar os potentes motores de que dispõe para nos rebocar até um lugar seguro.

Mas, quando o barco de turistas se aproxima, as pessoas começam a rir, apontando câmeras em nossa direção.

— Eles estão nos tratando como animais de zoológico! — digo.

É quando noto que há golfinhos em toda nossa volta, dando cambalhotas acrobáticas. Os turistas estão aqui pelos animais, não por nós. Os golfinhos estão excitados com as ondas, e os flashes das câmeras disparam loucamente. Gostaria que fossem embora e nos deixassem naufragar em paz. *Por favor, não deixe isso parar no YouTube!*

Quando me dou conta de que estamos sozinhos nessa encrenca, aciono o modo sobrevivência. Verifico o GPS: um nó. Não vamos conseguir sair.

— Vá em frente — recomendo a Ivan.

Seus olhos examinam os arredores, cheios de preocupação.

— Estamos quase conseguindo — digo. — Aguente firme! — Não acredito em uma palavra do que estou dizendo, mas, quando tudo o mais falha, não resta nada a fazer senão assumir uma atitude irritantemente positiva.

Mas não saímos do lugar, detidos pelas ondas que não param de chegar.

Lembro-me de ouvir conselhos para nadadores presos numa correnteza: nade perpendicularmente ao sentido das ondas. Resistir é inútil, e é isso que estamos fazendo, avançando de frente para a correnteza e já com os braços cansados. Precisamos nadar de lado.

Exponho minha teoria a Ivan, e ele muda o ângulo do barco. O GPS continua registrando a velocidade de um nó, e não tenho ideia se a manobra está funcionando. Estamos nos deslocando à velocidade de um nó para frente ou para trás? Mantenho os olhos no visor de LCD: 1 nó logo se transforma em 1,2... 1,7... 2 nós. Está funcionando! 2,1... 2,6... 3 nós. As ondas estão diminuindo. Estamos conseguindo nos livrar delas.

Os golfinhos desaparecem, e o barco turístico some atrás de nós. Os pescadores do recife são agora pequenos pontos distantes. Minha respiração volta ao normal quando alcançamos o profundo oceano azul-marinho.

— Como conseguimos cometer tantos erros? — pergunto a Ivan.

— Vou ter que te dar um retorno sobre isso depois.

Nossas risadas dissolvem a tensão à medida que, na imensidão azul, ele direciona *Amazing Grace* para o Taiti, ainda invisível, além do horizonte. Pela primeira vez, noto algo peculiar: quanto mais nos distanciamos da costa traiçoeira, mais eu relaxo.

~

A viagem de dois dias ao Taiti é difícil, marcada pela presença de nuvens carregadas, chuvas fortes e clima irregular. Mas, à medida que nos aproximamos da ilha, o céu se agita e fica limpo, de uma hora para outra, como uma lousa mágica.

Chegamos à orla de recifes e entramos por um caminho de um azul profundo, que corta águas cristalinas e rasas. A Mãe Terra pegou as majestosas montanhas das Marquesas e as colocou no centro das lagoas de Tuamotu. Aqui, temos toda a beleza de picos recobertos de matas e a segurança de uma lagoa que os protege.

— Chegamos ao Taiti! — Ivan me toma num abraço e me aperta com os braços cansados.

Estou muito orgulhosa. Chegar ao centro da Polinésia Francesa, famoso no mundo inteiro, é uma conquista marcante. Embora seja um ponto mínimo no mapa-múndi, o Taiti é, na imaginação dos viajantes, um dos grandes sonhos tropicais. É o arquétipo da fantasia do Pacífico Sul. Um lugar para onde vêm casais em lua de mel, provenientes de todo o mundo, para viver a experiência única de um romance no paraíso.

Abandono-me, por um momento absorta, à visão deste lugar. Destacando-se acima dos coqueiros, vejo um par de arcos dourados: mais um recanto do mundo em que se vê essa marca corporativa. Sons de trânsito chegam da praia, e prédios se incrustam nas montanhas. Não há como negar que, depois de ficar fora do planeta por meses, chegamos a uma cidade movimentada.

O Taiti é a Bangkok do Pacífico Sul e tem tudo de que os marujos se queixam quando apresentam suas razões para fugir para o mar. Parece que este lugar contraiu uma doença que transformou o paraíso de cores vivas de Gauguin numa extensão de concreto cinzento, maculado de franquias, shoppings, engarrafamento e poluição.

Este é exatamente o motivo de eu estar entusiasmada por chegar aqui. Compras, pessoas, internet, restaurantes, arte, tudo o que se encontra em uma cidade grande e de que eu estava sentindo falta. É um refúgio do isolamento do Pacífico Sul, um feriado da paz e do sossego, a possibilidade de respirar um ar não tão fresco. Nós nos espremos em meio a uma densa aglomeração de barcos, lançando âncora na água recoberta por uma camada de gasolina que produz uma superfície irisada, na qual se veem todas as cores do espectro. Encontro *Hilda* por perto.

— Está muito cheio de gente aqui — diz Ivan, desanimado.

Meus olhos estão arregalados de excitação.

— Eu sei!

— Vamos voltar para Apataki — ele diz com uma risada brincalhona.

Sei que ele não está realmente brincando, mas evito prolongar o assunto.

Caminhamos pela artéria principal da ilha à procura de um supermercado. O trânsito é denso, e a fumaça dos escapamentos se mistura ao ar úmido, gerando uma atmosfera opressiva. Inalo esse ar como uma fumante que consome um maço por dia, matando a saudade do cheiro de uma cidade movimentada. Isso me anima.

Tudo se move em velocidade máxima. Carros passam zunindo, um após o outro. Ônibus velhos e gastos rompem, rosnando irritantemente, deixando em seu rastro nuvens negras de fumaça.

O calor é asfixiante. O mundo gira, acelerado. Sigo o trânsito com os olhos, minha cabeça se move à esquerda, à direita, à esquerda, à direita. Meus reflexos começam a saturar, produzindo movimentos a cada buzinada. Os ruídos do trânsito se assemelham agora aos de uma serra elétrica e, segurando a cabeça, que começa a girar, percebo que inalei muita fumaça.

Volto-me para Ivan e, como eu, ele parece um cachorro perdido: irritado e desconcertado com o excesso de barulho e movimento.

— Está tudo se mexendo muito rápido — ele diz, a cabeça se movendo à esquerda e à direita, à esquerda e à direita.

Encontramos um supermercado Carrefour. Somos recebidos à entrada com ar-condicionado gelado, luzes fluorescentes e longas prateleiras de suprimentos que se estendem além do horizonte. Isso vai ser muito bom. Seguindo o aroma cítrico, vamos diretamente para a seção de frutas e verduras. Encontramos todos os tipos delas, suculentas e organizadas em gôndolas separadas. Paro, olho e sorrio até sentir que os músculos da face me doem. Se minha vida fosse um musical, eu irromperia agora cantando e dançando, saltando em meio às frutas, cutucando as peras e fazendo malabarismos com as mangas, entoando uma velha canção. Crianças vestidas de frutas, dando cambalhotas e piruetas, dariam vida ao quadro.

Na seção de delicatéssen, encontramos uma seleção de queijos que indica a grande quantidade de expatriados franceses residentes no Taiti. Há uma impressionante diversidade de queijos delicadamente embalados, porções cremosas de puro prazer, aguardando o momento em que serão desembrulhadas.

— Este é o melhor dia da minha vida — digo a Ivan, acariciando um macio queijo brie.

Quando nos damos conta do tempo, constatamos que passamos *três horas* andando pelo supermercado. Em câmera lenta, olhamos, apertamos, cheiramos e cutucamos quase tudo, boquiabertos e tomados de verdadeiro estupor.

Depois de fazer um estoque de frutas e verduras, queijos, carne vermelha, iogurte, sucos, vinhos e saladas, voltamos ao barco para preparar uma refeição digna de um rei... ou talvez de uma pessoa normal.

        ~

Há conexão wi-fi disponível em todo o ancoradouro. Assim, posso checar meus e-mails cem vezes ao dia. Tenho passado horas digitando compulsivamente, relatando histórias, lendo notícias, me atualizando. Estamos cercados por uma ilha tropical montanhosa, um destino que pessoas em lua de mel pagam caro para visitar, e tudo o que quero fazer é olhar para a tela de meu notebook e viajar por intermédio de e-mails. Monica tem escrito da América, nos incitando a comprar um motor novo. Desde o incidente do afogamento, o motor do bote tem produzido ruídos borbulhantes que parecem indicar o fim iminente. Agora, recusa-se a funcionar. Temos um lindo bote novo que, sem motor, é só metade do veículo que poderia ser, algo como um Porsche impulsionado pelo motor de um ventilador.

Posso ouvir o tom suplicante de Monica mesmo por e-mail. "Não consigo dormir à noite sabendo que vocês não têm um motor." Ela anexa uma lista com informações sobre fornecedores e preços. Chegou até a ligar para fornecedores no Taiti a fim de negociar. Quando quer, essa mulher pode mover montanhas.

Ivan faz algo fora do comum e decide aceitar o conselho da mãe.

Esperamos ao lado da estrada pelo ônibus para a cidade. Fiquei obcecada por pronunciar a palavra "ônibus" tal como a dizem aqui: *le truck*. Há um som prazeroso na palavra, como se a gente estivesse tentando expulsar uma bola de pelos da garganta num xingamento. Assim, a pronuncio sempre que possível. "Lá vem *le truck*", "Vamos subir *dans le truck*", "Quanto é a taxa para *le truck*?", "*Le truck* chegou!" De tanto dizê-la, na hora em que chegamos à cidade de Papeete, minha garganta está irritada e preciso de uma pastilha.

Engulo Papeete com os olhos: favelas, mercados, grupos de adolescentes, pedintes sem-teto, conjuntos habitacionais recém-construídos, lojas de artesanato, cores, cheiros, grafites. É um enclave de sociedade urbana nos trópicos, exibindo toda a áspera feiura que adoro nas cidades grandes.

A loja de barcos exibe uma diversidade de motores novos em folha, alinhados e variando de muito pequenos a mastodontes. Um motor de 275 cavalos de potência parece grávido de uma ninhada de vinte motores do tamanho do que procuramos.

Encontramos um Suzuki preto de cinco cavalos bonito o suficiente para o adotarmos. Tem todos os requisitos de que precisamos e enche de vergonha nosso esquelético Honda de dois cavalos. Municiados dos preços negociados por Monica, fechamos negócio.

Por pura diversão, deslizamos na água a velocidades emocionantes com nosso novo motor, treinando manobras ao redor da lagoa. Com potência suficiente para nos levar mais longe, ele nos permite conhecer lugares a que não poderíamos ir com o velho bote.

Apesar disso, muitas vezes subimos no bote e, sem desatá-lo, ficamos ali, imóveis, durante horas, bebendo cerveja, descansando, respirando a maravilha de nosso novo veículo. Sem sombra de dúvida, devemos parecer tão estranhos quanto um casal que resolvesse ficar num carro estacionado por pura curtição.

Já que não temos mais necessidade de *Little Gracie I*, nós o deixamos amarrado em uma doca e o abandonamos ali, como a um animal de estimação indesejado. Há dias em que ele sacoleja e é retirado vez ou outra por um amável estranho que não se importa de cuidar de um bote decrépito.

— Devemos seguir viagem logo — diz Ivan. Quatro palavras inevitáveis, que eu sabia que viriam, mais cedo ou mais tarde.

Olho por sobre o computador, e meu olhar afiado dispara adagas em sua direção.

— *Acabamos* de chegar.

— Já faz dez dias — ele me lembra. — Que tal irmos a outra ilha aqui perto? Tem muitos ancoradouros bonitos nas ilhas da Sociedade.

— Mas isso aqui é lindo! Estamos nos divertindo tanto.

— Isso aqui foi totalmente invadido pelo mundo ocidental.

— E daí? Eu gosto do mundo ocidental. Temos refeições deliciosas, acesso a e-mails todos os dias. E temos queijos muito, muito gostosos! *Queijo francês*, Ivan. Tudo é tão... prático aqui.

— "Prático" e "espetacular" não são, na maioria das vezes, palavras que caminham juntas.

— Não seja abusado.

— Olha, eu sei que você está se divertindo, mas isso aqui está lotado. Existem muitos lugares melhores onde poderíamos estar, lugares isolados. Vamos seguir viagem.

— Mas...

Um avião da Air Tahiti Nui passa voando, barulhento e baixo, na direção das nuvens carregadas. Ambos permanecemos quietos, esperando que a aeronave se afaste. Fazia bastante tempo que eu não via um avião, quase esqueci que existiam.

Pergunto-me para onde ele estaria indo e embalo no sonho acordado de voar de volta para a Austrália. Em meu devaneio, tomo cervejas geladas com meus amigos, vou a exposições de arte, converso com minha mãe na cozinha de casa, falando da vida. Por um momento, pergunto-me se meus sobrinhos e sobrinhas ainda se lembram de mim.

Temos metade do oceano pela frente antes que eu possa rever a Austrália. E se algo ruim acontecer antes disso? E se eu nunca conseguir...

— Torre? — Ivan chama.

— Sim.

— Você ouviu o que acabei de dizer?

— Não, desculpa.

— Eu disse: que tal irmos para Moorea? Fica a apenas quatro horas daqui, e o guia diz que o ancoradouro é seguro e lindo. Tem um mercado com alimentos frescos e um hotel com internet. Se você precisar de algo daqui do Taiti, é só pegar a balsa. Acho que você vai gostar de lá.

Sinto de repente um aperto de culpa por ter me deixado sonhar com minha casa. Estou no paraíso com um homem maravilhoso, eu deveria estar superfeliz.

— Tudo bem — digo. — Vamos para Moorea.

⁓

— Que lástima essa paisagem! — diz Ivan, sarcasticamente.

— Uma verdadeira tragédia — brinco.

A partir da cabine de comando do barco ancorado, voltamo-nos encantados para a visão espetacular que é Moorea. Picos altos e verdes sobressaindo de trás de uma lagoa azul ocupam o centro do ancoradouro.

A vida de um viajante do mar parece se resumir à constante busca de um próximo refúgio idílico que se possa chamar de lar. Com tantas maravilhas à escolha, é comum ficar cada vez mais exigente. Que ilha tem a areia mais alva? Que lagoa possui a água mais límpida? Deve-se considerar na escolha a ancoragem: é preciso que a enseada seja protegida, para que se possa dormir sem ter de se preocupar com a possibilidade de acordar de cara para um penhasco, empurrado por fortes ondas. Ter amigos por perto conta muitos pontos: não há nada como um drinque ao pôr do sol em boa companhia, compartilhando alegrias e desventuras. Se se tem todas essas coisas e, de quebra, um belo cenário — do tipo que, a cada vez que se olha, dá vontade de chorar como um velho sentimental à beira da morte —, então se pode dizer que se encontrou o lugar perfeito. *A baía de Opunohu*, penso com meus botões, *é exatamente isso.*

Lavo roupa na cabine de comando do barco, enchendo baldes com água dos galões para poder ensaboar e remover a sujeira dos tecidos. Lavar roupa é uma tarefa permanente. A umidade das cabines internas encharca tudo e se infiltra no tecido. Com as toalhas, é pior: elas mantêm o cheiro de limpeza por no máximo dois dias após serem lavadas. Logo, algo terrível acontece. Em poucos dias, passam do aroma de brisa da floresta para o fedor de um animal morto. Quando chegam a esse estágio, não consigo ficar no mesmo espaço que elas, a não ser que estejam imersas num molho de sabão em pó.

Ivan não sente o cheiro, porque tem deficiência olfativa. Sai do chuveiro cheirando a sabonete e fragrância e se esfrega da cabeça aos pés com a toalha fedendo a carniça, transferindo o repugnante odor para a pele limpa. Depois, aconchega-se a mim na cama, recendendo a uma doce e doentia decomposição; é uma forma de eu lembrar que já é preciso lavar as toalhas e as roupas outra vez.

Enquanto enfio as toalhas no balde, Ivan avisa que vai limpar a fossa. É raro vê-lo fazendo a manutenção do barco quando estamos ancorados; é mais comum vê-lo bebendo cerveja na cabine de comando, folheando um romance ou fitando o horizonte, impassível, numa espécie de estupor silencioso, comum em hospitais psiquiátricos. Ele gosta de trabalhar duro e de se divertir intensamente. E, depois de empreender duros esforços conduzindo o barco de um lugar a outro, merece se divertir. Para ele, o trabalho de manutenção só é prioridade quando tem alguma coisa vazando água ou crepitando em chamas.

Limpar a fossa é algo tão ousado quanto pode ser uma tarefa de manutenção náutica, porque implica o acesso a um território onde nenhum ser vivo jamais deveria se aventurar. Nós o chamamos de Zona Escura. Situada num conduto no centro do barco, a fossa é um espaço oco abaixo do piso para o qual confluem líquidos e resíduos de múltiplas origens: a água do chuveiro, vazamentos do motor e água salgada. Se surge um vazamento no barco, muitos galões de água do mar podem ser armazenados primeiramente nesse espaço, evitando assim que a cabine inunde de imediato.

Uma bomba automática esvazia, sempre que necessário, quaisquer fluidos que ali se acumulem, mas há sempre uma camada oleosa que reveste o fundo do compartimento e que tende a apodrecer, convertendo-se numa substância negra e espessa. Quatro painéis de madeira assentados no piso de nosso espaço de convivência recobrem a fossa, e, quando os erguemos para verificar a Zona Escura, o interior do barco é invadido por um insuportável bodum de ovos, feijões e óleo de motor.

Determinado a fazer o cheiro ir embora, Ivan levanta a tampa e coloca meio corpo para dentro, à altura dos cotovelos. Posso ver quais pontos do rosto ele coçou nos últimos vinte minutos pelas manchas de gosma preta ao redor das têmporas, na sobrancelha esquerda e no queixo.

No meio da grande tarefa de limpeza, ele lava as mãos e o rosto e se dá um descanso do fedor, juntando-se a mim na cabine de comando. Conversamos enquanto torço as roupas, deixando que a água gelada escorra pelas minhas pernas.

— Sabe o que pode ser melhor do que isso? — pergunta Ivan.

— O quê?

— Nada.

Sorrio.

— Na verdade — ele diz —, isso acompanhado de uma baguete com queijo de cabra e geleia de figo. — Em seguida, desce as escadas para saciar seu desejo. Segundos depois, um grito agudo vem lá debaixo. — Ahhhh!

Enfio a cabeça na escada e vejo Ivan dentro da fossa até a cintura. Visível ao nível do chão da cintura para cima, com uma das pernas enterrada na barriga do barco, ele parece um amputado.

— O que você está fazendo aí embaixo? — pergunto.

— Esqueci. Andei. Direto. Pra dentro. Do buraco — ele gagueja, esforçando-se para falar no meio daquela agonia.

— É claro que esqueceu — digo.
— Tão. Burro.
— Você se machucou muito?
— Sim. Machuquei. A canela. Ai.

Ivan trabalha lentamente para erguer o corpo para fora da fossa. Uma das pernas parece uma vareta de medição de óleo, coberta de gosma preta e fedida.

— Aqui — diz, apontando para o meio da canela. — Eu bati na hora em que caí.

Examino de perto e vejo que ele produziu um novo orifício em si mesmo. O corte na perna, do tamanho de uma moeda, é tão profundo que desaparece na escuridão como um umbigo. Está ensanguentado e recoberto de respingos de gosma da fossa. Localizo o muito utilizado kit de medicamentos e começo o trabalho.

~

Mais tarde, vamos até a praia enxaguar as roupas numa torneira. Lá, encontramos Lisbeth e Lasse, que imediatamente notam o curativo na perna de Ivan.

— O que aconteceu *dessa vez*? — pergunta Lisbeth, contendo o riso.

Ivan conta a história, e todos caímos na risada — mais uma vez — por conta de seu especial talento para produzir momentos de palhaçada.

— Torre, você devia carregar uma mochila de primeiros socorros o tempo todo — brinca Lisbeth. — Assim, pode seguir o Ivan aonde quer que ele vá e vai estar sempre pronta cada vez que ele se machucar de novo.

Todos rimos, mas logo me pergunto se Lisbeth está mesmo brincando. Uma mochila de primeiros socorros? Não é uma má ideia. Alguém precisa cuidar desse desastrado profissional.

Com as roupas já enxaguadas, procuramos um lugar entre os coqueiros para estender um varal. Ouço um baque na vizinhança e chego a pensar que dependurar as roupas sob essas árvores pode ser uma má ideia.

Uma voz próxima nos chama:

— Ei!

Olho ao redor e vejo um homem acenando para nós. De sua casa humilde nos coqueiros, com vista para o local em que *Amazing Grace* está ancorada, ele nos chama. Num fogão ao ar livre, avistamos panelas fumegantes.

— Ei, venham! — ele diz, gesticulando com mais veemência. É um homem de idade e tem a pele escura dos habitantes da ilha, vincada de rugas. Fala pelos cotovelos, em francês e polinésio, e dizemos que não o entendemos. Ele gesticula, apontando para seu varal. — Ei. — Quer que estendamos nossas roupas lá.

— *Merci beaucoup* — digo, e em seguida Ivan e eu trabalhamos juntos, estendendo as roupas molhadas.

— Ei — diz ele mais uma vez, chamando nossa atenção. Segura um prato de comida servido das panelas ferventes e depois gesticula como se estivesse comendo. — Ei?

Não queremos ser rudes, recusando um convite tão generoso. Tudo bem, dizemos, aceitando a oferta de comida de graça. Agradecemos o homem profusamente e da única forma que conhecemos: repetindo *merci beaucoup* diversas vezes.

Ele nos serve generosas porções de galinha ao curry e inhame e nos convida a sentar na sala de jantar, que consiste em algumas cadeiras de plástico ao ar livre, com vista panorâmica da baía. Enquanto apreciamos a comida, o velho se dirige a nós como se fôssemos amigos queridos. O único problema é que não conseguimos entender uma só palavra. Ele não faz nenhuma tentativa de suprir nossas lacunas de compreensão com gestos, ou mesmo falando um francês mais lento. Fala sem parar, na melodia aguda e sincopada da língua taitiana.

— *Eh-hi-ah-aoh-la-na. Ha, ha, ha.*

Aceno positivamente com a cabeça e sorrio, e trato de rir quando ele ri. Fica óbvio que, para o velho, o que importa é ter companhia.

Quando terminamos de comer, ele traz um cachimbo e o enche com a erva de uma sacolinha. Acende o montículo de fumo no cone e puxa o ar pela peça que vai à boca. Aquilo pega fogo, e a fumaça enche o bulbo de vidro, onde permanece por um momento, até desaparecer em seguida com outra tragada forte. Ele segura a respiração enquanto assistimos em silêncio, esperando, prendendo a respiração também. Ele afasta a peça de sucção da boca e exala a fumaça, que parece não acabar nunca. Quando finalmente acaba, nos encara com os olhos vermelhos, dá uma risada e logo continua a tagarelar.

— *La-na-aorna-eh-hi-na. Ha, ha, ha...* — Logo enche outro cone e compacta a erva com o dedo mínimo. — Ei — diz ele, empurrando o cachimbo em nossa direção. — Ei?

Mais uma vez, não queremos ser rudes mediante um convite generoso. Ivan pega o cachimbo primeiro e segura um fósforo aceso no cone. Ele dá uma pequena tragada, quase um soluço, e entra numa crise de tosse aflitiva. Aperta os olhos, dá mais uns tragos, depois passa o cachimbo para mim.

Faço o mesmo e devolvo o cachimbo ao homem.

— Ei? — diz ele. — *Très bon, non?*

Ambos fazemos sinais positivos.

— *Oui. C'est bon. Merci.*

Meu corpo está formigando, feliz, alimentado e aquecido. Relaxamos os três, recostados em cadeiras plásticas, olhando para o mar. Vivo este momento hiperconsciente e amplamente desperta para a brisa dançante, para o ruído branco das ondas que quebram na praia, para a luta das folhas dos coqueiros acima de nossa cabeça. O céu se tinge dos tons flamejantes do pôr do sol. *Amazing Grace* está no centro da cena, preso pela âncora e se movendo orgulhosamente de cima para baixo, não muito longe da praia, aguardando pacientemente o nosso retorno. Nossa doce *Gracie*.

De repente, avisto algo inesperado: uma explosão de água, uma textura como a de um jardim zen remexido, uma cabeça nodosa e luzidia, barbatanas longas estendidas, a cauda serena, um gigantesco animal paira no ar durante um intervalo de tempo inacreditável.

Uma baleia jubarte!

A baleia cai, esparramando água para todos os lados. Sua grande cauda se mantém visível bem diante de nosso barco, o que me dá uma noção de seu tamanho, comparado ao do veleiro. É um *imenso* animal. Logo desliza sob a superfície e desaparece, rápida como uma estrela cadente.

Olho para Ivan, cujos olhos, supervermelhos, estão arregalados. Ele está de queixo caído. É praticamente um espelho da minha própria expressão.

— Puta merda. Isso aconteceu mesmo?
— Sim, aconteceu.
— Então você viu...
— Vi. Eu vi.

As folhas dos coqueiros continuam se digladiando, as ondas continuam quebrando na praia, a brisa faz cócegas em minha pele e a saturação das cores do céu, incendiado pelo pôr do sol, se intensifica.

Olho para o velho, a fim de ver sua reação. Rugas profundas desenham em sua face uma expressão de serenidade inabalável. Este é apenas mais um dia em sua sala de jantar.

— Esta é a melhor de todas as viagens — digo a Ivan.

~

Descanso as pernas sobre a grade de madeira macia do barco, e meu olhar se volta para o interior da lagoa de Moorea. O sol ilumina a água até o fundo, e posso acompanhar os movimentos de uma pequena arraia-água cheia de pintas negras, planando rente ao solo, as elegantes barbatanas se movendo como as asas de um pássaro.

Ivan descansa a meu lado na cabine de comando, mergulhado num romance cujas páginas estão cheias de impressões digitais produzidas pela oleosidade do protetor solar. Estamos há dias nesse estado de profundo relaxamento.

Sem tirar os olhos do livro, Ivan me passa o mate. Encho a cuia de água quente e sorvo a infusão, não mais incomodada com o sabor defumado. Aprendi a apreciar a sensação produzida pela cafeína, assim como o ritual de compartilhar essa tradição com Ivan.

— Que horas são? — pergunto.
— Não tenho certeza. Dez, talvez? Onze?
— Que dia da semana é?
— Humm... Segunda? Ah, não, quarta, acho. Por quê?
— E o dia do mês?

Ele fica quieto por um bom tempo e, pela demora em responder, presumo que não ouviu. De repente, depois de um tempo, diz:

— Algum dia de setembro. Por quê?

— Só curiosidade. Você não acha estranho a gente não saber mais o horário, ou o dia em que estamos?

— É absolutamente incrível.

Espio de novo a arraia pintada de bolinhas pretas. Penso no fato de já não olhar para o relógio; agora, leio o céu e a água. A hora aproximada do dia pode ser detectada pelo tom da água e pela posição da sombra do barco projetada no solo marinho. Tenho intimidade com os humores do ambiente e posso perceber, pelo cheiro da brisa, a chuva se aproximando, do mesmo modo que, pelas cores do pôr do sol, posso prever se o tempo estará aberto no dia seguinte.

Não sei a data, mas sempre sei em que fase da lua estamos. A lua cheia ilumina com seu brilho neon de tal forma que, mesmo à noite, é possível ver a âncora repousando no fundo do mar, seis metros abaixo do barco. Já quando não há lua, tudo afunda no breu, embora as estrelas decorem o céu como purpurina esparramada por uma criança inquieta. Às vezes, a criança a deixa cair no oceano, que fosforesce em explosões de luzes de milhares de minúsculos organismos bioluminescentes, os quais se acendem quando se movimentam na água. Passamos horas brincando com essas luzes, mergulhando o remo e o arrastando para estimular esses cintilantes alfinetes de brilho azulado.

Algumas vezes, fazemos amor no convés. As noites são tão escuras que é como se estivéssemos sob um lençol de cetim negro. Nunca fui do tipo que gosta de sexo ao ar livre, mas a magia de um mundo cintilante inspira atos impulsivos.

— Sabia que temos só mais dois meses de viagem? — diz Ivan, trazendo-me de volta à realidade. — A temporada de navegação está quase acabando, logo *isso* está quase acabando.

— Verdade — digo. E a tristeza me afasta do devaneio.

Acabando. Que palavra triste. Tem dias em que a saudade de casa domina até meu último pensamento. Levou algum tempo para que eu percebesse que esses humores coincidem com dias de céu cinzento. Identificados com o ambiente, passamos a ter o temperamento do clima. Nuvens de chuva bloqueiam o sol que alimenta nossos painéis solares, de modo que não só ficamos confinados na cabine interna do barco como também temos pouca eletricidade disponível para ver filmes, escrever no notebook ou ouvir música.

A frustração destila seus venenos, e nós discutimos. Mas depois, quando as nuvens se dispersam e o céu azul reaparece, meu humor clareia e minhas obsessões se vão, cavalgando no vento que passa. Fico presente, satisfeita, relaxada... como agora.

Três arraias pontilhadas se arrastam abaixo do barco, voando pela água que parece ar. Quero mergulhar e nadar com elas.

— Baby? — chama Ivan. — Não parece que vamos precisar correr muito se quisermos chegar à Austrália até o fim de outubro? Não temos muito tempo, e vamos ter que deixar de lado várias ilhas.

— É, parece que vamos ter de correr. Você gastou todo aquele dinheiro preparando o barco, mais todos aqueles anos planejando. É um grande investimento, e vai ser um desperdício interromper a viagem agora.

— É verdade — ele diz, baixando o livro e se endireitando. — Ainda temos muitos lugares lindos pra ver.

Desvio o olhar para os picos escarpados de Moorea, fitando-os longamente.

Ivan limpa a garganta.

— E se... e se deixássemos o barco num lugar seguro aqui por perto durante a temporada de furacões? A gente podia voar até a Austrália para passar o Natal e...

— Posso ver minha família, e eles podem te conhecer.

— Sim. Depois podemos voltar para mais um ano e...

— Fazer as coisas com calma e...

— Ver mais ilhas e...

— Fazer novos amigos.

— Sim! Sim! Você não tem ideia de *quanto* eu esperava que você dissesse que quer continuar navegando comigo. — Ele me envolve num abraço. — E não precisamos terminar na Austrália, sabe — prossegue —, talvez a gente possa continuar e ir vivendo em ancoradouros em diferentes países mundo afora. Podemos ganhar dinheiro em diferentes portos e depois seguir... bom, para sempre, na verdade. Podemos ir para a Indonésia depois. É a próxima parada além do Pacífico, ao norte da Austrália. É pra lá que vai a maioria dos marujos que estão numa circum-navegação, porque é a rota mais fácil; melhor do que seguir ao sul em direção a Melbourne, onde o mar fica bravo. Na Indonésia, você pode...

A voz dele some quando fico embriagada pelo perfume de seu pescoço.

— Então a gente seria como o Steve e a Carol? — digo.

Ele me beija a testa, o rosto, os lábios.

— Sim, sim, sim.

Concordo, dando asas à fantasia e ignorando as dúvidas de meu coração. Velejar pelo resto de meus dias, como uma eterna nômade, nunca foi algo que eu desejei. Mesmo considerando que a experiência de Steve e Carol seja uma maravilhosa inspiração — casar para sempre com o mar —, o perigo e o isolamento não são o destino que planejei. Quando deixei minha família na Austrália, tudo o que eu queria era uma nova experiência, mas agora...

— *Te quiero* — diz ele. — Eu te amo tanto. Você é tão linda. Você é tão perfeita. Minha princesa. *El amor de mi vida.*

Minha capacidade de discernimento silencia enquanto ele me envolve em verdadeira adoração. Derreto-me com seu afeto, inalando o perfume que ele exala.

Um pequeno trator puxa *Amazing Grace* para fora da água e depois sobre a terra seca. Amarrado dentro de uma carreta, o barco emerge como um anfíbio. Lágrimas salgadas pingam do lado de baixo na terra seca. Pequenos acúmulos de cracas marinhas, que encontraram lar em seu bojo, começam a fritar no sol quente. O trator conduz *Gracie* até estacioná-la numa fila ao lado de outros barcos.

A ilha de Raiatea é um lugar de negócios, não apenas de lazer. É aqui nessa ilha, a apenas cento e sessenta quilômetros do Taiti, que precisamos fazer toda a preparação do barco para que fique em segurança durante a temporada de furacões.

Este lugar é um epicentro de barcos em estado de degradação. Alguns possuem fendas no casco de fibra de vidro, outros foram abandonados à ferrugem e a um lento processo de decomposição. Todos parecem estranhos fora de seu ambiente natural. E eu também me sinto estranha olhando para suas partes inferiores, como se estivesse vendo algo que não deveria ver. *Nossa, aquele tem uma quilha enorme. Olha só o leme daquele!*

Precisamos de uma escada alta para chegar em casa e, a três metros e meio do chão, temos agora uma nova e excelente razão para evitar cair para fora do barco: o concreto não é tão tolerante quanto a água.

Começam os preparos. Manter o barco guardado em segurança é trabalho sério. Ouvimos verdadeiras histórias de terror relatadas por pessoas que, depois de cinco meses longe, retornaram ao barco e encontraram problemas sérios. O calor tropical no interior de um barco não ventilado pode fazer derreter as borrachas, mas os piores rumores envolvem ratos que caminham por válvulas abertas e roem os componentes eletrônicos. Quero me certificar de que isso não vai acontecer conosco. Velejar já é difícil o suficiente com os componentes eletrônicos intactos e sem a companhia de roedores clandestinos.

Entro em ação e começo a compilar uma lista de tarefas colhidas em livros e sites da internet, sem ignorar nenhum detalhe:

- ✔ Encher os tanques de diesel até a boca.
- ✔ Verificar suporte dobrável.
- ✔ Engraxar as válvulas.

Não contenho o riso no último item, quando escrevo as iniciais de Ivan ao lado da tarefa. Minha lista registra até trinta tarefas para cada um de nós e envolve um vocabulário que muitas vezes ignoro, mas não quero deixar nenhuma de fora, especialmente aquelas que não compreendo.

Apresento minha longa lista a Ivan, com um sorriso orgulhoso.

Ele dá uma olhada no pedaço de papel, revira os olhos e esfrega a testa, sujando-a de graxa.

— Nós nem temos um suporte dobrável, baby. Tem um punhado de coisas nessa lista que não faz o menor sentido. Tipo, não precisamos colocar anticongelante no motor, porque estamos nos trópicos; não estamos preparando o barco para o inverno. Você está ficando obcecada com detalhes irrelevantes.

Pego minha lista e saio andando, determinada a fazer do meu jeito.

Enquanto Ivan faz remendos, esfrego o barco com uma escova de dentes, lavo todas as nossas roupas e as roupas de cama, removo a ferrugem do aço inoxidável e lubrifico a madeira com óleo de linhaça. Encho as válvulas de *Amazing Grace* com lã de cobre para combater uma possível invasão de roedores e engraxo as partes removíveis existentes a bordo para prevenir corrosão. Trato de aprender sozinha como fazer o serviço no motor do bote, estudando a vela de ignição, a lubrificação do suporte e o bico de graxa.

Vou até a loja da marina e compro lubrificantes para o serviço.

— O que você está fazendo? — pergunta Ivan, ao me ver voltar com uma sacola de suprimentos.

— A manutenção no motor externo do bote. Estou seguindo o manual.

Ele revira os olhos e bufa, dando sinais de irritação.

— O motor é novinho, não precisa.

— É exatamente por isso que quero fazer a manutenção: *mantê-lo* novinho.

— Você está perdendo tempo — ele diz, virando as costas.

Talvez ele esteja certo. Sou uma perfeccionista que tende a se preocupar com detalhes mínimos, mas seu tom de desprezo está me tirando a calma.

Dou o troco:

— Por que você acha que estou perdendo tempo? Só porque não faço as coisas de um jeito meia-boca como você?

Ele se volta para mim e permanece quieto por um tempo, durante o qual seus lábios ficam descorados de raiva.

— Você acabou de me chamar de meia-boca?

— Tá bom, desculpa, é que você nem sempre é meticuloso.

Ele me fita por algum tempo.

— Para chegar aos vinte por cento finais de qualquer tarefa, é preciso ter feito oitenta por cento do esforço — argumenta.

— Mas se você já fez oitenta por cento do trabalho pesado, por que não ir até o fim?

— Porque não — ele diz, antes de jogar um pano sujo no chão e sair.

Mais tarde, no mesmo dia, ele se aproxima de mim, arrasado. Vê-se de longe o rabo enfiado entre as pernas.

— O que aconteceu? — pergunto num tom indiferente.

— Acabo de quebrar nosso condensador — ele confessa.

— E como isso aconteceu, Ivan?

— Pus um líquido errado nele, e agora não quer funcionar.

— E *por que* você acha que isso aconteceu?

Seus lábios não se mexem.

— Hã? — digo.

— Eu não segui as instruções do manual. Tá bom, tá bom, você estava certa — ele estufa o peito e fecha os olhos, me convidando a um soco.

Eu o castigo com um sorriso convencido.

— E tem mais uma coisa — diz ele.

— Ah, não... O quê?

— Eu fiquei em pé na escotilha, em cima da cama, enquanto ainda estava aberta, e ela quebrou. A madeira rompeu e a janela não fecha. Confesso: sou um grande idiota e sinto muito por isso.

Reviro seus cabelos.

— *É isso aí* — digo, com um sotaque sueco.

Depois de duas semanas de trabalho duro, chega a hora de partirmos. Satisfeitos com nosso trabalho, trancamos *Amazing Grace*, deixando-a numa ordem impecável. É outubro agora, e só a veremos de novo em fevereiro.

Ao descer a escada, dou-lhe uma terna palmadinha.

— Se cuida — digo. — Seja boazinha. — Sinto uma ponta de tristeza ao deixá-la para trás. Ela está tão bonita, é uma pena partir. Em seguida, levando nossas malas, tomamos a direção de casa.

Parte 3

AR

Quando não se sabe a que porto ir, nenhum vento é favorável.

— LÚCIO ANEU SÊNECA

16

Os pneus do avião chiam ao longo da curta pista de pouso do Taiti. Está escuro lá fora, e não consigo ver muito além do asfalto. Saímos pela porta traseira e recebo um golpe de umidade. Os cheiros úmidos da vegetação do Taiti evocam memórias do ano que passou: a baleia rompendo em Moorea, as longas travessias no oceano, os muitos ferimentos de Ivan.

Como um novo ano pode ter chegado tão rápido?

Se o ar fosse um pouco mais úmido, estaríamos nadando. Não me lembro de estar tão quente e pegajoso assim no ano passado. O tempo na Austrália estava tão seco que, logo que voltamos para casa, meu nariz ficou ferido por algumas semanas e minha pele se revestiu de uma película embranquecida e escamosa. Nosso intenso bronzeado desbotou depois de alguns banhos quentes, do mesmo modo que o status de celebridades recém-chegadas e cheias de histórias interessantes. Nosso público cativo aos poucos se dissipou, e logo éramos dois caranguejos-ermitões deslocados e sem nossa concha.

Em outubro, eu me senti nua sem a casca protetora de *Amazing Grace*. Não via a hora de voltar a me recolher a seu interior seguro. Mas muitas coisas mudaram ao longo destes cinco meses.

Em fevereiro do novo ano, o Pacífico Sul já se tornara uma história desgastada que parecia pertencer a outra pessoa. Retornar aqui desperta uma sensação bizarra de déjà-vu.

No pequeno aeroporto do Taiti, pegamos nossas malas na esteira e encontramos um canto quieto do aeroporto para improvisar uma cama. Temos uma escala de uma noite antes de poder tomar um pequeno avião até Raiatea, para nossa volta ao barco. Estendo uma canga no chão sujo e nos amontoamos no meio de uma multidão de nativos que fazem o mesmo que nós. Em instantes Ivan está roncando, mas minha cabeça fervilha com pensamentos e lembranças, e estou ansiosa demais para dormir. *Oi, pessoal. Este é o homem que me levou a cruzar de veleiro metade do Pacífico!* Sorrio ao me lembrar desse momento. Minha família e meus amigos o adoraram, o que foi um alívio. Passamos um bom tempo fazendo turismo pela Austrália, de carro. Acampamos no deserto, asfixiantemente quente, acompanhados de cangurus e cobras mortíferas — uma atividade que eu costumava considerar ousada demais para uma garota da cidade como eu. Mas dormir na terra foi moleza, comparado ao oceano. Durante a viagem de carro, me descobri em paz com a natureza, apaixonada por sua solidão e por sua beleza sempre em mutação. *Um pôr do sol nunca é igual a outro*, pensei, sentada no acampamento, tentando capturar com giz de cera o crepúsculo dos montes Flinders. Pela primeira vez na vida, senti-me à vontade em um ambiente selvagem, e assim percebi quanto mudei.

No contexto da casa onde cresci, eu me vi transformada em uma nova pessoa: uma mulher autônoma que acreditou em si mesma. Eu estava equipada com um mantra poderoso que me abria um mundo de possibilidades: *Posso fazer qualquer coisa. Eu enfrentei meus medos. Viajei metade do oceano Pacífico em um barco a vela. Posso fazer a manutenção de um motor de bote!*

— Tem algo diferente em você — minha mãe observou com a mão na cintura e a cabeça erguida, tentando entender o que era. Eu ri e disse que era meu cabelo, não mais castanho-escuro e com o corte estiloso que ela devia lembrar, mas agora comprido, repartido ao meio e entremeado de fios descoloridos pelo sol.

Naqueles cinco meses, meus pés começaram a lançar raízes em solo australiano. Fiquei animada com a ideia de começar uma nova vida em Melbourne. Com tantas possibilidades, a vida em terra pareceu muito sedutora. Eu poderia abrir um escritório de design gráfico e arranjar um cachorro para me fazer companhia. Ou Ivan e eu poderíamos começar um negócio juntos, talvez um bar de vinhos e queijos, que nos daria um pretexto para beber vinho e comer queijo o dia todo. Se enjoássemos da vida na cidade, poderíamos planejar outra aventura e economizar para ela. Uma viagem de carro, talvez? O mundo, descobri, era ilimitado, porque *velejamos metade do oceano Pacífico*.

Em Melbourne, quando eu comentava sobre meus planos, Ivan mudava de assunto para falar de *Gracie*: qual o próximo lugar a que a levaríamos, ou o que poderíamos fazer nela para que se tornasse um lar mais confortável.

— Podemos comprar uma geladeira no ano que vem — ele disse com animação incontrolável — e uma nova hélice para o motor! Eu sei que você vai ficar feliz se tivermos uma geladeira e mais potência. Podemos beber cerveja e água na temperatura certa e estocar bastante comida fresca. Isso significa que vamos poder fazer refeições dignas de um gourmet.

Sentindo que minha energia estava diminuindo, eu sabia que ele estava procurando formas de me entusiasmar, de voltar a me seduzir para que eu retornasse para seu lado.

Durante todo o quente verão australiano, almoçamos com amigos e aproveitamos longos e preguiçosos churrascos com a família.

— O segredo mais bem guardado da Austrália — disse Ivan com irritação em um dos churrascos, golpeando insistentes moscas que pousavam em seu rosto. Ninguém mais parecia se incomodar tanto com elas.

Num canto quieto do jardim, sentamos sozinhos à sombra, tomando cervejas geladas para refrescar nossas entranhas em fogo.

— Sua família é muito legal — disse Ivan. — Eu meio que esperava que seu pai quisesse me dar um soco na cara por levar a filha dele para velejar. Mas ele é legal. Sua família toda é. Eles são boas pessoas.

Olhei sorrindo para ele.

— Então você gosta da Austrália? Tirando as moscas, é claro. — Não contive o riso.

Ele manteve os olhos baixos e disse, desanimado:

— É... é bom.

— E? — Eu sentia que era um erro abordar esse assunto quando ele estava com calor e incomodado, mas estava impaciente para saber.

— É legal.

— Legal? Sério? Nossa, calma aí! — eu disse com sarcasmo. — Você vai acabar quebrando uma costela, com esse entusiasmo todo... — Eu também estava com calor e incomodada.

Ele soltou uma risada murcha.

— Desculpa. É só que... me lembra um pouco a Argentina.

Não entendi a referência, mas, a julgar pelo que ele me contou sobre seu país de origem, eu sabia que não era bom.

— Em que aspecto? — aventurei-me.

— É parada no tempo. E parece isolada do resto do mundo.

Suas palavras feriram, mas não pude contestá-lo depois de morar nos Estados Unidos, onde os letreiros de neon trabalham noite e dia, o trânsito flui incessantemente e as lojas estão sempre abertas. A Austrália não possui todas essas conveniências, mas para mim esse é seu charme. Sabemos como relaxar com uma cerveja na mão. "Sem preocupações, companheiro" é nosso clichê mais ouvido, mas também algo que tive provas de ser verdadeiro.

— Mas não é disso que você gosta nas ilhas? — refutei. — Que sejam isoladas? Que a vida lá seja mais relaxante?

— Isso aqui *não é* como as ilhas — ele disse, rindo. — Onde começo com as comparações? Vamos ver... Agora deve estar uns quarenta graus em Melbourne e eu acabo de golpear a enésima mosca que pousa no meu rosto. Está seco que nem o inferno. Meus lábios estão rachados. Tem mais ou menos uma dúzia de incêndios florestais acontecendo aqui a toda hora. Toda a grama que se vê é marrom e...

— É verão, Ivan. — Meu tom de voz agora é frio. — E estamos bem no meio de uma seca. Não é *sempre* verão. É o que chamamos de uma onda de calor e...

— Por que você está tão na defensiva?

— Porque você está sendo um babaca.

— Eu não quis te ofender ou algo do tipo.

— Mas, Ivan, este é meu lar. É o lugar de onde eu venho. Este país é uma parte de mim, por isso parece que você está criticando *a mim*.

— Bom, minha única aliança é com a natureza, não com qualquer tipo de civilização. As pessoas deviam partir para a guerra toda vez que começassem a construir um novo shopping center. Devíamos proteger o planeta de estacionamentos gigantes. Pelo menos isso faria algum sentido.

— Ivan, eu não discordo de você, mas...

— Eu me mudei para os Estados Unidos porque achei que seria livre lá. Eu não era. É a mesma porcaria com uma embalagem diferente. Você me pergunta o que eu acho da Austrália. Bom, eu acho que é mais ou menos igual a qualquer outro país civilizado.

— Mas... — Minha voz sumiu. O calor seco impediu minhas lágrimas de caírem. Abri a boca para perguntar algo, mas a pergunta não encontrou o caminho no meio do nó da minha garganta. — Ivan? — Minha voz tremeu.

Ele olhou para cima e notou minha angústia, dando-se conta, de repente, de quanto tinha sido insensível. Então me deu um abraço suado e cobriu minha cabeça de beijos.

— Ah, baby, me desculpa — disse. — Este é o seu lar. Eu sei que você ama este lugar. Estou sendo um babaca. Desculpa. *Te quiero*. Eu te amo muito.

Afastei-me e olhei bem dentro de seus olhos.

— Vamos voltar pra cá quando a viagem acabar no ano que vem, não vamos?

Ele ficou quieto e encolheu os ombros, sem deixar transparecer no olhar nada além de incerteza.

Algumas moscas se deixaram atrair pela fonte de líquido salgado nos cantos de meus olhos, e tive de espantá-las a golpes furiosos. *Vão se foder, moscas! Vocês estão estragando tudo!*

Da Austrália, voamos para os Estados Unidos, para a cerimônia de outorga da cidadania americana a Ivan. Ele deixou o sobrenome trava-língua; agora, chama-se simplesmente Ivan Alexis.

— Posso ir a qualquer lugar do mundo com isso — ele disse, segurando firme o passaporte americano novinho. — Ninguém nunca vai me fazer voltar à Argentina.

No aeroporto do Taiti, famílias inteiras dormem pelos cantos. Todos no aeroporto descansam, menos eu. Em vez de dormir, olho para Ivan. Ele dorme encolhido e de lado, de frente para mim, a pele molhada por causa do ar úmido. Quero apertar minha boca contra seus lábios carnudos e me deixar acalmar por seu afeto, mas ele dorme. Os olhos se mexem delicadamente por detrás das pálpebras fechadas. Com que estaria sonhando? Com *Gracie*, provavelmente.

Encaixo-me nele, de frente para uma parede, e enterro a cabeça nas mãos para que meus soluços abafados continuem a não ser ouvidos. Estou só cansada, digo a mim mesma. É um momento de mau humor, só isso. Vou acordar renovada, depois de algumas horas de sono decente.

Acordo com as cócegas do suor que pinga dos meus cabelos. Depois de um voo rápido até Raiatea, chegamos ao pátio dos barcos, e a umidade é dez vezes mais densa. É opressiva, como se tivéssemos acabado de entrar num canil em que dez cachorros febris e ofegantes exalassem sobre nós o cheiro ácido de crustáceos em estado de putrefação. Arrastamos nossa bagagem sobre o terreno lamacento da marina de Raiatea, ziguezagueando entre cascos de embarcações, à procura de *Amazing Grace*.

O pátio está estranhamente silencioso. Piso sobre partes das embarcações, evitando enfiar os sapatos novos em poças de lama. De cascos abandonados, escorre a ferrugem vermelha, encharcando o solo. Pilhas de equipamentos velhos e indesejados, com manchas de mofo, acumulam-se aqui e ali. Tudo quebrado. Nos trópicos, as condições climáticas devoram os materiais como vermes agindo sobre a carcaça de um animal morto. Esse amontoado de barcos enferrujados e caindo aos pedaços me faz pensar na morte.

Passamos por fileiras de iates alinhados como dominós. Noto, de passagem, que estão pintando um casco com a figura de um peixe enorme. Uma mulher, com um pincel na mão, capricha nos detalhes das guelras e das barbatanas, com traços e pontos vibrantes. Quando o barco voltar à água, essa obra de arte estará sob a superfície, numa exposição itinerante exclusiva para golfinhos e baleias. Isso me faz sorrir.

— E aí — ela diz, com a melodia de um sotaque americano.

— Sua obra é linda — digo-lhe, antes de acelerar o passo para alcançar Ivan, que está particularmente concentrado na busca de *Gracie*.

— Lá está ela — diz Ivan, apontando para um casco branco de bordas verde-floresta, vagamente familiar. Nosso barco era *tão* velho assim?

A lona que prendemos sobre a bujarrona, para sombrear o barco, foi desfeita em tiras por ventos tempestuosos. *Amazing Grace* parece cansada e envelhecida, bem diferente do barco brilhante e impecável que deixamos aqui no ano que passou. Carregamos as malas escada acima, até o convés. Ivan remove o cadeado e desprende as ripas da porta, uma a uma. Um ar quente e estagnado sai do interior do barco, trazendo um odor parecido com o de meias esquecidas numa sacola em um local fechado.

— É só abrir todas as janelas — diz Ivan, vendo-me tampar as narinas com a mão. — É só deixar circular um pouco de ar.

Neste momento, penso que, mesmo que arejemos o barco, gastemos alguns tubos de purificador de ar e espalhemos pequenos pinheiros em diferentes cantos, *Amazing Grace* continuará a ter um cheiro insuportável de chulé. Ivan remove a última ripa da escada, e podemos dar uma espiada no interior de nosso lar, pela primeira vez em cento e cinquenta dias.

— Ai. Meu. Deus — digo, tapando a boca com as mãos, em estado de choque.

— Está tudo bem! — A voz de Ivan é toda animada. — Nós só precisamos limpá-la e ela vai ficar novinha em folha. É só um pouco de mofo!

"Um pouco de mofo" corresponde, na verdade, a uma camada que recobre as paredes de madeira, os assentos de vinil, os armários da cozinha e até mesmo os potes de ervas na pequena prateleira de temperos. Está explicado o cheiro horrível — o barco está em estado avançado de decomposição.

Ivan entra em ação, enchendo baldes de água e vinagre para eliminar o mofo. Ele limpa as paredes recobertas de poeira úmida de alto a baixo. E agora nosso lar fede a queijo gorgonzola aquecido.

Engulo o espanto e trato de pegar uma esponja, consciente de que precisamos limpar o barco antes da hora de dormir. Quando isso acabar, digo a mim mesma, vou poder descansar um pouco e depois acordar com um humor melhor, mais animada e, quem sabe, ansiosa por mais um ano vivendo dentro deste barco.

Passamos duas horas removendo a camada de mofo visível, mas o problema é mais profundo. Descobrimos que os fungos infectaram todos os componentes do barco. Nossas roupas, fechadas em bolsas herméticas, suprimentos, livros, equipamentos para situações de mau tempo, roupas de cama, tudo está recoberto por uma camada de manchas verdes e brancas. Nada escapou à ira dessa miserável máquina de destruição. Nosso lar agora é o estômago de uma baleia morta.

Há infiltrações de água em diferentes pontos da embarcação e compartimentos inteiros imundos. O banheiro está inundado de um líquido negro e estagnado, que recobre nossos pés até o calcanhar. No ponto de vazamento do teto, abaixo do mastro, crescem cogumelos maduros: são enormes fungos, do tamanho de duas mãos juntas, com o formato de uma panqueca. Desprendo as peles brancas do teto e as disponho em fila, estimando que essa quantidade deve ser o bastante para uma substanciosa refeição para quatro. Fico imaginando o que o Iron Chef poderia fazer com isso: "O ingrediente de hoje são... cogumelos de barco! *Allez cuisine!*"

Mas esse não é o pior de nossos problemas: os vermes roubaram esse prêmio. Algumas latas de comida não resistiram ao calor e à umidade e explodiram. Gordos vermes se retorcem em meio a essa desordem. As latas que resistiram estão dilatadas e prontas para explodir, certamente repletas das bactérias que provocam botulismo. Fecho a dispensa. Ainda não estou pronta para lidar com esse problema.

Em vez disso, levo as coisas para fora do barco, recobrindo o convés com travesseiros, sofás, lençóis e colchões, para que tomem ar. Posso ouvir o mofo sendo aniquilado pelo sol, guinchando enquanto encolhe e seca (*Oh, mundo cruel!*). Saco do bolso uma garrafa cheia de uma solução de vinagre e atiro no mofo. *Pou! Pou! Tome isso!* Começo a recobrar o vigor.

Encontro Ivan com as mãos enfiadas num balde de água cheio de espuma, assobiando uma melodia feliz e esfregando nosso melhor conjunto de lençóis. Feito de peças de mil fios, era um de nossos poucos luxos. Mas, agora, qualquer esperança de que ainda possamos ao menos simular uma experiência luxuosa está ameaçada, porque os lençóis marrons estão cobertos de manchas de um alaranjado brilhante. Meu humor desaba outra vez.

— Você está descolorindo os lençóis, Ivan!

Ele faz uma cara de vira-lata inocente, a cabeça erguida, o olhar envergonhado.

— Não era para usar alvejante?

— Não em tecidos coloridos. O alvejante *descolore* as coisas.

— Ah... certo. Mas como eu ia saber?

Trato de afastar minha frustração e tomo conta dos lençóis. Encho os baldes de água, adiciono sabão em pó e amaciante, depois pisoteio as roupas, descalça, até que a água transborde. Após aquecer a água com sabão à luz do sol, bato as roupas mais uma vez, enxáguo, torço e penduro para que sequem. Ao tirar as roupas do varal, uma hora depois, dou uma cheirada e descubro que... *tudo ainda fede.*

Abafo a vontade de jogar tudo na lama e me entregar a um ataque de nervos. Calmamente, encho mais baldes de água, adiciono mais sabão em pó e repito a operação. Trato de reprimir mais profundamente minhas emoções. Ignoro a tensão que se acumula em minha garganta.

Depois, visto uma luva e ataco o pior trabalho: remover amontoados de vermes empapados. Prendo a respiração e escavo o cozido empelotado, que acumulo em sacos de lixo. Toda nossa comida tem como destino a lixeira; mais de mil dólares em enlatados, farinhas, açúcar, grãos, massas, batata desidratada, cereais, azeitonas, fermento, laticínios longa-vida, tudo estragado. Mesmo tendo sido embalado em três sacos hermeticamente fechados, tudo foi infestado pelo odor do barco.

Quanto mais mexemos, mais estrago encontramos.

O timão de madeira rachou ao meio, os ventiladores estão danificados, as luzes não acendem, o forno não liga, a bomba d'água não bombeia e o som está morto.

— Inacreditável — digo, ao descobrirmos que as baterias não estão carregando.

— Não se estresse, são só alguns problemas eletrônicos. Podemos chamar um técnico que dê um jeito nisso. — Ivan está tentando manter o moral elevado, mas meu copo não está só meio vazio, está rachado.

Desfaço as malas, começando por ajeitar as roupas limpas de Ivan na fétida cabine. Quando abro a minha mala, descubro que um frasco de creme para ajudar a desembaraçar meus cabelos — o único tratamento de beleza que me permiti trazer dos Estados Unidos — explodiu durante o voo, se espalhando sobre as roupas limpas. Não sobrou uma só gota. E nenhuma de minhas peças de roupa se salvou. Minha garganta se fecha. *Não se estresse*, digo a mim mesma. *Respire... apenas respire!*

Mas a quantidade de rachaduras em meu copo meio vazio é grande demais. Estou quebrada. Caio no chão e começo a chorar.

— Não se preocupe, eu arranjo mais — diz Ivan.

Eu mesma não acredito que estou chorando por causa do creme para os cabelos. Mas, agora que abri as comportas, toda a pressão acumulada quer explodir e não consigo parar.

— Meu cabelo... *snif*... fica tão embaraçado... *snif*... com a umidade e... *snif*... esse era meu único produto especial de cabelo... *snif-snif*.

— Não fique assim, está tudo bem. Vou encomendar outro frasco. Podemos mandar entregar via FedEx.

É um gesto gentil, mas, de certo modo, sei que um novo frasco de creme para os cabelos não vai resolver as coisas. O problema não é o creme ou a roupa suja. É o acúmulo de coisas. É o barco infestado de mofo. São nossos lençóis manchados. É o isolamento de um lugar em que não se pode simplesmente comprar coisas novas. É o choque causado pela mudança de mundo. É a saudade da Austrália. É o medo de que Ivan nunca queira retornar ao continente. E é a consciência de que, se ele não quiser, o único jeito de ficar com ele é me resignar a viver para sempre dentro desta baleia morta. Inundo o porão com minhas lágrimas patéticas, até me sentir pronta para levantar e continuar a limpeza, a fim de me manter distraída.

Quando nossas costas já doem e as unhas estão quebradas e cheias de sujeira, nos arrastamos para a cama e nos enfiamos sob os lençóis descoloridos, que agora cheiram apenas levemente a mofo. Sem ventiladores que funcionem, suamos até adormecer, exaustos.

17

— Ei, aquele barco parece o *Tamata* — diz Ivan, enquanto comemos baguetes com muito patê no café da manhã, na cabine de comando. Ele indica o barco estacionado ao lado de *Amazing Grace* e levanta para dar uma olhada mais de perto.

— Hã? — pergunto, enrolando o cabelo com a caneta que uso para organizar nossa próxima lista de tarefas.

— O *Tamata*. Você sabe, o barco de Moitessier.

— Ha! Não seria o máximo o barco do seu herói ombro a ombro com *Amazing Grace*? Que gracinha!

Ivan continua examinando o barco sem nome, que, como o nosso, está apoiado numa carreta sobre o terreno lamacento da marina.

— Que estranho — diz ele. — Ele tem uma cúpula de acrílico igual à do barco de Moitessier, que podia continuar vigiando sem ter de se expor em caso de tempestade. — Ivan coça o queixo áspero, com a barba por fazer. — Três cunhas na cabine de comando para amarrar adriças, como as do *Tamata*. Dois assentos na popa. Isso é realmente bizarro. Eu poderia *jurar* que este é o barco de Moitessier.

— Mas ele não está morto?

— Sim, morreu há mais de dez anos. Não sei por que o barco estaria aqui. Mas ele fala sobre Raiatea nos livros, então talvez... Quer dizer, esse barco é tão "Moitessier"! Básico, design funcional, sem adornos. Vou perguntar a alguém. — Ele desce a escada e desaparece no pátio de barcos.

Momentos depois, volta com um grande sorriso.

— Eu sabia — grita em minha direção. — Este é o barco dele! É o barco de Moitessier!

— Você está brincando? O que ele está fazendo aqui? — digo.

Ele dá de ombros.

— O cara da loja de ferragens me disse que a esposa de Moitessier, Françoise, paga as taxas anuais para manter o barco em Raiatea. — Ivan dá uma volta em torno do *Tamata*, observando-o com os olhos rasos d'água. Posso imaginar como ele se sente vendo seu próprio barco ao lado da embarcação do famoso marujo, nada mais, nada menos que o ídolo cujas palavras inspiraram o nascimento do sonho de Ivan.

Ele se junta a mim outra vez, na cabine de comando, para terminar o café da manhã, maravilhado com o barco vizinho.

— É estranho, você não acha? — digo. — Quer dizer, é esquisito que a esposa dele ainda pague as taxas de manutenção, mesmo que ele a tenha abandonado durante todo aquele tempo. É de uma grande lealdade, ela devia adorá-lo.

— Imagino que sim — diz Ivan.

— Ainda não entendo por que ele a abandonou.

Ivan dá de ombros.

— Ele disse que se sentia feliz no mar. Ele amava o mar. Se sentia livre.

— Mas... ele não sentia falta de uma companhia?

— Não sei. Só sei que, depois que abandonou a competição e voltou ao mar, ele escreveu uma carta à esposa dizendo que não tinha coragem de retornar, mas talvez algum dia voltasse.

— E voltou? — Minhas palavras saem com certo desespero e como que estranguladas. — Alguma vez ele voltou para ela?

— Não.

— Mas por que não? — digo, levantando a voz. — Ela atravessou o mundo por ele. Por que ele não conseguia tomar coragem por ela?

— Não sei — ele diz indiferente, mordendo um pedaço da baguete.

Encaro Ivan, instigando-o a ler nas entrelinhas, silenciosamente suplicando que me dê a resposta que quero ouvir.

— Ele não a amava? — Fixo os olhos nele, esperando que me olhe. *Diga que você não é igual a ele, Ivan. Diga que estou sendo paranoica.* Mas seu olhar está vazio e ele está longe, a um milhão de quilômetros daqui, fixo no *Tamata*.

— Acho que ele amava o mar acima de tudo.

Respiro fundo e retorno a minha lista de tarefas, inventariando a quantidade crescente de riscos envolvidos em nossa lenta jornada de volta para casa. Percebo que, além dos equipamentos do barco, há outras coisas que correm o risco de quebrar.

A marina está agitada, cheia de rumores sobre marujos que retornaram ao mofo, a equipamentos enguiçados, a motores que não funcionam e a baterias arriadas. Não estamos sozinhos nessa situação. Na verdade, percebo que nos demos bem quando tenho notícias de um casal que encontrou ratos do tamanho de hamsters, que mastigaram todos os componentes eletrônicos do barco, fizeram cocô nos armários de comida e se amaram prazerosamente na mobília estofada.

De acordo com os que ficaram aqui durante a temporada de furacões, as chuvas foram duas vezes piores que a média, uma quantidade incrível de água, mesmo considerando que chuvas torrenciais são abundantes nestas exuberantes ilhas. Isso significou mais mofo e corrosão. A chuva também trouxe um surto de dengue à região. E ouvimos diversos relatos de marujos que caíram de cama, agonizando de dor por semanas. Algumas pessoas foram parar no hospital. Um marujo chegou a desmaiar, com uma dor insuportável, bem no meio de uma travessia de cinco dias, tendo de entregar o comando do barco à mulher, que ficou sozinha até que chegassem a um local seguro.

Fora da água, sem brisa alguma, somos mais vulneráveis a mosquitos. Poças cheias de larvas cercam *Amazing Grace*. Acendo algumas espirais de citronela e cruzo os dedos; contrair dengue agora seria realmente a cereja do meu bolo de autopiedade em múltiplas camadas.

Temos ainda outra má notícia. Este ano, está prevista a chegada de La Niña, fenômeno climático que ocorre em ciclos de três a cinco anos. Como seu irmão mimado, El Niño, "a garota" ocasiona climas imprevisíveis. Enquanto El Niño aquece os mares, La Niña faz o oposto, resfriando a superfície do oceano, disparando ventos mais fortes, chuvas pesadas e céus mal-

-humorados para combinar. Nosso clima perfeito, em que predominam os ventos alísios, estará em temporada de férias.

Providenciamos para que *Amazing Grace* seja posta de volta na água, na expectativa de que a brisa do mar nos ajude a dormir. Mas, já com o barco flutuando, descobrimos uma novo conjunto de problemas: a privada não funciona, o sonar de profundidade também não e, quando Ivan tenta girar a alavanca do acelerador, ela se solta em suas mãos.

O maior de nossos problemas é o motor. Ele não liga porque um item importante de nossa lista do ano passado continua em aberto: "Encher os tanques de diesel".

— Vai ficar tudo bem — foi o que Ivan disse no ano passado, quando lhe recomendei que enchesse os tanques de combustível. Registrei a tarefa em nossa lista de coisas a fazer, por ter lido que isso era necessário antes de estacionar o barco por muito tempo. — Eles estão *quase* cheios — dissera Ivan. — Oitenta por cento. Isso deve ser suficiente.

Mas "quase" não é o suficiente, ao que tudo indica. Durante nosso hiato, houve condensação de umidade nos tanques, enchendo a parte vazia deles de água, que agora se misturou ao combustível.

As premonitórias palavras do mecânico maluco e sujo de graxa de Los Angeles me vêm à mente. *Se o motor falhar, vocês morrem!*

Não apenas nosso motor encrencou, como também os equipamentos eletrônicos não funcionam e alavancas importantes estão se partindo ao meio. Não sei se posso mais confiar minha vida a *Amazing Grace*. Se nosso barco fosse um cachorro, agora seria a hora de sacrificá-lo. Ele está no estágio de se sujar com as próprias fezes, de bater de frente, cego, contra os móveis. É hora de tirá-lo de sua miséria.

Eu não admito em voz alta, mas no fundo tenho a esperança de que o barco esteja doente demais para prosseguir. Em minha fantasia, um mecânico compassivo nos diz: "Sinto muito, não há mais nada que possamos fazer, temos que deixá-lo partir". Ivan e eu nos abraçamos, choramos um pouco (dica: lágrimas de crocodilo) e colocamos o grande e maldito fardo para dormir. Não mais *Gracie*. Torre feliz.

Penso na incrível coincidência de ver o barco de Moitessier ao lado de *Amazing Grace*, no pátio, e fico pensando se isso pode ser uma mensagem enviada pela lenda do mundo da navegação diretamente a mim: Tamata, *Torre. Você precisa tentar.*

Risco o último item de nossa lista e brindamos com cerveja gelada, uma merecida recompensa depois de três semanas de trabalho duro na marina. O líquido gelado esfria minhas entranhas. Refrigerado por nossa mais nova aquisição, estou que não caibo em mim de animação porque agora podemos armazenar peixes, carnes, vegetais, laticínios e — o mais importante — ver o pôr do sol com uma cerveja gelada na mão.

Para poder ligar nossa geladeira nova e ainda ter energia suficiente para todos os aparelhos eletrônicos, Ivan providenciou a instalação de um gerador eólico atrás da cabine de comando, ao lado de Wendy, nosso piloto automático. O gerador trabalha dia e noite, zumbindo como se tentasse nos fazer levantar voo. Também arranjamos um toldo feito de tecido ecológico, para ter sombra na cabine. Ele serve ainda como coletor de água e nos dispensa de consertar o complicado condensador que Ivan quebrou no fim do ano passado e que consome uma enorme quantidade de energia. E, já que a umidade derreteu todas as baterias, instalamos um novo banco de células fotoelétricas.

Tudo isso custou uma boa soma, mas somos muito mais autossuficientes agora, e nosso lar teve sua saúde restabelecida.

Ficamos encantados ao descobrir que nossos amigos suecos, Lisbeth e Lasse, estão ancorados ao nosso lado em seu barco, *Hilda*, tão próximos que podemos passar de um barco a outro sem desembarcar. Lasse, que é carpinteiro profissional, nos ajuda a devolver a *Amazing Grace* a condição de uma embarcação digna do mar. Ele me mostra como restaurar nosso timão partido com epóxi, braçadeiras, uma lixadeira e várias mãos de verniz, enquanto Ivan e ele trabalham na reparação da escotilha quebrada, acima de nossa cama. Com tempo e trabalho duro, conseguimos colocar tudo em ordem, incluindo meu moral.

O mecânico da marina chega para trocar os filtros do motor. Sangra os condutos para eliminar a água que se condensou ali e, pela primeira vez em seis meses, o velho motor funciona.

Além de tudo isso, meu pai decidiu vir nos visitar quando alcançarmos Tonga. Daqui a alguns meses, vou poder lhe mostrar um pouco de minha nova vida neste meu mundo náutico.

Estou cheia de energia. Acumulei entusiasmo renovado para descobrir lugares novos e começo a recuperar a confiança em nossa velha *Amazing Grace*. Ela vai conseguir. Eu vou conseguir. Há muitas promessas em nosso horizonte.

— Adivinha só? — diz Ivan, recostando-se com uma cerveja na mão. — Temos o mundo inteiro esperando por nós. Você está pronta?

— Sim — digo. — Estou pronta.

Ivan aperta o botão da ignição e o motor ruge, de volta à vida. Nossa velha e grande fera foi sangrada, passou por uma transfusão e recebeu um novo sopro de vida. Começamos a navegar pela lagoa em direção à cidade principal de Raiatea, onde providenciaremos comida e combustível para nosso próximo destino: as ilhas Cook. É maravilhoso sentir o vento no rosto. Aceno para a marina, feliz em deixar aquele lugar para trás. As últimas três semanas foram estressantes, principalmente pela necessidade de disputar a agenda lotada de mecânicos de que precisávamos para consertar o barco e instalar novos equipamentos.

A lagoa é de um maravilhoso azul transparente, refletindo brilhantes raios de sol na superfície. A brisa faz delicadas cócegas em minha pele. Ivan fica ao leme, nos conduzindo por uma passagem de doze metros de profundidade, que corta recifes de corais rasos.

Ao entrarmos por uma passagem particularmente estreita, penso ter ouvido um soluço vindo do motor, uma pausa momentânea, como uma parada nas batidas do coração. Pego-me imaginando o que faríamos caso o motor falhasse. Amo visualizar os piores cenários; é o tipo de coisa que faz a cabeça de paranoicos. Em minha mente, percorro um plano de emergência completo, detalhe por detalhe, matutando cada passo, só para exercitar o cérebro. Então, *brub... brub... brub... brub... br... ub... b.*

O motor para. E, desta vez, não se trata de minha imaginação.

Olho para Ivan; ele me olha. Fica paralisado, tomado de surpresa. Aperta o botão da ignição freneticamente, tentando nos pôr de novo em movimento, mas eu sei que não vai funcionar. Nosso motor morreu. Estamos à deriva, com paredes de coral muito próximas, à direita e à esquerda. Se não fizermos algo já, bateremos contra o recife.

Tomo as rédeas como capitã. Tendo antecipado a catástrofe deste exato instante, já tenho um plano sobre o que fazer.

— Precisamos voltar para a marina e pegar um ancoradouro — digo. — Role a bujarrona, vou conduzir o barco. — Pego o timão e manobro nosso veleiro no espaço apertado entre as carapaças de corais. Com a força que restou do motor, levo o barco de volta à direção de onde viemos.

Ivan entra no ritmo e desenrola a vela da bujarrona. Ela infla, coletando a brisa leve. Deslizamos de volta à marina, e procuro avistar uma boia vaga onde possamos amarrar o barco. Não podemos lançar âncora aqui, a água é muito profunda. Precisamos encontrar um ancoradouro, mas, neste lugar lotado, só há duas boias disponíveis.

— Tudo bem — digo a Ivan —, você pega o timão e nos guia em direção àquela boia ali. Vou na frente e pego o equipamento de ancoragem. Se perdermos o primeiro, rumamos para aquele outro, logo ali.

Temos pouco espaço para erros. Se perdermos ambas as boias, vai ser difícil ziguezaguear por todos os barcos ancorados com nossa desajeitada *Gracie* sem motor.

Vou para a proa e me posiciono sobre a grade com a vara de ancorar esticada, esperando atingir a distância em que alcance o ilhós da boia. O barco se aproxima rápido, mas estamos muito longe. Erro a primeira tentativa.

— Tudo bem, siga para a segunda boia — digo a Ivan. — Chegue o mais perto que puder.

O vento nos empurra para a segunda boia — estamos indo muito rápido! —, mas consigo esticar o gancho e alcanço o ilhós.

— Consegui.

Ivan recolhe as velas, mas o barco continua a avançar, impulsionado pelo vento, e estou deixando escapar a vara. Ela escorrega das minhas mãos suadas.

— Me ajude! — grito.

Ivan corre até mim, agarra a vara, puxa-a para cima, pega a corda da boia e a enrola ao redor da trava. A corda range com a tração produzida pelo peso de *Amazing Grace* e repuxa até a parada. Estamos atracados, ilesos.

Ivan se vira para mim, surpreso.

— Você é uma marinheira!

Eu mesma estou surpresa com a novidade. Poderia jurar, até agora, que nunca entendi completamente como o vento e as velas funcionam, juntos, na movimentação do barco.

Passamos mais duas semanas no ancoradouro, aguardando que o mecânico conserte nosso motor.

Notícias de um naufrágio chegam até nós — aconteceu com o barco de Wayne, o gigolô do mar que usava tanga fio dental, próximo a uma ilha nos arredores de Fiji. Dizem que ele foi pego por uma tempestade que o empurrou para a costa. Havia quatro pessoas a bordo: Wayne, sua "cliente" e dois mochileiros contratados como tripulação. Foram dar em águas agitadas no meio da noite, mas, quando o barco afundou, todos conseguiram nadar até uma rocha e se impulsionar para fora da água. Eles sofreram cortes por causa das cracas presas nas pedras e ficaram bastante traumatizados, mas ninguém ficou gravemente ferido.

Mais tarde, chegam notícias de *outro* naufrágio: o do primeiro barco que me chamou a atenção quando voltamos a Raiatea, o iate que tinha o lado de baixo pintado com peixes coloridos. Um amigo do casal proprietário relatou que eles estavam na passagem quando o barco começou a fazer água. Sem conseguir encontrar a origem do vazamento, o iate se encheu antes que fossem capazes de esvaziá-lo. Eles enviaram um pedido de socorro, e um barco que passava pela área os resgatou. O iate afundou.

Penso na vibrante obra de arte a cinco quilômetros de profundidade, descolorindo-se em meio à escuridão profunda. O perigo espreita, incomodamente próximo, e isso me assombra. Não um, mas *dois* capitães que conhecemos afundaram seus barcos. E não é verdade que coisas ruins acontecem sempre em trios?

Enquanto me preocupo com quem será o próximo, a urgência que Ivan sente de continuar navegando é como uma forte coceira nas partes baixas. Ele não consegue ficar quieto.

Depois de muitas visitas canceladas, o mecânico finalmente chega. Mais uma vez, ele sangra nosso combustível misturado com água até que não haja nenhum traço de sedimentos. Depois, troca o filtro. Sinto uma enorme vontade de perguntar por que *essa* limpeza vai ser mais efetiva que a última, mas, como não tenho a mínima habilidade no assunto, digo a mim mesma que vai ficar tudo bem. O mecânico sabe mais do que eu, de qualquer forma.

O motor ronca de volta à vida. E meu corpo treme de pavor.

18

Engulo em seco um gosto metálico de preocupação, quando as montanhas verdes de Raiatea desaparecem no horizonte. Temos cinco dias em mar aberto pela frente, e me pergunto como vou poder voltar a confiar em nossa velha *Gracie*. Aprendi uma terrível verdade sobre barcos: essa merda quebra. Principalmente quando o seu pertence à época da disco music.

Em terra, quando danos acontecem, contratamos um mecânico para consertá-los. Mecânicos não atendem a chamadas no meio do oceano, logo o que acontecerá se algo quebrar por aqui? Não faço essa pergunta a Ivan, porque temo que não haja resposta.

Acabo de ter esse pensamento quando Ivan anuncia que o GPS não está ligando. Sinto-me pessoalmente responsável pelo fato, como se meus pensamentos paranoicos tivessem produzido a falha no aparelho.

— Então, vamos dar meia-volta? — sugiro.

Ivan fica irritado.

— Não. Por que faríamos isso?

Olho para ele sem entender por que me pede essa explicação.

— Hum... para consertar o GPS.

— Nós temos um GPS portátil. Usaremos esse.

— O GPS portátil? Ele utiliza pilhas AA, e não temos uma grande quantidade delas no estoque. E se ficarmos sem pilhas numa situação de necessidade?

— Você está sendo perfeccionista outra vez. O GPS portátil está ótimo.

— Ivan... — Desisto de discutir com ele. Só existe uma maneira de acertarmos isso, do jeito que minha mãe me ensinou: "Se você quer algo bem feito, faça você mesma". Vou até o aparelho, mexo na parte de trás e confiro a conexão de alguns cabos. Funciona. O sistema reinicia e o GPS volta a funcionar.

Se ao menos eu conseguisse fazer o mesmo com alguns cabos de meu próprio sistema.

Estamos a dois dias de distância de Raiatea, e o motor morreu mais uma vez. Ivan coça a cabeça enquanto folheia as páginas de um livro: *Dicas de solução de problemas para motores a diesel*. É um livro fino, de umas quarenta páginas, com letras grandes e ilustrações bonitinhas. Não temos sequer um peido de formiga de vento que possa nos empurrar para frente. Estamos à deriva. Na calmaria. À mercê do mar. Nosso único guia de reparos parece um livrinho de contos de ninar. Minha ansiedade decide que é uma boa ocasião para explodir numa risada histérica.

— O que é tão engraçado? — pergunta Ivan.

— Você está lendo um livrinho de histórias. Sobre como consertar o motor! — Tento me controlar, mas minha risada continua explodindo.

— E?

— E a gente boiando à deriva no meio do oceano! Sem vento algum! E o nosso motor... está quebrado! — A risada agora machuca meus músculos abdominais.

— Sim, eu sei. E isso é engraçado por quê?

— Porque não sabemos nada sobre motores! Você está lendo um guia de instruções elementares! Lembra daquele cara na marina? "Se seu motor falhar, vocês morrem!" Nossa, cara, isso é hilário.

— Mas *por que* é tão hilário?

— Eu... não sei muito bem — digo, já com a risada frouxa.

Ivan volta a estudar as ilustrações, depois mexe mais um pouco no motor cheio de graxa. Bombeia a máquina, extraindo pequenos copos de combustível rosa, tentando filtrar as impurezas. E fala baixo consigo mesmo.

— Droga! Por quê? Por que eu não enchi os tanques até a boca? Ah, que idiota! — Ele tenta a ignição de novo. Nada. Volta aos diagramas, cujas legendas são do tipo usado em HQs. — Ah, idiota. Sou um completo idiota!

Enterro a cabeça num travesseiro para continuar meu cacarejar ensandecido.

~

Diz-se com frequência que podemos alcançar qualquer coisa se nos determinarmos a isso; que podemos conquistar coisas que jamais consideramos possíveis, como consertar um complicado motor a diesel, quando nossa vida talvez dependa disso.

Besteira.

Depois de duas horas focado, Ivan joga a toalha impregnada de óleo e dá seu diagnóstico: o diesel está cheio de água e sedimentos. Trezentos litros de combustível em nosso tanque estragaram.

Nossa viagem para as ilhas Cook se tornou indefinidamente longa. Sem vento e sem motor, estamos indo a lugar nenhum. Chegar a nosso destino é agora um jogo de paciência contra as condições climáticas.

"Calmaria" é uma palavra muito agradável, que sugere um tempo de tranquilidade, talvez um copo de chá, um par de pantufas e um disco acústico de Jack Johnson ao fundo. Mas não há calma alguma em nossa calmaria. Mesmo sem vento, há o sempre presente inchaço do mar sob o barco, causando um cambaleio doentio que faz as ferragens ressoarem num arranjo dissonante de cordas percutidas e choques de metal contra metal. É como estar num elevador em movimento, acompanhado de uma multidão de hare krishnas.

Não há calma nas condições do tempo, também. Apesar da ausência de vento, o horizonte está riscado de terríveis nuvens opacas, que parecem grávidas, aos nove meses, na iminência de parir um monstro. De quando em quando elas se acendem em clarões retumbantes. São nuvens relampejantes. E estão em nosso rastro faz três dias.

Calmaria?
Não.
Estamos fodidos?
Sim.

~

Splash... Splash... Splash.

Abro os olhos de manhãzinha, ouvindo um ruído desconhecido. É como o som das ondas em uma praia aprazível. Relaxo, alongando-me e curtindo o som tranquilo de água escorrendo.

Levanto-me bruscamente. *Um som de água? Vindo de dentro do barco?*

Arrasto-me para fora da cama para investigar, atenta ao que ouço, ouvidos colados no chão. Levanto a tampa do porão e, ao espiar o interior do barco, vejo algo capaz de fazer o mais estoico marujo berrar. Deve ter quase quatrocentos litros de água no espaço oco sob meus pés. A água está a dez minutos de se infiltrar para dentro da cabine.

Puta merda, vamos afundar!

— Ivan? — Ele não responde. Está preocupado, lá fora. — IVAN!

— Humm?

— A água está entrando no barco!

— Hã?

— O barco está com uma infiltração! Rápido, venha ver!

— Humm, tá. Tá bom... — Ele está puxando as cordas. Já está sem dormir há dias, e não se pode mais dizer que esteja apenas cansado: já chegou à fase intelectualmente desafiadora da exaustão.

— Ivan, sério. A situação é grave. *Nosso barco está com uma infiltração e o porão está quase cheio!*

— Tá bom. — Ele continua puxando as cordas, com o rosto inexpressivo.

Não posso perder mais tempo tentando despertar um homem morto. Ligo a bomba do porão, depois vou para o lado de fora e vejo a água que sai de um cano no casco e jorra em direção ao mar. Voltando para a parte de baixo, verifico o porão e vejo que está se esvaziando. *Bom.* O barco está drenando bem mais rápido que a infiltração. Não vamos afundar, por enquanto.

O porão gorgoleja quando a bomba suga a última quantidade de água a seu alcance. Então, desligo-a.

— Ivan? Esvaziei o porão. Vou continuar checando para ter certeza de que não estamos afundando.

— Tudo bem — ele diz, ainda distraído. Ou ele não escutou nada do que eu disse ou acha que é alarme falso. Devo ter perdido toda a credibilidade quando, descendo a costa do México, insistia três vezes por hora na ideia de que íamos morrer.

Ivan tem a própria crise com que se preocupar. Está ocupado tentando ajustar as velas para que capturem uma brisa escassa. Não é o bastante para velejar, mas é tudo o que temos. Ele coloca todo o peso do corpo no içamento da teimosa vela principal.

— Você devia dormir — digo-lhe. — Fico preocupada quando você fica cansado assim. Você pode andar que nem um zumbi pra fora do barco ou algo do tipo.

— Nem.

— Bom, você devia pelo menos comer. Deixe eu lhe trazer um pouco de comida.

— Tudo bem.

Desço para a cozinha e, batendo os pés numa dança improvisada para manter o equilíbrio, misturo numa tigela um pouco de cereal com leite em pó. Levo a tigela até a cabine, mas agora ele está ocupado demais para comer. Agita as mãos freneticamente, recolhendo as velas que se esforçou tanto para içar.

— Ventania — diz ele.

Coloco a tigela de cereais na pia. Visto minha jaqueta Gore-Tex e sento com Ivan na cabine.

Uma formação ameaçadora de nuvens negras se aproxima. Quando chega perto, vejo uma propagação de águas agitadas vindo bem em nossa direção. Somos atingidos de frente por um golpe de vento. A ventania assobia no cordame e nos arremessa para os lados, na agitação das ondas. Ela ruge num clímax e depois se afasta, passando a nossas costas como um trem.

A chuva chega atrasada para a festa e cai em gotas pesadas que atingem as superfícies, produzindo um som de confetes de pedra. Satisfeita, ela também passa, e somos abandonados à deriva, tendo por companhia apenas uma suave brisa. *Oi, La Niña.*

Ivan começa outra vez a girar as manivelas dos guinchos, grunhindo com o esforço enquanto iça a obstinada vela principal pela vigésima ou trigésima vez em três dias. Seus movimentos são robóticos, como se ele fosse uma das pesadas peças do barco, que pode ser ligada e desligada. *Recolher velas. Içar velas.* Ele não reclama nem se impacienta. Apenas faz.

Mais ventos e chuvas atacam. *Recolher velas.*

Amazing Grace chia ao ser empurrada pela lateral. O céu se abre e expira. O vento aumenta e assobia no gerador, fazendo as hélices girarem rápido. *Zomp, zomp, zomp.* Elas parecem não ser capazes de girar mais rápido, mas de repente giram. O gerador eólico dá voz ao vento: um agudo dissonante de arrepiar a espinha, a própria trilha sonora da morte.

Um garfo dentado desce das nuvens e atinge a água alguns quilômetros a nossa frente. Estamos numa disputa com gigantescas adagas elétricas. Fico assustada por um momento, então percebo que o medo agora é uma comodidade; é um luxo que só tem sentido quando há espaço para escapar. Nós não podemos escapar disso. O barco tem infiltrações. O motor está morto. As nuvens apunhalam o mar a nossa volta com adagas de eletricidade. Posso apenas me render.

Não estou mais com medo, mas decidi como quero afundar, caso algo aconteça com o barco. Não quero estar sozinha.

Agarro as mãos de Ivan e nos sentamos juntos, contemplando as nuvens.

— Ivan? Se a gente afundar...
— Não vamos afundar.
— Mas, se acontecer, você pode me abraçar?
— É claro que vou te abraçar.
— Não me solte, tá bom?
— Eu nunca vou te soltar, baby.

O vento e a chuva somem subitamente. É sinistro; onde estão se escondendo?

O céu ainda se assemelha ao fim dos tempos, e eu sei que ainda não acabou. Então, os ventos explodem de uma direção completamente nova. Sentamos sob a cobertura de proteção, abrigando-nos da chuva e do céu cintilante. Ligamos o radar, que pode detectar a massa de nuvens, informando-nos a magnitude da tempestade. Uma massa de listras negras toma conta de toda a tela de LCD, e o radar indica que ela tem no mínimo treze quilômetros de diâmetro.

Durante dez horas, ficamos presos no ventre louco de um gigantesco e tumultuoso vendaval.

Quando o vento e a chuva finalmente passam, Ivan solta a vela e deslizamos sobre a água. *Amazing Grace* aderna em posição de corrida. Ivan esteve manobrando no convés, enquanto — sem que ele soubesse — estive drenando o porão regularmente, para que nos mantivéssemos flutuando.

Ele desce para pegar algo de comer. Abre uma caixa de bolachas, passa manteiga e geleia nelas e as enfia na boca sem que nada mude, uma vez sequer, em seu olhar vazio.

— Ivan? Eu *realmente* preciso te mostrar uma coisa agora.

Ele me olha de frente, sem piscar.

— Hã?

— Prepare-se. Temos um problema. — Tomo as mãos dele e o guio até o porão. Levanto a tampa. Nenhuma palavra é necessária: o porão está quase cheio de novo, e temos nossa própria piscina no barco, como num cruzeiro.

Os olhos de Ivan focalizam a imagem e em seguida se arregalam. Ele acorda de repente.

— Ai, merda.

— Eu sei. A boa notícia é que é uma infiltração lenta. Eu esvaziei hoje de manhã e...

— Ai, que *merda*, baby!

— Pare de dizer isso, você está me assustando. De onde acha que está vindo?

— Ahh... normalmente, as infiltrações vêm das válvulas de fundo ou de canos que vão para fora do barco — diz ele, balbuciando palavras enquanto pensa rápido. — Então, de um buraco.

— Ah, não me diga... de um buraco. Alguma ideia de onde está o buraco?

— Estamos adernando para bombordo, então deve ser... *Ai, merda.*

— O quê? O quê?

— A máquina de fazer água, eu não a reinstalei! — Ele dispara na direção do compartimento do condensador de água, atrás da estação de navegação, e consta um furo do tamanho de uma moeda que está bombeando um arco grosso de água do mar. O furo costumava se conectar a uma mangueira que drenava resíduos para o mar. Agora, está drenando o oceano para dentro de nosso barco.

Ambos encaramos o vazamento, boquiabertos, por um longo tempo. Então tudo se acelera em movimentos rápidos.

— Merda! Eu me esqueci disso. — Ivan se mexe para frente e para trás, como se dançasse sem sair do lugar.

— Tem um buraco no nosso barco! — grito.

Ele anda freneticamente para cima e para baixo, com as mãos grudadas nas orelhas.

— O que fazer? O que fazer?

— Precisamos fazer alguma coisa!

— Eu sei. Precisamos!

— Bom... o quê?

— Porra!

Uma ideia me vem à mente. Enfio o dedo no buraco, tapando a artéria que jorra.

— Tá bom, e agora?

— Ah, sim, é claro — diz ele, relaxando os ombros, agora que a situação não é mais crítica.

— Obrigada, mas e agora?

— Hum...

— Por favor, pense em algo, rápido. Não posso ficar aqui para sempre.

— Quer que eu coloque o dedo aí? — oferece Ivan.

— Mas essa não é a solução, né? Estamos no meio do oceano Pacífico! Não podemos simplesmente ficar tapando o buraco com o dedo até alcançarmos terra.

— Bom argumento.

— Então?

— Fita adesiva? — Ivan mexe na caixa de ferramentas e encontra um rolo. Arranca um pedaço; eu retiro o dedo enquanto ele cobre o buraco. Funciona. Ele passa mais fita adesiva sobre o buraco, para adicionar força — um perfeito conserto amador. Ambos voltamos a respirar.

— Ops — diz Ivan, com um riso nervoso. — Esqueci isso.

Olho o buraco remendado. Estou presa num lugar remoto do oceano Pacífico, dentro de um barquinho com um buraco no casco, momentaneamente tapado com... fita adesiva? Será que isso está de fato acontecendo?

~

Acordo alarmada no meio da noite, com uma preocupação fixa. *Preciso drenar o porão!*

Então, lembro que consertamos o problema. Deito outra vez, agitada com a descarga de adrenalina que me acordou. Decido que o único jeito de conseguir relaxar para dormir é terminar o que comecei e verificar o porão, só para ter certeza.

Abro a tampa e fico com os cabelos totalmente em pé. *Está quase cheio!*

A fita deve ter se desgrudado. Abro o compartimento e verifico o remendo. Está intacto, sem nenhum vazamento. Isso só pode significar uma coisa: *temos uma segunda infiltração.*

Corro para avisar Ivan e o encontro dirigindo o barco manualmente. Ele nunca dirige assim, especialmente no meio da noite.

— Por que você está dirigindo desse jeito?

— O piloto automático está quebrado — diz ele, em tom de derrota.

— Como assim?

— Wendy. Ela não consegue manter o curso. Está quebrada.

Com a parada do motor, parece justo que Wendy tenha decidido se juntar à greve.

— Estou aqui fora há doze horas — diz Ivan. — Doze malditas horas tentando fazê-la funcionar. Pensei que estava fazendo algo errado, mas tentei de tudo. Cheguei a pensar que, se continuasse ajustando, conseguiria fazê-la manter o curso. Mas entendi agora, o problema não é comigo; é a Wendy que está quebrada. Não tenho escolha, tenho que dirigir manualmente o resto do caminho até lá. Desculpa, baby.

— Desculpa por quê? Não é culpa sua. Nós vamos superar isso. Eu te ajudo a dirigir. Podemos nos revezar e...

— Sim, mas... desculpa. Eu quero te manter confortável e feliz mais do que tudo e... eu só... realmente sinto muito que isso tenha acontecido.

Ele está pesaroso. Ivan não costuma ficar assim. Isso é ruim.

— Não se preocupe, estou bem. Nós vamos superar isso. Podia ser pior, podíamos estar... — Concentro-me em algo a dizer. *Podíamos estar afundando? Nós estamos afundando!* — O barco ainda está enchendo de água — digo.

Ele responde com um suspiro prolongado, como se estivesse prendendo a respiração cheia de esperança e agora a estivesse exalando, até o último alento.

— Não se preocupe, eu vou continuar esvaziando — digo num tom animado. — Esse pode ser o meu trabalho, não se preocupe. Está tudo bem. Vamos ficar bem. — Estou tentando salvar o dia com uma animação forçada e tensa. Sei que, se me abandonar ao desespero, não vou conseguir sair do buraco.

No painel de eletrônicos, encontro o interruptor em que se lê "bomba do porão". Ligo. Nada acontece. Eu deveria estar ouvindo o ronco baixo da bomba em ação. Desligo. Ligo. Nada. Vou para fora ver se algo está acontecendo. A água do porão deveria estar jorrando em direção ao mar, por uma abertura lateral do barco, neste exato momento. Mas vejo apenas um filete imundo.

Compilo uma lista mental de nossa situação. Sem motor. Sem piloto automático. Barco com vazamento em pelo menos dois lugares, um deles remendado com fita adesiva. Porão cheio de água. Bomba do porão quebrada. Centenas de quilômetros de distância da terra.

Isso é para lá de crítico, mas não quero morrer aqui. Vou sugar esse porão com um canudinho se for preciso, até que seque.

Relutantemente, dou as más notícias sobre a bomba a Ivan.

— Pode ser que esteja bloqueada — diz ele. — Você pode dirigir enquanto eu verifico?

Tomo posição no comando: lanterna na cabeça, mãos no timão, olhos na bússola. Se tirar os olhos dela por um instante, o barco pode sair do curso e as velas vão começar a bater, em protesto por perder o vento. Perde-se a força e nossa viagem atrasa. Encontro um bom ponto de captura do vento, fazendo tombar o peso de *Gracie* em direção ao quadrante em que ele enche as velas e as faz decolar. O barco pode estar velho e caindo aos pedaços, mas ainda ama cavalgar o vento.

Ivan vai para baixo do deque, equipa-se com luvas de borracha amarelas, muitos números menor que as que deveria usar, e entra na Zona Negra com tudo, exceto a máscara e o snorkel. A água vai além de seu cotovelo, tornando as luvas inúteis.

— Não tem nada bloqueando — diz ele, tirando as luvas. — Devem ser as baterias.

— Mas acabamos de comprar baterias novas.

— Eu substituí três das quatro baterias no pátio dos barcos. — Ivan se detém. — Ai, merda. Não substituí a bateria de emergência, a que está conectada à bomba.

— Por que não? É a bateria de emergência. *Isso é uma emergência.*

— Sim, eu sei. Acho que não esperava que fôssemos precisar dela, com a energia do gerador eólico e as nossas novas baterias. Eu só... Cara, eu sou um idiota. — Ele segura a cabeça entre as mãos. — Esqueci que a bomba do porão estava conectada a ela.

— O que fazemos agora? Enviamos um pedido de resgate? Entramos no bote salva-vidas? Vou pegar o kit de emergência!

— Não, não estamos nesse estágio ainda. Tem uma bomba manual.

Ele me mostra o sistema de bombeamento secundário. Agradeço aos fabricantes do barco por terem pensado nisso. É bem melhor que minha ideia de sugar essa água preta e pútrida com um canudinho.

Faço girar uma manivela na cabine de comando, e a água começa a jorrar para o mar.

Bombeio e bombeio, até meus braços doerem, mas não posso parar até que esteja vazio. Quando a água finalmente vira um filete, sei que o porão está vazio... por enquanto.

Se morássemos numa casa na cidade e tivéssemos uma vida normal, talvez eu ficasse brava com Ivan por conta da situação em que nos encontramos. Talvez eu entrasse em modo de ataque, disparando acusações do tipo "Por que você não encheu os tanques?" ou "Você devia ter lembrado de tampar aquele buraco, droga!". Mas isso tudo é inútil aqui. A raiva é só uma bagagem pesada.

Em terra, com empregos, responsabilidades e amigos distintos, existe uma diferença clara entre "você" e "eu", entre "sua culpa" e "minha culpa".

Mas tais divisões se tornam imprecisas quando levantamos âncora e seguimos em direção a um horizonte vazio, juntos numa embarcação um pouco maior do que uma banheira flutuante. A cada vez, antes de nos prepararmos para mais uma travessia, antes de atarmos nossa vida de um modo precário, temos de assumir um compromisso sagrado e tácito. *Eu confio em você. Você confia em mim. Eu protejo você. Você me protege.* Nossas vidas se entrelaçam inseparavelmente, e há uma fusão entre "eu" e "você" e "*Gracie*", passando a existir somente "nós". *Nós* somos uma única entidade flutuante, que luta para sobreviver.

Afinal, se não conseguirmos resolver essa confusão que nós mesmos criamos, não será *Gracie*, nem eu, nem Ivan quem vai afundar. Nós todos vamos.

Estamos na calmaria mais uma vez.

Ivan liga para a mãe pelo telefone via satélite, para ver se ela consegue verificar a previsão do tempo para a região em que estamos. Monica nos liga momentos depois com más notícias. Nenhum vento está previsto para a região por um bom tempo. Por *duas semanas*, na verdade.

A fala de Ivan fica difícil. Depois, ele engasga. E logo começa a chorar ao telefone. Ivan está chorando. Minha rocha. Meu otimista. Meu homem *vai-ficar-tudo-bem* desmoronou num lamaçal de miséria e esperança perdida.

Começo a chorar também.

Ele desliga o telefone e eu o abraço e acaricio-lhe as costas. Sinto ossos sobressalentes que não sentia antes; ele perdeu peso porque não come há dias. Seus olhos estão enterrados em algum lugar dentro de cavidades escuras. Ele está desaparecendo. O oceano está se apossando de sua alma.

— Não se preocupe — digo. — Você só precisa dormir. Você tem trabalhado muito, por muito tempo. Deixe o barco. Ele vai ficar bem. Vou manter vigília para ter certeza de que está tudo bem. Eu te acordo se começar a ventar. Relaxe, *por favor*. Você precisa dormir.

Ivan cai na cama como uma árvore derrubada e começa a roncar antes mesmo de chegar ao travesseiro.

Verifico o porão. Pela metade, de novo. Está enchendo tão rápido quanto antes de colocarmos a fita adesiva. Isso significa que a infiltração é muito maior do que o buraco do tamanho de uma moeda que tapamos.

Bombeio. Procuro por navios. A noite é muito escura, mas não há luz nenhuma no horizonte. Uma pequena vantagem, já que, como estamos quebrados, não teríamos como sair do caminho de um navio que viesse em nossa direção.

Deito na cama, em boa parte molhada por uma goteira no teto. É a única coisa confiável neste barco, essa goteira que pinga regularmente sobre a cama. Ponho o despertador para me acordar em dez minutos, para que eu possa procurar por navios e verificar o vento.

Se o vento aumentar e as velas deixarem de ser apenas amontoados inúteis de lonas flácidas, vamos ter de cronometrar cuidadosamente nossa chegada a Aitutaki com a maré cheia, às dez horas de amanhã. A passagem da ilha é notoriamente rasa, e só é possível chegar ao ancoradouro com maré cheia. De acordo com nossos cálculos, a passagem é larga e profunda o suficiente para que *Amazing Grace* passe praticamente raspando.

Pelo menos, espero que assim seja.

Se as estimativas estiverem corretas, teremos vinte centímetros entre a parte mais funda de nosso barco — a quilha — e o banco de areia da passagem.

Ouvimos histórias de marujos com quilhas de dois metros atolando na areia na hora de entrar. Esses iates tiveram de ser guinchados de volta ao oceano por um barco local, de onde foram forçados a seguir para um novo destino. A ilha mais próxima, Rarotonga, fica a vinte horas de distância. São dois ou três dias para nós. Ou semanas. Ou para sempre. Depende do vento e de o barco decidir continuar flutuando.

Depois de horas mantendo vigília, finalmente, iluminado pela luz da lua e das estrelas, vejo o gerador eólico começar a se mover a umas poucas rotações desanimadas. *Isso, assim, vamos lá, gire,* torço silenciosamente. *A mamãe precisa de um novo par de sapatos.* Ele responde a meu encorajamento e começa a girar num ritmo estável. Ondulações agitam a superfície do oceano. Nosso velho amigo, o vento, retornou.

É hora de acordar Ivan. Eu preferiria deixá-lo se aprofundar num muito necessário descanso, mas temos de levar esta embarcação que está afundando a um lugar seguro.

— Ivan... — Chacoalho-o até que ele se erga, cambaleante, e se ponha a arfar como se estivesse acordando de um pesadelo. Na verdade, ele acordou para *dentro* de um pesadelo. — Desculpe te acordar. Temos vento para velejar agora.

— Tudo bem. Obrigado, baby.

A brisa mantém um ritmo estável, e somos impulsionados noite adentro, a seis nós de velocidade. Silenciosamente, sussurro doces falas ao vento, para que continue vindo. *Ah, sim, isso mesmo. Mantenha essa coisa boa vindo. Não pare. Isso mesmo.*

Ele se mantém. Miraculosamente, graças à navegação cuidadosa de Ivan, chegamos à ilha Aitutaki às dez da manhã em ponto, na hora exata da maré alta. Uma distância prevista para cinco dias nos consumiu sete. Foram só dois dias a mais, porém parece um tempo interminável quando se está a bordo de um barco afundando.

Ivan chama o capitão do porto pelo rádio e pede um guincho. A voz que ouvimos em resposta diz que estavam nos esperando.

— Sua mãe, Monica, me ligou — o capitão do porto informa a Ivan. — Disse que você está sem motor.

Um barco-guincho azul, chamado *Mary J*, avança em linha reta a caminho do nosso. O homem a bordo nos lança um rolo de corda, que agarro no ar com a mão estendida. Corro à frente de nossa embarcação e amarro a corda nas cunhas. *Mary J* acelera, e nosso barco segue atrás, acompanhando-o.

Ao nos aproximarmos do recife, não consigo distinguir a passagem. Vejo apenas ondas que quebram no raso. Faço um esforço consciente para relaxar, lembrando a mim mesma que esses homens sabem o que estão fazendo. Esta é a casa deles, e é claro que sabem onde é a passagem. Além disso, não poderíamos ter mais azar... Poderíamos?

Snap. A corda do guincho se rompe. *É claro!* Estamos à deriva, bem ao lado da arrebentação. Esta é uma viagem que parece estar destinada ao fracasso.

O homem do *Mary J* age rápido e nos lança outra corda desgastada, que alcanço e transformo rapidamente num lais de guia. Todas aquelas horas em que obriguei meus dedos entediados a treinar nós num pedaço de corda vieram a calhar. Passo o nó ao redor da cunha, e estamos de volta ao comando de *Mary J*.

Logo após a extremidade do recife, *Mary J* dá uma guinada a noventa graus, avançando para o interior de uma passagem oculta e tão estreita que, comparada às outras passagens em que estivemos, pode ser chamada "trilha de bicicleta". Balançamos de um lado para o outro, seguindo *Mary J* ao longo da passagem estreita. Cabeças de coral mortas, lembrando um cemitério aquático, se projetam acima da água dos dois lados de nossa embarcação. Na passagem à frente, avistamos um banco de areia de coloração alarmantemente similar ao azul pálido de uma piscina infantil inflável.

— Por favor, por favor, por favor — murmuro para Ivan, para *Mary J*, para *Amazing Grace*, para os poderes do Alto —, por favor, nos permita atravessar essa passagem. Por favor, não nos rejeite nem nos mande de volta. *Por favor!*

O sonar de profundidade registra 3 metros, 2 metros, 1,5 metro, 1,3...

— Quão raso podemos ir? — pergunto a Ivan.

— Não tenho certeza. Vamos ver.

O painel registra 1,1 metro... E logo 1,2, 2, 2,5, 3...

O barco desliza pela passagem quase raspando a quilha.

Conseguimos uma boia de amarração no interior do único ancoradouro de Aitutaki, que não é muito maior que um lago. Há somente mais um barco a vela fazendo companhia ao nosso.

A ilha é de um verde paradisíaco. Sinto ímpetos de fugir do barco, me amarrar à árvore mais próxima e nunca mais me soltar.

Não morremos, penso em estado de choque. *Nós realmente conseguimos.* Volto-me para Ivan e não contenho uma risada nervosa.

— Estamos aqui.

Ele me abraça, com o corpo suado e enfraquecido.

— Estou muito orgulhoso de você — sussurra. — Muito mesmo.

19

Mesmo que este fosse o lugar mais horrível do planeta, eu ainda estaria eufórica por estar aqui, mas Aitutaki é linda de morrer.

Ivan amarra o bote a um tronco de coqueiro e subimos por um caminho que vai da rampa do atracadouro para um lugar plano e gramado que daria um perfeito campo de golfe.

Um homem de bermuda florida e camiseta larga se aproxima com a atitude de quem vai nos envolver num abraço de urso. Estende-nos a mão enorme em cumprimento e se apresenta como o agente de imigração. Depois de nos dar boas-vindas, convida-nos a segui-lo. Estou imaginando que seremos levados a uma convencional e abominável repartição pública para pagar as taxas e preencher formulários com informações sobre nossa identidade e as especificações do barco — o que já fizemos tantas vezes que sou capaz de repetir de cor tudo sobre *Gracie*:

- ✔ Calado: 1,57 metro
- ✔ Largura máxima: 3,35 metros
- ✔ Tonelagem: 6
- ✔ Número do casco: N01091758

Mas não somos levados a um escritório do governo, e sim guiados ao alto de uma rocha. O homem da imigração senta na superfície lisa e olha dentro de nossos olhos, fazendo uma pausa, com o propósito de enfatizar o que está prestes a anunciar.

— Esta rocha é sagrada. Ela representa nossa ilha e nosso povo. Eu gostaria de convidá-los a sentar, por favor.

Obedecemos.

— Vocês vieram até aqui em um barco a vela — continua o homem. — Logo, fizeram um grande esforço para chegar a nossa ilha, e recebê-los é para nós uma grande honra. Esta rocha tem um grande significado. Uma vez que vocês tenham se sentado nela, o povo de Aitutaki considerará cada um de vocês como um de nós. A partir de então, vocês receberão os mesmos cuidados e tratamentos que dispensamos a nossa gente. Durante todo o tempo em que estiverem conosco, vocês serão parte de nosso povo.

Suas palavras me causam arrepios. Que recepção de boas-vindas!

O oficial da ilha conversa conosco como se fôssemos hóspedes em sua própria casa. Sentados na rocha, falamos de navegação, de nossa viagem, de rúgbi e mais rúgbi. Digo-lhe que sou australiana, e ele faz várias tentativas de conversar comigo sobre críquete, até me deixar vesga de tanto fingir que sei do que ele está falando. No mundo todo, dizer "Sou australiana" parece se traduzir por "Amo críquete!".

Rimos juntos. Contamos histórias. Batemos papo, como bons amigos num churrasco de fim de semana. É a mais bizarra e prazerosa experiência de imigração e alfândega que já tive.

— Venham, por favor, tem mais — ele diz, fazendo sinal para que o sigamos.

Para onde agora?, pergunto-me, animada. *Uma cerimônia de iniciação espiritual? Uma cerimônia de dança? Beber kava?*

Chegamos a uma repartição pública sombria e cinzenta.

— Por favor, preencham esses formulários — diz ele, empurrando uma pilha de papéis em nossa direção. — O visto é válido por exatos trinta dias.

Ele pega uma calculadora enorme e começa a digitar.

— Taxas de visto vezes dois, mais taxas de alfândega, mais taxas de ancoragem, mais taxa de agricultura, mais taxa de saúde, mais a taxa de reboque do *Mary J*. Muito bem, dá um total de trezentos dólares neozelandeses, sem contar a taxa de cinco dólares de ancoragem por noite, que vocês podem acertar na saída.

Assim é melhor. Esta é a experiência alfandegária e de imigração que me faz sentir em casa.

Nossa situação aqui está regularizada. Dormimos doze horas, comemos, estamos seguros dentro de um ancoradouro que nos protege como um ventre materno, num lugar encantador, com pessoas fascinantes que falam uma língua que conseguimos entender. Devo ser a pessoa mais feliz do mundo.

Está chuviscando, por isso nos damos um dia de descanso na cabine interna. O barco foi colocado em ordem e tudo está organizado, excetuando o porão, que ainda precisa ser bombeado duas vezes por dia. Hoje, estamos nos dando ao luxo de não ter de pensar no estado em que o barco se encontra, mas logo vamos precisar encontrar o mecânico da ilha para fazer os reparos necessários, em relação aos quais, na verdade, não tenho pressa alguma. Enquanto o motor estiver danificado, não precisamos voltar para o mar.

Estou quase cochilando quando uma forte ventania nos atinge inesperadamente. *Amazing Grace* se inclina. Minha caneca de café escorrega pela mesa até parar, esparramando o líquido, salva pela borda saliente. Meu corpo se retesa num ato de defesa, e salto da cama.

— Santo Deus, está ventando de verdade — digo. — Você acha que o barco vai se segurar? Talvez devêssemos colocar outra âncora, por garantia? Não temos nenhum espaço sobrando para ser arrastados neste pequeno ancoradouro.

Ivan sai pela escada, ofegante. Não sei se ele está de acordo comigo ou se tenta escapar de minha chateação. Depois de alguns instantes, volta, ensopado e tremendo.

— O vento está muito forte. A chuva está tão violenta que chega a doer. Vou soltar a outra âncora.

Não há tempo suficiente para fechar todas as escotilhas, e a chuva começa a entrar na cabine, descendo quase verticalmente pelo vão da escada. Metade da parte interna do barco se encharca antes que sejamos capazes de fechar as janelas e prender a proteção das escotilhas.

Saímos ao convés sob a chuva inclemente. A folhagem dos coqueiros parece prestes a se soltar. Ventos como este podem ser chamados de ventos de quarenta nós... ou de "degoladores de coqueiros". Sopram na direção da terra, vindo do mar aberto. Nosso único anteparo é o recife raso que cerca a ilha.

O barco está exigindo muito da âncora, e parece que estamos nos aproximando da praia. É urgente lançar a segunda. Ivan revira um compartimento na cabine de comando e a encontra. Prende-a e lança, mas é tarde demais: o barco começa a balançar e está cada vez mais próximo da praia.

Ivan sobe e desce do convés à cabine interna, em busca de uma solução. Fico imóvel, protegendo os olhos com as mãos e observando a plataforma rochosa da praia se aproximar de tal forma que é possível saltar do barco para lá. Bastaria um pulo e eu estaria fora deste barco. Vamos naufragar. Talvez já tenhamos encalhado.

— Vou tentar acionar a capitania do porto — grita Ivan. — Talvez possam nos rebocar com *Mary J*.

Mas o rádio está que é só estática. Ninguém o ouve.

Ivan tenta fazer funcionarem as âncoras, mas estamos indefesos sob a pressão intensa do vento. Ele vai nos levar para onde quiser. E tudo o que podemos fazer é assistir.

Noto que uma multidão se juntou na praia. Proprietários de lojas na vizinhança e alunos de passagem resistem à chuva torrencial para assistir ao espetáculo. Devem estar se perguntando se vão ter a sorte de ganhar um brinquedo novo na praia: uma fortaleza que se possa escalar, chamada *Amazing Grace*. Não é assim que eu gostaria de vê-la. Que jeito triste de acabar, depois de tanto tempo e tanto dinheiro gastos em reparos, depois de tantas batalhas contra tempestades e relâmpagos, sem a ajuda de ventos ou motores. Moitessier viu seu barco, *Joshua*, naufragar quando foi atingido por um temporal em Cabo San Lucas. Ele o havia conduzido ao redor do mundo duas vezes, sem nenhum incidente maior. O continente é um lugar perigoso para barcos.

Um homem está nadando até nós: é um velho e experiente marujo, no comando do único outro barco a vela deste ancoradouro.

— Vou ajudar vocês — ele grita, fazendo sua voz se ouvir na ventania, com um forte sotaque francês. — Vou arrumar as cordas pra vocês.

Ele sobe em nosso bote e começa a desembaraçar as cordas de ancoragem. O atracadouro ao qual estamos amarrados deve ser uma torradeira no fundo do mar — totalmente insuficiente para segurar um barco pesado. O francês remove a corda do atracadouro menor e a leva para outro maior, mais distante da praia. Dá uma volta no ilhós e traz a corda de volta até nós.

— Puxe isso o mais apertado que puder — instrui.

Ivan trabalha agilmente, girando a manivela do guincho para esticar a corda e, ao fazer isso, nos arrasta para longe da praia.

O homem alcança nossa âncora da popa e a reajusta também. Depois, estende uma terceira corda, de *Amazing Grace* até um coqueiro, onde a amarra.

— Acho que isso deve segurar vocês — diz.

— Obrigado! — agradece Ivan, gritando para se fazer ouvir no vendaval.

— Tchau — o homem diz, antes de mergulhar e seguir nadando de volta a seu barco de alumínio, deixando-nos presos num triângulo de cordas.

Ivan se volta para mim, ensopado.

— Essa foi por *muito* pouco.

— Muito — digo.

— Esta é a primeira ventania vinda do oeste que vemos. Me pegou completamente desprevenido.

Olho para o horizonte, sentindo-me traída por mais um evento climático anômalo. Nesta época do ano, espera-se que os ventos venham do leste. As possíveis ancoragens são escolhidas em função da proteção que oferecem contra os ventos alísios do leste. Mas essas regras parecem não se aplicar a La Niña. Qualquer coisa pode acontecer.

~

Parece que os habitantes desta ilha podam seus jardins com cortadores de unha e lentes de aumento. As plantas parecem ter sido cortadas com o auxílio de réguas e esquadros e, depois, limpas com aspiradores de pó. Cada gramado parece um corte de cabelo militar.

— Olá — diz uma mulher sentada em uma lambreta, com uma criança entre ela e o guidão.

— Olá — respondo.

— Vocês são daquele barco a vela, não?

— Sim, somos tripulantes de *Amazing Grace*.

— Ah, adoro o nome do seu barco. Nós cantamos a música em nossa igreja. De onde vocês estão vindo?

— Da Califórnia — diz Ivan.

— Uau, vocês vieram de muito longe para visitar nossa ilha! Espero que gostem de Aitutaki.

— Obrigada, nós amamos isso aqui.

Ela acelera, acena um adeus e parte.

Todas as pessoas pelas quais passamos nos cumprimentam com o mesmo carinho. Todos, apesar de estranhos para nós, nos reconhecem. Jardineiros param o trabalho que estão fazendo para nos cumprimentar com acenos entusiasmados. Grupos de crianças sorriem e nos dirigem um "olá" tímido. Uma velha senhora nos aborda para avisar que podemos apanhar carambolas em sua casa quando quisermos. Até o bêbado da cidade é um camarada gentil que, entre um gole e outro numa garrafa envolta em papel, se interessa por saber de onde viemos. Eram verdadeiras as palavras do agente de imigração. Nós estamos realmente sendo recebidos e tratados como se fôssemos nativos.

Depois de algumas horas percorrendo a ilha a pé, meu braço esquerdo está dolorido de tanto acenar para cada um dos carros, motos, bicicletas e pedestres que passam por nós. Num café com internet, recebo um e-mail de meu pai dizendo que já reservou o voo para Tonga e disponibilizou dez dias de folga para passar conosco, velejando, dentro de seis semanas. Isso significa que, por mais que eu queira, não podemos ficar mais tempo por aqui, muito menos permanecer nas amigáveis ilhas Cook. Temos de consertar o barco e continuar nos movendo para oeste.

Conseguimos encontrar o mecânico da ilha, que vem até o barco e faz o motor voltar a funcionar. Todo o nosso diesel é substituído por combustível puro e limpo. O vazamento, localizado na junta de vedação da hélice, foi eliminado. Wendy, nosso piloto automático capaz de fazer o melhor uso possível do vento, tinha um parafuso entortado, que nosso mecânico recupera em sua oficina.

O barco está pronto para voltar ao mar, mas eu não.

Espremo limão sobre um pedaço de papaia e ataco o café da manhã. Todos os dias, nos aventuramos no mercado local em busca de papaias, beringelas, tomates e alface frescos. Aqui, nas ilhas Cook, temos comida fresca à vontade.

Sento-me no salão curtindo meu café da manhã, enquanto Ivan escreve em seu diário, concentrado e sério.

— O que você está escrevendo? — pergunto.

— Sobre o porquê deste ancoradouro ser tão bom — diz ele.

— Ah, é?

— Não tem navios de cruzeiro. Eles não conseguem entrar. É tudo nosso.

É verdade. A passagem é tão estreita e rasa que, em quase três semanas, vimos um único outro barco aqui: o do francês, que partiu semanas atrás.

Acabo de ter esse pensamento quando ouço: MOHHHHHHHH. É uma buzina com som de trombeta de um navio que se aproxima.

Ivan levanta a cabeça.

— O que foi esse barulho?

— Soou como...

— Soou, não soou?

Olho pela vigia do barco.

— Inacreditável!

Acaba de chegar aqui um típico hotel de Las Vegas, flutuante e com várias torres. O navio ancorou a dois quilômetros e faz o desembarque das tropas, pela passagem, em táxis aquáticos alaranjados.

Ivan e eu nos entreolhamos, paralisados.

Os passageiros do cruzeiro desembarcam na praia bem ao lado de nosso barco. É costume acenar para as embarcações que passam. Habituados a fazê-lo, acenamos para os turistas, mas ninguém nos nota. Todos estão siderados diante de dançarinas de hula-hula e homens esbeltos vestindo tangas feitas de folha de coqueiro, dedilhando guitarras havaianas. Hoje, parece que os nativos estão desfilando saias de grama e sutiãs de coco, uma mudança drástica no figurino de bermudões e camisetas que normalmente vestem.

Uma verdadeira barricada de cordas foi montada no topo da rampa de desembarque, onde os táxis deixam os passageiros. Trata-se de uma espécie de curral, cuja função é direcionar a multidão a um galpão que, hoje, funciona como feira de artesanato. Pochetes se abrem e fecham, caixas registradoras soam e moedas tilintam. Depois, a multidão é conduzida a outra extremidade do espaço, já usando joias de conchas, camisetas de Aitutaki e cangas.

Quando a multidão de novos visitantes diminui, deixamos o barco para comprar nossas provisões diárias. Estamos tão próximos de terra que podemos entrar no bote e tomar impulso em *Amazing Grace*, chegando à praia sem a ajuda de remos ou do motor.

Seguimos até a rampa de desembarque, mas um morador que está trabalhando como segurança nos detém com a mão espalmada na altura de nosso rosto.

— Parem — diz ele. — Apenas passageiros do cruzeiro.

Tenho certeza de que esse mesmo homem acenou ontem em nossa direção, amistosa e entusiasticamente.

Olho em volta, procurando uma rota alternativa. O curral está bloqueando toda a rampa. E é o único caminho à disposição. Ao menos para uma pessoa sensata.

— Mas...

— Não — diz ele, deixando claro que não há negociação. Estamos sendo solenemente evitados por nossos "conterrâneos" aitutakianos.

Numa atitude de desafio, procuramos uma nova rota para a praia. Afinal de contas, conquistamos o direito de estar aqui. Pagamos taxas. E nos sentamos na rocha, oras bolas!

Galgamos o aterro lamacento ao lado da rampa de desembarque, passando ao lado das cordas que bloqueiam o local e onde o segurança está. Ele parece irritado, mas, como não estamos em sua jurisdição, está impotente. Podem ter trancado a porta da frente, mas não conseguirão nos impedir de pular a cerca dos fundos e nos espremer pela portinhola do cachorro.

Há uma vibração diferente na ilha hoje. Está agitada pelo comércio, e os moradores aproveitam a oportunidade mensal de fazer algum dinheiro. O turismo é uma grande fonte de renda para muitas ilhas do Pacífico, por isso eles têm de aproveitar ao máximo a chegada dos cruzeiros.

Não se vê agora o movimento normal: crianças jogando futebol, um pescador relaxando na doca, famílias se refrescando na água, pessoas acenando nas motos. Não se vê também o amistoso bêbado. Não fossem os artistas fantasiados e os varejistas, seria uma sinistra cidade fantasma. É por essa cidade que os passageiros do cruzeiro vagueiam, tirando fotos.

―

Armada com uma furadeira, tento consertar o vazamento no teto de uma vez por todas. Espero — caso eu consiga remover os parafusos ao redor do mastro, calafetar os buracos com um selador à prova d'água, enrolar os parafusos com fita de vedação e depois reapertá-los — que o vazamento pare. Mas na verdade estou só procurando um pretexto para atrasar nossa partida.

Ivan senta a meu lado, me passando as coisas de que preciso à medida que as peço. Ele é uma verdadeira catástrofe com uma furadeira na mão, mas é um ótimo assistente, e humilde o suficiente para me delegar essas tarefas.

Tiro os olhos do que estou fazendo para observar as longas filas de passageiros do cruzeiro esperando pelos táxis que os levarão de volta ao hotel flutuante. Observo que, antes de pisarem a bordo, cada um tem de espalmar as mãos para um borrifo de antisséptico.

— Pra que isso? — pergunta Ivan.

Encolho os ombros.

— Fobia de germes?

Eles entram nos táxis com sacolas cheias de souvenirs e voltam para o navio, que sinaliza a partida iminente com um MOHHHHHHHHHHHHHHH ensurdecedor.

Abaixo a furadeira, me movo na direção de Ivan e lhe dou um abraço, aninhando a cabeça em seu pescoço.

— Eu te amo — digo-lhe. — Obrigada.

— Por quê? — ele pergunta.

— Por me mostrar as ilhas desse jeito, a bordo de *Gracie*.

Ele sorri.

— Obrigado por vir.

— Estou pronta para voltar ao mar agora.

20

Quando começo a vomitar, os coqueiros de Aitutaki ainda estão ao alcance da vista, começando a se tingir de dourado sob a luz do fim do dia. As pequenas ondas do oceano incidem sobre o barco num ângulo que meu estômago não aprova. Tento ignorar meu corpo, numa atitude de desafio. *Já não superamos isso?*

Amanhece, e meu abdômen dolorido ainda expele fluidos. *São só mais quatro dias*, digo a mim mesma, rastejando até a cama depois de engolir dois comprimidos para enjoo. Gosto do efeito colateral, a sonolência que se infiltra pelo corpo como mel quente.

Caio sobre o travesseiro, pronta para me dissolver num estado de inexistência. À medida que a substância percorre meu corpo, sinto-me inundada de serenidade. A cama despenca de uma enorme altura, e camadas de nuvens de marshmallow amortecem minha queda. Rendo-me ao ritmo do barco e me faço líquida com o oceano. Pouco antes de adormecer, vejo Ivan na cabine com seu mate, anotando pensamentos no diário, com um discreto ar de felicidade nos lábios. Somos dois universos distintos em pleno mar aberto.

— Baby? — Ivan me chacoalha com força e acordo alarmada. Emergindo de um sono profundo, demoro a entender onde estamos. Ouço o barulho do oceano lambendo o casco, o delicado ruído do cordame. *Estamos no mar.* Sento-me abruptamente, e meu coração começa a bater forte.

— O que aconteceu? Tem alguma coisa errada? O porão!

— Não, está tudo bem. Eu não queria te assustar.
— Você checou o porão?
— Está seco. O vazamento está arrumado.
— Onde estamos?
— Chegando em Tonga.

Esfrego os olhos.

— Sério?
— Você dormiu a maior parte do caminho — diz ele. — Eu estava preocupado.

Graças ao remédio para enjoo, nossa viagem de cinco dias se condensou numa melodia de vagas, mas agradáveis lembranças.

Ao nos aproximarmos de terra, o mar se acalma, e sento no convés com Ivan. Tonga não se parece com nenhum outro lugar que vimos até agora. É uma aglomeração de pequenos montes rochosos, cobertos por vegetação e recortados por canais que os separam. Algumas ilhas são pequenas corcovas; outras, porções de terra habitáveis. Deslizamos pelo labirinto de ilhas que leva à cidade principal e chegamos à amplidão espelhada da baía de Vava'u. O lugar é marcado pela presença de toda uma população de ciganos do mar, que abandonaram a vida convencional para velejar o Pacífico Sul, como nós. Nunca vimos tantos barcos num só lugar desde que deixamos Los Angeles.

Apanho a corda do ancoradouro e a amarro na proa. Sou tomada de um sentimento de alívio quando meu estômago finalmente se restabelece. *Estamos aqui. Conseguimos.*

～

— Foi quando — digo, fazendo uma pausa para criar um clima — abri a tampa do porão e descobri que nosso barco ainda estava fazendo água!

Conto com um público de duas pessoas, com as quais recordo nossa terrível viagem entre Raiatea e Aitutaki. Conhecemos um casal, Debbie e Jim, que vieram de bote até nós para um bate-papo entre marujos. Essa prática, na maioria das vezes, envolve a comparação de histórias de aterrorizar, uma pior que a outra, que as pessoas adoram exibir como se fossem pênis metafóricos. Eles formam uma dupla de boêmios desgastados, com o rosto vincado por linhas de expressão que lhes dão uma aparência de estar sempre vigiando o horizonte. Velejam há muitos anos. Debbie é quem mais fala, enquanto Jim faz gestos, acrescentando um "é" eventual ao que a mulher diz.

— Nossa, isso deve ter sido difícil — diz Debbie, com seu sotaque canadense inexpressivo. — Mas, pra falar a verdade, conosco foi pior. Nós tivemos um acidente no ano passado.

Meu pênis se recolhe num amontoado de pele flácida.

— Espera um pouco, vocês tiveram um acidente?

— Sim, tivemos. Atingimos a ilha de Niue. Não conseguimos vê-la no meio da noite, né? — Debbie pisca com ar de indiferença.

— É — diz Jim, confirmando que eles de fato atingiram uma rocha duas vezes maior que San Francisco, como se ela fosse um carro estacionado... um enorme carro estacionado, na verdade.

— Então, imagino que o barco tenha naufragado? — pergunto, fascinada.

— Ah, não. O barco não naufragou. Só foi pra cima da ilha e acabou preso numa barreira de coral, no meio da noite. Nem vimos a coisa se aproximando. Só avançamos direto pra cima da pedra, né?

— É — diz Jim.

— Como vocês só... foram direto pra cima dela? — pergunto.

— Ah, acontece que nosso GPS estava enguiçado. Achamos que estávamos a dois quilômetros de distância e, quando vimos, estávamos batendo do lado leste, né?

— Meu Deus do céu — murmuro.

Ivan meneia a cabeça. Jim apenas assente e comenta:

— É.

— Ãrrã, pois é. Nos arranhamos bastante nos corais antes de conseguir chegar no alto do penhasco — diz Debbie.

— Espera. Vocês escalaram um penhasco? — Os detalhes da história estão ficando cada vez melhores. Meu pênis arriou por completo e está fora da competição.

— Ah, é. As rochas eram terrivelmente afiadas, como lâminas, né? E a gente não conseguia ver nada também, porque era no meio da noite. A gente não tinha ideia de onde estava; pensamos que podia ser uma ilha deserta ou uma rocha não mapeada.

— Então vocês escalaram o penhasco durante a noite?

— Ah, é, foi bem complicado. Nos cortamos inteiros, né? Tivemos que abrir uma picada na floresta e ficamos nisso algumas horas. Achei que nunca íamos sair dali. Depois chegamos a uma estrada e ficou tudo bem. Os nativos foram muito gentis, né?

— Então vocês conseguiram salvar o barco? — Aponto para o pequeno veleiro deles, que parece já ter vivido uns bons anos e atravessado um ou dois naufrágios.

— Não, não. Nosso primeiro barco ficou preso nas rochas. Pegamos o que conseguimos, que não foi muito, e o abandonamos de vez. Precisávamos comprar outro barco, então fomos à Nova Zelândia e compramos este aí bem barato, né? Acabamos de chegar da Nova Zelândia, e aqui estamos.

— Então, deixa eu entender direito — digo. — Vocês pretendem... continuar velejando?

Ela inclina a cabeça, com uma expressão que sugere um "por que não?".

— Sim, claro.

Ivan e eu ficamos ali, atônitos. Isso é que é subir de novo no cavalo. A julgar por esses velhos marujos, para ser um verdadeiro nômade dos mares você precisa ter aquele tipo de coragem que beira a insanidade.

Esse não foi o único acidente do qual ouvimos falar. E, até muito recentemente, sempre acreditei que nossos ferimentos e avarias eram frutos de nossa inexperiência e da natureza desajeitada de Ivan, mas, ao que parece, todos cometem terríveis erros de julgamento uma hora ou outra. Eles acompanham esse estilo de vida. Batalhar para permanecer ileso e flutuando é só uma parte da rotina diária de cada marinheiro.

~

Não consigo parar de balançar os joelhos no táxi para o aeroporto. Há meses, tenho antecipado mentalmente a chegada de meu pai, eufórica com a simples ideia de lhe mostrar meu novo mundo. A euforia virou ansiedade, a ansiedade virou nervosismo, e estou inquieta no banco de trás, olhando pela janela a paisagem em movimento. Por que estou tão nervosa?

Enquanto árvores e postes passam, me vem à memória um episódio envolvendo meu pai.

Ele empurra meu caiaque da areia para o mar, e a embarcação desliza na água, que parece uma sopa de algas. Levanto o remo acima da cabeça e o faço descer como uma concha, pegando a água à esquerda, depois à direita, dirigindo o caiaque para a arrebentação, onde garotos de vinte e poucos anos flutuam em suas pranchas, esperando a onda perfeita.

Eu tinha dez anos de idade. Minhas quatro irmãs mais velhas descansavam sobre toalhas, com a cara enfiada no livro, a pele brilhando em corpos cheios de curvas que eu ainda não possuía. Minha irmã mais nova brincava sozinha na beira da praia, pegando conchas e desenhando na areia. Sendo a única com jeito de moleque entre seis meninas, eu era a candidata ideal à vaga de "filho", ainda não preenchida. Entre mim e meu pai se estabelece uma perfeita simbiose: pai precisa de filho, quinta filha precisa de atenção.

Eu estava petrificada na água, mas tratei de controlar o nervosismo e assumir uma máscara de corajosa. Era hora de superar meu medo e deixar meu pai orgulhoso. Nasci com seus olhos azuis e suas mãos e pés enormes como pás. Ele me chamava de Patinha. E eu sentia uma certa obrigação de fazer jus a esse apelido, mesmo não gostando do mar como ele. Tendo crescido como um surfista californiano, meu pai nunca perdeu a paixão pelo mar.

Era minha chance de brilhar.

Segui em direção ao recife e posicionei o caiaque perpendicularmente à onda, olhando para trás para sair no momento certo. Meu pai me instruíra passo a passo; eu sabia o que fazer.

A onda vinha se aproximando, e saí remando a sua frente. Ela me alcançou e eu a peguei. Por um momento, esqueci meus medos e experimentei a euforia de deslizar sobre a superfície da água, como um verdadeiro pato.

Olhei para meu pai na praia. Ele estava muito longe para que eu pudesse ouvi-lo, por isso só podia imaginar como estava reagindo. "Uau!", ele dizia sempre que estava impressionado. Sendo um homem de poucas palavras — apesar de escritor —, essa única interjeição me aprovava e tinha o poder de encher meu coração por meses.

Distraída com a figura de meu pai na praia, fui pega pela próxima onda. A crista espumante me fez rolar do caiaque, metendo os pés pelas mãos, e fui atropelada pela força da água, que me entornou naquela sopa de algas marinhas e sal. A espuma me entrou pelo nariz, queimando as cavidades nasais, e entrei em desespero por falta de ar. O caos se dissipou e, ofegante, voltei à superfície. Fiquei batendo os pés histericamente sobre o recife, chutando e imaginando que as muitas formas de vida marinha sob mim aguardavam a hora de me devorar. Da respiração ofegante ao choro, foi um passo.

Olhei para a costa e vi meu pai, que assistia a tudo da praia.

Ele gesticulou um sinal de positivo em minha direção. Recebi aquilo como um estímulo e entendi que não era hora de desistir.

Recuperei o caiaque, puxando a corda atada a minha perna, e subi nele outra vez. Com os olhos lacrimejantes e a visão embaçada, rumei na direção da região em que as ondas se formam, procurando a onda certa. Saí remando de novo, mas agora sem nenhuma euforia, sentindo apenas medo. Peguei outra onda, mas perdi o controle e tomei outro caldo.

Fiquei um tempo sem conseguir distinguir o que estava em cima e o que estava embaixo. Meus pés encontraram por um momento o recife, mas outra onda me arrastou sobre as pedras afiadas, que me cortaram a pele. Por fim, localizando algumas formações de coral, me agarrei nelas e subi à superfície, no momento exato em que a ponta do caiaque chegava para me saudar. Arrastado em minha direção pela corda que o prendia a meu tornozelo, o caiaque vermelho escorregou na água e veio direto até minha testa, com a determinação de um golpe premeditado e bem executado.

Eu estava inteiramente derrotada. Remei de volta à praia de cabeça baixa, tentando esconder as lágrimas quentes que pingavam na areia. Duas ondas, dois caldos. O suficiente para que eu jogasse a toalha, como uma fracote. Eu nem gostava de andar de caiaque, só queria que meu pai me achasse corajosa.

Levei o caiaque até a praia e o arrastei na areia, puxando-o pela corda.

— Desistiu? — meu pai perguntou, com as mãos espalmadas, sem acreditar.

— Sim — respondi, limpando o nariz que escorria.

— Ahh... Je-sus! — ele disse.

Da próxima vez, eu disse a mim mesma, *você precisa se esforçar mais. Precisa deixar seu pai orgulhoso.*

Mas não tive outra chance de me pôr à prova, porque no verão seguinte eu já era uma adolescente, velha demais para andar com meu pai a tiracolo.

~

Nosso táxi chega ao aeroporto de Vava'u no momento em que um pequeno avião está aterrissando. A porta do aeroporto se abre e meu pai sai por ela, com a pele branca de quem acaba de deixar o absurdamente gélido inverno de Melbourne.

Abraço-o, sentindo seu cheiro familiar, um misto de roupas limpas, um maço de cigarros por dia e chiclete de menta. Quando se trata de beber, fumar e se expor ao sol, meu pai faz tudo segundo a velha escola, antes que os médicos e os cientistas estragassem a diversão com suas pesquisas. A ideia de autopreservação é secundária em minha formação, desde criança. Meus pais vivem segundo o mantra "Mais do que viver muito, importa viver bem". Tentei me lembrar disso mais de uma vez em alto-mar.

Meu pai aperta a mão de Ivan e lhe dá um abraço de homem.

Pegamos um táxi até a doca e saltamos para *Little Gracie II*. Entro no bote com uma autoconfiança aprendida, pisando diretamente no centro, com os braços devidamente posicionados para que tenha equilíbrio, enfrentando o deslocamento de água como se estivesse numa prancha de surf. Pode ser até que eu esteja querendo aparecer.

Ivan aciona o motor, e o bote nos leva ao barco ancorado.

Tenho consciência de que estou apresentando a meu pai alguém que ele nunca conheceu: *eu mesma*, nesta minha nova vida de maruja. Já não sou a garota de quem ele se despediu com um abraço quando parti para San Francisco, por conta própria, quase três anos atrás.

— Bom, esta é a *Gracie* — digo quando subimos a bordo.

Olho para o barco novamente. O casco está preto de fuligem de diesel, pois fomos obrigados a manter o motor ligado durante os muitos dias sem vento. Cracas marinhas se agarram ao casco, à altura da linha d'água, transportadas até ali como passageiros clandestinos vindos de um lugar distante. As faixas de madeira decorativas perderam a última lasca de verniz quilômetros atrás. A madeira desprotegida, castigada pelo sal e pelo sol, agora está cinzenta. A inscrição do nome do barco está descascando nas bordas. Qualquer dia desses, a brisa vai levar mais letras, e o barco será rebatizado de *mazi ace* ou *mag race*.

Começo o tour por nossa casa, me movendo com rapidez no interior do barco. Meu pai se mantém atrás de mim, se mexendo com precaução, agarrando corrimãos que eu já tinha esquecido que estavam ali.

— *Le grand salon* — apresento, girando a mão no ar cerimoniosamente. — Cozinha, comandos de navegação, nosso quarto. Você vai dormir aqui — digo, apontando o sofá rachado de vinil laranja.

O tour inteiro acontece no cômodo que resume nosso espaço total de convivência. O único espaço que requer que uma porta seja aberta é o principal.

— Banheiro, vaso e chuveiro aqui — digo. — Banho, só de água gelada.

— Beleza! — diz meu pai, e garanto que ele está sinceramente entusiasmado.

Eu sabia que ele ia gostar. Herdei dele o gosto por tudo que é envelhecido e rústico. Meu pai construiu um escritório hexagonal no quintal da nossa casa, de telhas de pinho e cedro e sem uma única pincelada de tinta recobrindo os nós da madeira bruta. A natureza ama aquele lugar. Aranhas enormes, a hera rastejante e pássaros fazendo ninhos estão constantemente tentando entrar e tomar conta do lugar. Toda sua carreira profissional se desenvolveu a partir daquele escritório, que ele mesmo construiu de cima a baixo, até a última janela, feita de um vitral multicolorido que filtra a luz para o interior, conferindo ao lugar uma iluminação especial. O interior está cheio de objetos de cena de filmes, os mais variados, todos cobertos de teias de aranha.

Baforando fumaça de cigarros por uma janela sempre aberta, ele passou a vida inteira naquele bangalô, escrevendo seus roteiros, intercalando fases de vacas magras e safras boas (como acontece com muitos escritores), mas sempre fértil e prolífico, o que nos manteve a salvo de apertos financeiros sérios.

Apesar de seu êxito como escritor, é o homem mais humilde que conheço, preferindo sempre pés descalços, jeans gastos e camisetas a sapatos, calças sociais e camisas bem passadas. Por isso, nosso barco modesto faz bem seu estilo.

Meu pai trouxe duas bagagens: uma mochila grande e uma pequena, dessas que se usam em viagens de um dia.

— Isso é para vocês — diz ele, levantando a grande em nossa direção. Abro-a e encontro presentes enviados por minha mãe. Roupas, sapatos, DVDs, Vegemite e capas de lona para recobrir o vinil gasto da nossa mobília interior. Mandei-lhe as medidas dos móveis antes de os problemas começarem, e ela encomendou capas de um tecido à prova d'água razoavelmente caro. Coloco a capa em nosso sofá, e é como se *Gracie* tivesse feito uma plástica. O interior do barco se banha agora de uma luz verde-menta, mais aconchegante e moderna que aquele alaranjado descolorido e retrô.

Na mala, encontro também um pequeno maço de cartas escritas à mão. Entre elas, estão mensagens escritas por dois de meus sobrinhos. A letra caprichada e a complexidade da linguagem são muito diferentes do que eles conseguiam fazer quando parti, há três anos. Leio suas divertidas cartas com lágrimas nos olhos. Uma delas contém um poema sobre dois marujos e o mar, escrito por meu sobrinho, que estava prestes a fazer cinco anos quando parti. Agora, com sete anos e meio, Zephyr é um observador arguto e sarcástico como ninguém. Sem nenhuma razão aparente, o poema termina no meio do verso. Eu viro a folha, procurando o resto, mas não há mais nenhuma palavra. Fico em estado de suspense.

— Cerveja gelada, Everett? — pergunta Ivan, não perdendo tempo para oferecer a meu pai nosso mais fino artigo de luxo, apesar de ser só dez horas da manhã.

— Claro — diz ele.

Meu pai se integra ao barco como se também fosse feito de tecido verde-menta. Eu havia previsto que o pequeno e abafado veleiro ficaria lotado com três pessoas, mas, de alguma forma, nós mal o notamos até que ele limpe a garganta ou vire a página de seu livro. Só então me lembro: *Ah, verdade, meu pai está aqui!* A coisa dá certo porque somos três personalidades introvertidas, cada um em seu mundinho, capazes de conviver em confortável silêncio.

Levamos o barco a um ancoradouro resguardado e que tem tudo que um paraíso tropical pode oferecer. Nadamos, conversamos, comemos boa comida e bebemos cerveja Steinlager. Mudamos para outro ancoradouro e repetimos o ritual.

Meu pai e eu passamos muito tempo sentados na parte dianteira do convés, falando de coisas que aconteceram durante o tempo em que estou fora de casa. Acabamos caindo no assunto "velejar", de que ambos gostamos, e de repente me surpreendo discorrendo fluentemente sobre o tema.

— Ah, claro, eu amo o design da marca Hallberg-Rassy. Adoraria um barco com uma cabine central, um toldo Bimini, velas de enrolar e um molinete elétrico... — Aprendi bastante em um ano e meio.

O relevo de Tonga forma um labirinto único de ilhas e enseadas, onde é possível navegar sem que se tenha de ir para mar aberto. O vento aqui é calmo, propiciando as condições ideais para um tipo de navegação em que o barco — acionado o piloto automático — pode ser seu próprio capitão, enquanto a tripulação desfruta da condição de passageiro. O único perigo no interior dessas amplas enseadas são outros barcos a vela, também tripulados por pessoas que preferem beber cerveja e aproveitar o passeio. A viagem em si é o que importa em lugares como este.

Na rota para uma das enseadas mais isoladas de Tonga, nós três fitamos a vastidão azul a nossa frente. Sento na proa, procurando atentamente quaisquer ondulações na superfície. Baleias jubarte migram para se acasalar e dar à luz nas águas mornas de Vava'u, nesta época do ano. E estou ansiosa para mostrar uma a meu pai.

O oceano tem sido nosso mundo há quase dois anos. E os animais se tornaram nossas almas gêmeas — os pássaros de alto-mar, os golfinhos, as baleias-piloto. Essas criaturas são presentes oferecidos pelo mar, e cada visita que recebemos parece pessoal, como se o bicho tivesse se afastado de seu caminho para vir até nós e nos saudar por enfrentar o oceano.

Com o canto dos olhos, avisto um jato d'água longe, à direita. Fixo o olhar naquela direção, mas só vejo o mar, plano.

Segundos se passam e logo uma forma negra aparece, expelindo para cima outro jato d'água.

— Baleia!

Ivan se dirige agilmente à cabine e conduz *Amazing Grace* a poucos metros do animal. Desliga o motor barulhento e ficamos à deriva, em silêncio absoluto.

Com a respiração ofegante, esperamos pela reaparição. Os anéis onde a baleia irrompeu à superfície se dissiparam, e a água é outra vez um reflexo vazio do céu azul.

Coço a cabeça.

— Talvez devêssemos virar e...

Antes que eu termine a frase, uma enorme cauda negra rompe a superfície espelhada e me calo. Ela bate na água repetidamente, como numa dança, que bem pode ser um cumprimento.

De soslaio, olho para meu pai e para a baleia. *Está vendo, pai? Veja a nossa baleia! Olha só o que conquistamos.*

— Uau! — diz ele, e essa única palavra enche meu coração por meses.

A baleia se aproxima, chegando a trinta metros de *Gracie*, e continua a se exibir só para nós. Não há nenhum grupo turístico aqui, nenhum tumulto, nenhum barulho de motor. Apenas nós, o som da água, nosso gigantesco animal selvagem e nossa respiração acelerada.

É por isso que estamos aqui. A dança espetacular da baleia é nossa recompensa por batalhar contra o medo, a náusea, o vento, as ondas, os vazamentos no barco e as falhas no motor. Valeu a pena.

A baleia mantém sua dança por longos quarenta minutos.

— Uau! — diz meu pai, de novo e de novo, e meu coração acumula energia e estímulo para uma vida inteira.

Chegou a hora da partida de meu pai, e estou tentando ignorar a sensação de nó na garganta. Ver baleias irrompendo na água não vai ser a mesma coisa sem ele. Ivan o leva até a praia no bote, e nos despedimos na doca.

— Vejo vocês em alguns meses, no Natal? — pergunta meu pai.

Eu aceno positivamente.

— Faça uma boa viagem, Patinha — diz ele, carregando suas coisas para dentro de um táxi a caminho do aeroporto, onde tomará um voo no início da manhã.

De volta ao barco, Ivan retorna à cama e adormece. Ouço o avião de meu pai passar acima de nossa cabeça. Penso nele lá em cima, acelerando de volta à Austrália. Sem ondas, sem relâmpagos, sem barcos fazendo água — apenas sete horas espremido numa poltrona, comida sem graça, filmes ruins e a família esperando para recebê-lo do outro lado. Como é fácil chegar em casa.

Um pensamento se acende em minha cabeça: *Eu também posso entrar em um avião.*

Tento esmagá-lo e enfiá-lo de volta ao armário superlotado de minha mente, mas, em vez disso, todas as minhas apreensões começam a jorrar: a falta de conexão, o barco se deteriorando, a roleta-russa que é cada saída para o mar e o medo constante da força das condições climáticas.

As tempestades de raio vistas da janela de meu quarto costumavam me animar, mas no barco tempestades não são tão entusiasmantes. Sem abrigo, a força das intempéries é onipresente, podendo tanto nos impulsionar com uma alegre brisa quanto nos aniquilar sem aviso prévio.

O desafio seria suportável se se tratasse de uma aventura temporária, da qual eu voltaria para casa, mas Ivan quer viver assim indefinidamente. Para ele, isso não é uma aventura. É um estilo de vida permanente.

Tenho uma necessidade repentina de acordá-lo e perguntar: *Você quer mesmo deixar a civilização para sempre? Se não sobrar ninguém a quem contar histórias, qual será o objetivo disso tudo?*

Mas não o acordo. Não quero sua resposta. Além do mais, se eu confrontá-lo, posso ter de fazer uma escolha difícil, e não posso partir agora. Acabamos de gastar muito dinheiro em melhorias no barco, comprando uma geladeira e um gerador eólico. E as capas verde-menta, lindas, que minha mãe acaba de nos dar? Nosso barco está tão bonito agora... Pensar nas capas verde-menta de minha mãe faz as lágrimas aparecerem. Não quero despertar Ivan, por isso choro em silêncio.

Falta cruzarmos um terço do Pacífico até chegarmos à Austrália; mais alguns meses e estaremos em casa, reunidos com a família. Teremos um vaso sanitário com descarga, uma cama grande, boas roupas e energia elétrica suficiente para ligar o notebook mais de uma vez ao dia. Teremos e-mails, vegetais e drinques com os amigos. Tudo vai ficar bem.

Tamata. Preciso tentar.

21

— Isso não me parece bom — diz Ivan, observando o mapa meteorológico. Temos acompanhado a previsão do tempo nos últimos sete dias, desde que meu pai partiu, e ainda não encontramos uma janela de oportunidade para iniciar a travessia de cinco dias até Fiji. O mapa me parece uma massa confusa de rabiscos indicando isóbaras, sistemas de pressão, frentes frias, altos e baixos. Não sou meteorologista, mas não é necessário ser um especialista para ver que o clima está bastante confuso.

Clima ruim é bom: significa que não teremos de voltar ao mar ainda, e posso viver mais um dia sem botar meu almoço para fora. Relaxo na cadeira do café com internet, olhando na direção dos barcos ancorados.

— Podíamos partir de qualquer forma — sugere Ivan. — Vamos ter de sair em breve. *Gracie* consegue enfrentar esse tempo. Ela consegue enfrentar qualquer coisa.

Claro, mas e a sua outra garota?, penso.

— Você realmente quer seguir com tempo ruim?

Ele dá de ombros.

— Não podemos esperar que o tempo esteja sempre perfeito.

— Eu sei — digo, ferida por seu tom paternalista. — Mas será que não podemos esperar mais uma semana pra ver se melhora?

Ele cruza os braços sobre o peito.

— Nós estamos em Tonga há décadas. Temos que continuar progredindo. Não podemos ficar enrolando por causa de um tempinho ruim.

— Eu sei, mas não podemos esperar um pouco para ver se o tempo melhora?

— Tá bom — diz ele, soltando um suspiro irritado.

Depois de dias esperando a previsão de melhora do tempo, Ivan decide se inscrever num curso de mergulho profissional. Resolvo permanecer a bordo, escrevendo e enviando e-mails.

Depois de algumas horas, meu notebook fica sem bateria e, como o dia está nublado, não há energia solar suficiente para carregá-la. Encontro nosso segundo notebook, que Ivan usa para mapeamento e navegação.

Abro-o e dou de cara com um mapa. Estranho — são massas continentais com nomes que não reconheço. O mapa exibe pontos marcados por Ivan que compõem uma rota que exclui a Austrália. Meus olhos se concentram nos contornos do mapa e meu coração dispara.

Kupang, Indonésia?

A Indonésia fica ao norte da Austrália, e certamente não se trata de um desvio rápido. Ivan me disse que costuma ser o próximo destino depois do Pacífico para marinheiros que estão tentando fazer uma circum-navegação.

Sou invadida por uma vertigem ao perceber que tudo o que eu temia é verdade.

Ele não está planejando retornar a terra.

Fecho o computador num movimento brusco, esperando deixar de lado o que acabo de ver, mas não posso ignorar uma voz que ecoa em minha cabeça: *Se for preciso escolher entre sua vida e uma mulher, a escolha deve ser sua própria vida, não é?* Ivan citou essas palavras na primeira vez em que me levou para ver *Amazing Grace*. Foram ditas por sua maior inspiração, Moitessier, um homem que fez uma circum-navegação pelo globo e, no fim, trocou o amor pela liberdade que encontrou no mar.

Devolvo o notebook à estante e rastejo até a cama, enquanto um quebrador de gelo fura a gema macia de meu olho esquerdo. Pensamentos se retorcem em minha cabeça até se enrolarem uns nos outros, formando um enorme e exaustivo emaranhado.

Ivan quer velejar para sempre. O oceano é seu asilo. E eu sou apenas uma tola, apaixonada por um homem apaixonado pelo mar.

Permaneço na cama, dormindo por dias seguidos. Quando Ivan completa seu curso de mergulho, velejamos para um ancoradouro isolado.

Fito a água, transparente até o fundo. Talvez um mergulho lave minha mágoa. Quero que a tristeza descasque feito lama seca e deixe meu coração brilhando de tão limpo. Quero emergir linda e brilhante, atraente o suficiente para que ele, ao mar ou à sua embarcação, prefira a mim.

Mergulho do barco e deslizo no líquido frio e salgado. Encontrei forças durante esta viagem, em minha vasta capacidade de resistência. Mas a que exatamente estou resistindo?

Com batidas lânguidas de pernas e braços, nado fundo, contornando a quilha e emergindo do outro lado do barco.

Ivan mergulha com a câmera em volta do pescoço, aninhada no estojo à prova d'água. Diz que quer tirar fotos minhas enquanto nado.

— Você está parecendo uma sereia.

Na superfície, ele se atrapalha com os botões da câmera.

— Não está ligando — diz.

Nado até ele para ver o que acontece. Há água dentro do estojo de proteção. A alça ficou presa no fecho e a água inundou o estojo. A câmera se afogou. O instrumento de registro de nossas viagens, capaz de captar este universo alternativo, se perdeu.

— Morreu — digo. Subo a escada de volta ao barco.

— Ah, merda — diz Ivan. — Podemos comprar outra câmera na próxima ilha.

— Não se preocupe. Esqueça — digo desanimada.

Ivan sai da água, sem entender meu humor, esperando que eu diga algo. *Tente, Torre, tente!*, grito interiormente. *Você não acha que pode funcionar? Não acredita que ele vá te escolher, em vez de* Gracie?

Estamos juntos há dois anos, num companheirismo constante e ininterrupto. Em "tempo de terra", isso dá cerca de dez anos. O resto da minha vida com Ivan está fadado a ser um ménage à trois com sua verdadeira cara-metade: *Amazing Grace*. Nada de terra firme. Nada de Austrália. Nada de amizades duradouras. Nenhum final à vista, porque Ivan tem verdadeiro pavor de voltar para terra.

333

De repente, minha boca começa a falar e não consigo parar.

— Eu acho que eu vou... Quer dizer, me desculpe, mas eu acho...

Desvio o olhar e contenho o ferrão que me fere os olhos. *Não, não diga. Você não acredita nisso. Continue tentando. Ele é o amor da sua vida. Você precisa ficar para mantê-lo seguro. Fazer curativos nos machucados dele. Ver o mundo com ele. Continuar colecionando histórias para contar a seus netos. Velejar na direção do pôr do sol até que nossos cabelos fiquem grisalhos. Assim como Steve e Carol.*

— Eu vou... para casa agora, Ivan.

O silêncio dele perfura o espaço sob as minhas costelas, e combato a necessidade de me dobrar de tanta dor.

Observo as contorções de seu rosto, percorrendo toda uma gama de expressões, começando pela raiva, passando pela esperança, depois pelo desespero e, finalmente, chegando à completa desesperança.

Por muito tempo não há palavras. O silêncio dele paira, e um sentimento de decepção me domina inteiramente. Tudo que consigo pensar é: *Falhei com ele.* As lágrimas brotam e um profundo sentimento de culpa abre um oco dentro de mim. Tento preencher o vazio com palavras.

— Eu sinto muito, mas não consigo mais. Já não gosto disso como antes. Eu tentei tanto e por tanto tempo e... Por favor, não me odeie por isso. Me desculpa. O mar é lindo, mas não é o que eu quero para o resto da vida. Ivan... — Dirijo-me ao fundo de seus olhos. — *Por favor,* diga que está tudo bem se eu voar para casa. *Por favor,* me diga que não está com raiva. Eu não quero te perder. Estou tão apaixonada por você. Eu venho tentando, muito, mas não posso continuar assim para sempre.

— Como você quiser — ele diz em um tom exausto. — Só fico muito triste por não ter conseguido fazer você se sentir feliz aqui. Me perdoe.

— Você não tem culpa. Por favor, não me peça perdão.

Mas é inútil dizer o que quer que seja. Posso ver nos olhos dele que seu coração se partiu.

Parte 4
TERRA

*Um remédio infalível
contra enjoo marítimo
é se sentar sob
uma árvore.*

— SPIKE MILLIGAN

22

Assimilo aos poucos o que me entra pelos olhos: o matagal seco, os eucaliptos sedentos, as florestas enegrecidas pelas queimadas, os animais no acostamento, parecendo estátuas infladas de cera. Tudo compondo uma mostra australiana da morte na Newell Highway. Aqui é possível medir a distância em atropelamentos. A cada dez quilômetros, mais ou menos, vê-se o cadáver de um animal. Neste momento de minha viagem solo de carro, estou aproximadamente dois vombates, uma ema, uma equidna e uns noventa e dois cangurus mortos ao norte de Melbourne.

Ah, espera... noventa e três cangurus.

Eu poderia desafiar um motorista de caminhão — ligado de tanta bolinha — para uma prova de resistência cruzando o país. Fiz metade do caminho entre Melbourne e Bundaberg em um dia. Foram treze horas pisando fundo, e meu joelho direito adoraria que meu pequeno Honda preto tivesse piloto automático.

Latas vazias de Red Bull me fazem companhia no banco da frente. Eu nunca tinha feito uma viagem longa assim, muito menos sozinha, mas encaro qualquer coisa agora, porque *cruzei o Pacífico num veleiro*.

A menina que fui se desintegrou nos ventos alísios e na água do mar. Voltei para casa como uma mulher que tivesse vivido uma vida inteira. Estou forte, autoconfiante e profundamente conectada ao solo por pés que se alargaram, tornando-se apoios sólidos e bem plantados na terra, depois de passarem anos descalços. A vida agora parece um jogo sem regras, que posso planejar como bem entender, nesse imenso playground chamado Terra. Nada é inalcançável. E saber disso me enche de um profundo contentamento. Mesmo que eu não me sinta inteira sem a pessoa que amo a meu lado.

O céu se tinge de uma coloração arroxeada; começa a anoitecer. Sei que eu deveria fazer uma pausa. É perigoso continuar na estrada a esta hora do dia, na qual acidentes com cangurus são comuns. E, de fato, não me sinto bem brincando de carrinho de bate-bate com mamíferos pesados, sabendo que meu carro não ficaria inteiro em caso de impacto com um bicho desses em alta velocidade. Apesar disso, cada vez que passo por uma placa anunciando vagas em um motel, desafio-me a seguir adiante mais um pouco, até o próximo hotel. Alguns quilômetros mais próxima de meu destino.

Passo pelo último canguru morto da noite, uma carcaça de aparência fresca provavelmente jogada ali pelo caminhão que acabou de me ultrapassar, deslocando o ar em torno de meu carro. Pobre canguru.

É hora de achar um lugar para passar a noite. Estaciono na entrada de um motel com um neon anunciando quartos suspeitosamente baratos. Não tenho necessidade de luxo, estarei de volta à estrada ao nascer do sol.

— Dirigindo a esta hora? — o gerente do motel diz, ao me entregar as chaves do quarto. — Você é quem sabe, companheira, mas eu tomaria cuidado com os cangurus se fosse você. São muitos por essas bandas.

— É, eu vi alguns por aqui — digo. Noventa e nove por cento deles, com a barriga para cima.

— Você não gostaria de atropelar um com esse carro de cidade que está dirigindo. Não tem barra de proteção, companheira, nem mesmo um capô nessa coisinha. O canguru vai voar direto pelo vidro desse seu projeto de carro.

— Ah, sério? — digo, me fazendo de idiota, como se fosse a primeira vez que eu estivesse ouvindo falar do assunto. Estou envergonhada demais para admitir que sei muito bem do que ele fala, apesar de ter continuado a dirigir noite adentro.

— Bom, parece claro que você está com pressa de chegar a algum lugar. Para onde está indo, moça?

— Para a marina de Bundaberg.

— Bom, vá com calma, companheira.

Meu quarto é limpo, mas simplório. Não importa. Depois de um dia dirigindo sem parar, vou dormir como uma pedra.

A primeira luz do dia me desperta. Tomo banho, me visto e entrego a chave do quarto. Estou de volta à estrada antes que o sol apareça no horizonte. Engulo um Red Bull de café da manhã, coloco Missy Higgins para tocar bem alto e aproveito a estrada do interior, vazia e inteiramente à minha disposição.

Uma hora mais tarde, meu telefone toca no banco do passageiro, exibindo uma combinação de números peculiar. Atendo.

— Alô?

O som demora a se ouvir e, quando chega, é um chiado, que ecoa em meu ouvido.

No meio do ruído, ouço a voz dele:

— Acabo de ver um casal de tartarugas. Duas tartarugas enormes, grudadas, *se abraçando*. Me deu uma enorme vontade de te ver.

Rio, e meus olhos lacrimejam.

— Já consigo ver a Austrália no horizonte. Estou acostumado a ver pequenas ilhas a distância, mas a sua ocupa o horizonte inteiro.

Despedimo-nos e desligo o telefone. Depois, piso mais fundo no acelerador do Honda, avançando na direção do norte nebuloso.

Concordamos que Queensland seria o melhor lugar para nos encontrarmos, porque é arriscado velejar para o sul, em direção a Melbourne. Já Bundaberg, cidade praiana de Queensland, tem um clima ameno, custos baixos de ancoragem e muito mais serviços para os marujos.

Ivan tem mantido contato regular pelo telefone via satélite.

— Sinto muito a sua falta — ele disse, numa ligação feita pouco depois de eu ter partido. — Estou velejando direto para a Austrália. Deve levar duas semanas.

Durante esse período, preenchi formulários de imigração para Ivan, juntando toda a papelada. Foram declarações regulamentares, fotos e relatos de nossa viagem, além de uma série de outras evidências destinadas a provar a verdade de nosso relacionamento ao departamento de imigração. O visto daria a Ivan residência permanente como meu esposo *de facto*, vínculo que, pelas leis australianas, equivale ao do casamento. Mas falta um elemento fundamental para que eu peça o visto de meu esposo: o próprio esposo.

Duas semanas atrás, Ivan ligou de Vanuatu, com a voz rouca.

— Estive gritando com Wendy. Ela quebrou de novo, e tive que dirigir manualmente por dezoito horas. E a bujarrona quebrou, porque passei por um vendaval e não recolhi as velas a tempo. Se estivesse aqui, você teria me pedido para desacelerar o barco. Você é sempre minha voz da razão.

Não consigo deixar de rir.

— Tive que parar em Vanuatu para consertar o barco. A Lisbeth e o Lasse estão aqui e me ajudam nos reparos. Temos comido bastante juntos. Estamos nos divertindo.

Em Vanuatu, enquanto consertavam o barco e ele esperava que o tempo melhorasse, Ivan escalou até o topo de um vulcão ativo e festejou com os nativos.

— É incrível aqui — disse ele. — Verdadeiramente incrível.

Sua estimativa de uma nova data de chegada passou a três semanas e, depois, a um mês.

E agora, enquanto sigo para a marina de Bundaberg, animadíssima com a chegada de Ivan, uma imagem que não consigo tirar da cabeça me assombra. A da mulher de Moitessier, Françoise, aguardando-o inutilmente no porto, sem saber que ele tinha mudado de ideia e não voltaria como prometera.

A marina de Bundaberg se pareceria com qualquer outra marina que já vi, não fossem os cangurus pastando ao lado dos coqueiros.

Depois de nove horas dirigindo sem parar, saio do carro e caminho, trôpega aos primeiros passos, porque minhas pernas estão rígidas depois de tanto tempo sentada. Uma família de cangurus residentes começa a me encarar quando bato a porta do veículo. Logo, perdem o interesse por mim e voltam a mastigar grama, com as patas peludas e cinzentas numa posição que faz parecer que sofrem de artrite.

Tranco o carro e sigo em direção à marina, procurando entre os mastros um Valiant com popa de canoa que me pareça familiar, aquele em que me aninhei durante quase dois anos. Entre eles, reconheço *Red Sky* e *Hilda* e fico superfeliz por saber que vou poder reencontrar amigos queridos em meu país natal.

Protejo os olhos contra a luminosidade e passo as docas em revista, procurando por *Gracie*. O sol do meio-dia aquece meu rosto, que já está longe do bronzeado que tinha um mês atrás.

A marina está cheia de barcos, mas nenhum deles possui as peculiares bordas pintadas de verde-floresta, o casco manchado de diesel e os arranhões e avarias típicos de um barco que cruzou o maior oceano do mundo. Meu coração naufraga. *Gracie* não está aqui.

Do nordeste, sopra um vento forte, enchendo o silêncio da marina com o ruído de cordames e adriças. Viaja em uma espécie de ola, passando pelas docas até chegar aqui, acariciando os cachos de meus cabelos descoloridos. A barlavento, ouço um som fraco trazido pela brisa, mas pode ser apenas imaginação.

— Fiiiiuuuuu!

Faço um esforço para ouvir de novo, mas me distraio com a visão oblíqua de alguém que parece estar vindo em minha direção. Um funcionário da marina, com certeza, provavelmente se preparando para me expulsar daqui por invasão do perímetro reservado a funcionários e proprietários de embarcações. "Você vai ter que sair imediatamente", ele sem dúvida vai dizer. "Esta marina é de uso exclusivo dos donos de barcos."

Ajo com indiferença, recusando-me a olhar em seus olhos, ignorando-o até que ele pare bem à minha frente. Levanto os olhos, pronta para me defender, e fito um rosto vagamente familiar. Ivan.

Ele me abraça, e sinto seu cheiro.

— É você! — grito, com o rosto colado em seu pescoço. — Você está aqui!

— É claro — diz ele, me apertando e balançando para frente e para trás.

Afasto-o para poder vê-lo melhor. Depois de apenas um mês, ele perdeu tanto peso que mal o reconheço. Está forte e tem os músculos definidos, mas as calças que veste estão largas, e ele as amarrou na cintura com um de meus lenços, para compensar a perda de massa corporal. Mesmo com o cinto improvisado, as calças caem muito abaixo do quadril, deixando à mostra um tufo de pelos baixo demais.

— Ivan, suas calças! Estão obscenas! — Tento censurá-lo estendendo as mãos para tapar seu corpo exposto, mas olho ao redor e só vejo gaivotas.

— Não consegui encontrar o cinto — ele diz, perdendo o fôlego de tanto rir. — Minhas calças não me servem mais.

— Você deu entrada na alfândega assim?

— Dei. Eles me seguraram por sete horas antes de me autorizar a vir à praia. Mas veja, eu fiz a barba — ele diz, passando a mão pela face lisa. — Eu não quis que pensassem que eu era um mendigo do mar. — Observo atentamente seu rosto sem pelos, sem conseguir lembrar qual foi a última vez em que o vi assim.

— Você podia ter raspado um pouco mais — digo, apontando para baixo. — Não é de estranhar que tenham segurado você.

Ele ri novamente, depois ergue as calças, que voltam para baixo.

— Por pouco não tive problemas com a alfândega e a imigração — relata. — Depois que os oficiais entraram a bordo, checaram tudo e saíram, fiz uma grande limpeza. Achei a erva que aquele cara deu pra gente em Nuku Hiva, escondida num armário! Merda, já pensou se achassem? Eles poderiam me impedir de entrar no país para sempre.

Cubro a boca com a mão.

— Eu devia ter me lembrado disso.

Ele me toma pela mão e saímos caminhando sobre um magnífico gramado com vista para a marina, até encontrarmos um lugar para sentar.

— Então, como foi ficar sozinho no mar? — pergunto.

— Foi bom. Foi ótimo saber que consigo conduzir o barco sozinho. E adivinha só? Peguei um dourado de quase um metro!

— Que beleza. Bom saber que desencantou como pescador!

— Não. O desgraçado saltou do barco, eu o perdi. Minha fama de pior pescador do Pacífico Sul permanece. Mas fazer o quê? *É isso aí.*

Não consigo deixar de rir.

— Como esteve o tempo?

— Bom, bom — diz ele. — Passei por momentos difíceis, e fiquei feliz por você não estar lá. Você teria ficado muito enjoada. Mas não me importo. Gosto de forçar a *Gracie* até o limite, para ver do que ela é capaz. Com as velas cheias, ela pode realmente voar.

— Isso é ótimo.

— Você não vai acreditar no que aconteceu — diz ele. — Falei com meus pais por telefone hoje. Minha mãe disse que tem falado da minha viagem com os alunos de ioga dela e alguns perguntaram se podem pagar para vir comigo. — Ele ri. — Meu pai sugeriu que eu visitasse Nova Caledônia. Você acredita nisso? Meus pais finalmente apoiando minha viagem.

— Que bom — digo, tentando disfarçar o nó na garganta que estou sentindo há um mês.

Ivan segura meu queixo trêmulo e se volta para me encarar.

— O que há de errado? Você está chorando?

— Eu sinto muito. — As lágrimas jorram.

— Por quê? Sente por quê?

— Por ter deixado você sozinho. Eu sabia que ia ficar bem. Você é meio atrapalhado com máquinas e instrumentos — digo, rindo —, mas eu sempre soube que era um marujo habilidoso. Um artista do vento e das ondas. Eu só... tentei fazer o meu melhor. Tivemos uma experiência incrível. Passei um tempo incrivelmente bom com você, e o oceano é lindo. Só não consegui fazer disso um modo de vida, como o Steve e a Carol fazem, como o Moitessier fez. Eu precisava voltar para casa.

— Eu sei. Eu compreendo, tá bom? Todo mundo tem um ápice. Você alcançou o seu. Chegou no topo. Você foi maravilhosa. Conseguiu fazer quase o caminho todo comigo. E fez isso mesmo estando com medo e enjoada. Sabe o que isso significa? Que você tem coragem pra caramba.

Rio entre lágrimas.

— Dois terços do caminho da América até a Austrália, com medo do oceano. Você fez isso. Aposto que nunca pensou que conseguiria. Aposto que, quando deixou a Austrália, três anos atrás, você não pensou que fosse percorrer dois terços do caminho de volta pra casa num barco fazendo água...

— Ele enxuga as lágrimas de meu rosto. — Aposto que a sua família também jamais imaginou que você faria isso.

Estou rindo muito agora, ou chorando muito, não sei bem ao certo.

— Eles estão orgulhosos de você. Seu pai está muito orgulhoso de você. Eu estou orgulhoso de você. — Ele ajeita meus cabelos, espalhados pelo vento sobre meu rosto suado. — Obrigado por vir comigo. Quando eu decidi fazer essa viagem, nunca imaginei que pudesse ser maravilhosa como foi. Pensei que estaria sozinho.

— Obrigada por ter me levado.

— Vamos viver uma aventura por terra agora. Temos tantas aventuras possíveis pela frente, tantas possibilidades...

— Então você vai ficar comigo aqui? — pergunto. — Não vai partir e me deixar pra trás, como Moitessier?

Ele olha para os barcos que balançam, ao lado das rampas, movidos por uma brisa mais forte. Acompanho seu olhar e avisto *Gracie*, finalmente. Também ela está agitada com a brisa e balançando em sua doca, como se estivesse inquieta para sentir a força total do vento em suas velas.

— Quando falei com a minha mãe — diz Ivan —, ela sugeriu que eu ficasse com o barco e não o vendesse. Ela acha que vou sentir muita falta dele. Mas não quero ficar com o barco. Depois que você partiu, eu não conseguia comer. É por isso que estou tão magro. Logo na saída de Tonga, depois que te deixei com a bagagem, vi uma mãe com o filho na água. O fato de você não estar lá me dilacerou. Me machucou tanto que não consegui mais comer. Nem dormir. As coisas mais belas da vida são vazias quando não se tem com quem compartilhar. É por isso que eu quero vender o barco.

Desisto do esforço de controlar o rio de lágrimas.

— Mas e se mantivermos *Gracie* em Melbourne? Podemos velejar com ela na baía. É calmo lá, não vou ficar enjoada.

— Não. Eu não faria isso com ela. *Gracie* é uma embarcação de alto--mar, feita para cruzar oceanos. Seria um desperdício mantê-la num atracadouro na baía. Além disso, podemos usar o dinheiro para começar uma nova vida em Melbourne.

— Tem certeza?

— Sabe por que tenho certeza? Uma vez li que, quando Moitessier estava no hospital, Françoise foi vê-lo. Quando ela chegou, disse que Bernard estava "tremendo embaixo de um triste e cinzento cobertor de algodão, o rosto magro, pele e osso, e os cabelos brancos, brancos". Era a primeira vez que ela o via em vinte anos. Ele estava com câncer em estágio avançado.

Ele faz uma pausa para recuperar a voz, trêmula.

— No mar, quando eu estava velejando sozinho, tive muito tempo para pensar e percebi que não quero desperdiçar todos esses anos de vida sem ter com quem compartilhar. Quando eu te conheci no bar, senti como se tivesse ganhado na loteria. Por que eu abriria mão disso? Quero passar minha vida com você, Torre. Quero envelhecer ao seu lado. Eu não tinha nenhuma noção do que era um lar em terra antes de nos conhecermos. E não tinha nada a perder indo para o mar. Mas agora eu sei. Meu lar é onde você estiver.

Ele me toma nos braços, e me deixo repousar sobre seu peito. Na marina, o barulho dos barcos impacientes se tornou distante. Eu não quero deixá-lo ir... e não preciso. Ele está aqui para ficar.

Dirigimos até a cidade e encontramos um bom hotel. Depois de longos banhos quentes, nos enrolamos em deliciosos e macios lençóis brancos.

Depois, nos abraçamos como tartarugas.

DOIS ANOS DEPOIS

*E não esqueça que
a terra se delicia
ao sentir seus pés
descalços, e os ventos
anseiam por brincar
com seus cabelos.*

— KHALIL GIBRAN

23

O trem de pouso toca o solo e estremeço, achando que o avião está rápido demais para conseguir parar, quando os freios são acionados e a pequena aeronave desacelera até se arrastar lentamente.

Volto a respirar.

Minhas mãos molhadas de suor começam a relaxar, abandonando a posição de punhos cerrados em que se mantiveram durante a última hora. Tornou-se um exercício regular para mim buscar minha calma interior ficando parada aqui, sobre a grama, vendo aquele avião decolar e pousar, imaginando se explodirá em chamas ou cairá do céu com sua preciosa carga.

Observo o pequeno Jabiru taxiar em minha direção, aos solavancos, sobre o solo de terra e grama. Este é um aeroporto simples e pequeno, a quarenta minutos de Melbourne, num terreno irregular e sem asfalto. A pista de pouso é uma estrada esburacada e suja, que acrescenta a pilotar um avião o desafio de dirigi-lo sobre quatro rodas, como se manter a aeronave no ar já não fosse adrenalina suficiente.

A pequena porta se abre e Ivan sai do assento do piloto. Ele me faz um aceno e não consegue evitar um sorriso radiante, aquele que permite ver até as gengivas superiores. Aceno de volta, aproveitando para arejar minhas palmas suadas.

Ele vem em minha direção com uma pose que só se vê em pilotos e ergue os óculos escuros modelo aviador acima da testa. Seus olhos brilham de euforia.

— Você me viu? — pergunta.

— Sim, eu vi.

— E então? O que achou? — Ele acrescentou uma leve entonação australiana ao sotaque já mesclado.

— Eu fiquei nervosa — digo. — O avião oscila bastante lá em cima. Parecia que uma rajada de vento podia fazer o avião rodopiar. E você viu aquele enorme redemoinho de poeira te seguindo enquanto você tentava decolar? Parecia um minitornado. Aquelas asas são grandes o suficiente para segurar o avião lá em cima durante um minitornado?

— Mas você não viu como minha decolagem foi perfeita?

— Foi boa — digo.

— E você me viu pousar?

— Sim, foi impressionante. — Evito elogiar muito, porque sei até onde ele costuma querer levar seus hobbies. E, numa aeronave leve, se o motor falhar, você *morre*.

Voltamos caminhando para o jipe e noto que ele dá um passo hesitante.

— O que foi? — pergunto.

— Estive pensando... Logo vou conseguir meu brevê.

Engulo em seco, sabendo exatamente aonde ele quer chegar.

— Que tal, quando isso acontecer, nós sairmos numa aventura em nosso aviãozinho?

Eu o encaro de olhos arregalados. Não que eu seja contra aventuras. Na verdade, desde que velejei pelo Pacífico, comecei a amá-las. A flexibilidade dos contratos de trabalho de Ivan como gerente de projetos, assim como minha empresa de design gráfico em casa (que inclui um fox terrier em miniatura), nos dão a liberdade de ter de três a seis meses de aventura por ano.

— Pense nisso — ele diz, com os olhos bem abertos. — Podemos ir a tantos lugares lindos. Podemos voar a ilhas remotas da costa australiana e abrir ostras frescas, recém-colhidas das pedras. Podemos fazer um tour pelo interior e observar cangurus pulando nos desertos. Do ar, podemos observar grupos de baleias migrando pela costa, depois pousar em qualquer solo plano e acampar embaixo das asas do avião.

Permaneço em silêncio, mordendo o lábio inferior.

— Tudo bem — diz ele, com um sorriso malicioso —, estou só tentando a sorte.

Ele me abraça e posso olhar bem dentro de seus olhos verdes.

— E se você só subir comigo um dia? Não precisamos ir a lugar nenhum, podemos só sobrevoar o vale. Quero te mostrar a vista. Você vai ver os vinhedos, os campos cobertos de arbustos e, bem longe, as cordilheiras. É deslumbrante lá em cima.

Meu corpo estremece com uma familiar mistura de pavor e euforia, um sentimento que vim a conhecer bem desde que encontrei Ivan.

— Parece o máximo — digo. — Vou providenciar o kit de emergência.

Amazing Grace deixando a Marina del Rey, Califórnia.

Para ver fotos da viagem de *Amazing Grace*,
acesse www.fearfuladventurer.com.

Agradecimentos

Sinto-me tocada pela generosidade de tantas pessoas que se dispuseram a me dedicar seu tempo e sua energia, oferecendo-me conselhos, críticas e revisões: Stephanie Lee, Toby Lawson, Pia Blair, Stefanie Kechayas, Karin e David Leonard, Alwyn Gidley, Karen Charlton, Emma Stewart, David Toyne, Nancy McKeowen, Bianca Fusca, Lauren de Lange, Moira Henrich, Phil Thompson, meus pais — Chris e Everett DeRoche — e minhas irmãs — Monique, Tassy, Bree, Abra e Summer. Sua honestidade e sua perspicácia ajudaram meu livro a crescer. Tenho uma dívida especial para com minha irmã, Bree DeRoche, uma talentosa editora profissional que não apenas leu meu manuscrito uma quantidade de vezes capaz de deixar qualquer um louco, mas também atuou como ouvinte atenta de minhas neuroses diárias, transmitindo-me constante energia positiva e fazendo elogios que me deram forças para continuar.

Agradeço a Elizabeth Evans, Jessica Regel e à equipe da Jean V. Naggar Literary Agency por acreditarem em meu livro. Foi um prazer e uma alegria acompanhar os graciosos movimentos de toda a equipe nas negociações e leilões que envolveram a publicação.

A Robert Schwartz, da Seismic Pictures, que descobriu este livro ainda na primeira edição, publicada de maneira independente. Ele me encontrou por acaso pelo Twitter, e surpreendo-me até hoje com essa casualidade. Sua oferta para a aquisição dos direitos de filmagem do livro desencadeou uma série de oportunidades para mim, as quais levaram meu trabalho a novos patamares. Da mesma forma, agradeço a Jennifer Barclay, da Summersdale Publishing, que também descobriu minha história no Twitter.

A Christine Pride, Ellen Archer, Kiki Koroshetz e à equipe da Hyperion pelo entusiasmo demonstrado pela narrativa. Foi uma verdadeira honra publicar meu livro com uma editora que celebra a história de vida das pessoas. Senti-me incrivelmente privilegiada por ter contado com sua preciosa intuição e experiência.

A Kirsten Abbott, da Penguin, por acreditar em meu livro, em parte por causa da nossa fobia comum por água, induzida pelo filme *Tubarão*. Isso me remete à necessidade de agradecer imensamente a Peter Benchley e a Steven Spielberg, não só por minha própria síndrome de estresse pós-traumático, mas por todas as demais que vocês causaram nas massas. (Sim, estou sendo sarcástica, Pete e Steve, mas certamente há terapeutas em todo o mundo que lhes são verdadeiramente gratos.)

À minha comunidade das redes sociais pelo encorajamento. Muitos blogueiros, os quais nunca conheci pessoalmente, fizeram resenhas, promoveram meu livro e o difundiram por pura bondade. Tenho sorte de fazer parte dessa comunidade digital de inovadores e empreendedores. Destaco especialmente a genialidade e a generosidade de Jade Craven.

A Daniel Ostroff e Euan Mitchell, por compartilharem comigo a enorme riqueza de seus conhecimentos sobre a indústria, e a meu pai e Summer, pelas ideias e dicas baseadas na própria experiência com produção de filmes.

Devo um agradecimento a Tania Aebi, que me ensinou que a inexperiência não é razão para se afastar de um grande desafio.

Peço desculpas a meus pais, assim como aos pais de Ivan — Monica e Jorge Nepomnaschy —, por fazê-los passar por dois anos de estresse, enquanto seus filhos romanticamente impulsivos estiveram a maior parte do tempo em alto-mar. Cada um de vocês, a seu modo, me inspirou com sua coragem, generosidade, audácia, talentos e milanesas.

A minha querida e pequena Frida — você me protegeu da solidão, me lambeu quando eu estava triste e manteve meu colo aquecido no inverno. Não creio que teria conseguido sem você. O cachorro é o melhor amigo do escritor.

Existe uma pessoa que persistentemente acreditou em mim, não importando quanto eu tentasse dissuadi-lo — primeiramente, que eu poderia viajar pelo oceano; depois, que conseguiria escrever este livro. Paciente diante de minhas muitas ansiedades e capaz de um encorajamento infinito, ele me ensinou que grandes façanhas se conquistam milha a milha e palavra a palavra. Hoje, sinto-me transformada para sempre pela sabedoria e pelas experiências que ele me proporcionou. Ele tem sido meu companheiro de criação e meu produtor. Tem sido meu saco de pancadas, cozinheiro, massagista, o homem que traz meu vinho e meu terapeuta. Por vezes, ele usou toda sua força para me içar do fundo do poço de minhas dúvidas e hesitações. Eu o conheci num bar. Ivan, meu amor, meu melhor amigo e minha inspiração, obrigada por me mostrar o mundo.